W0295498

MA FAMILLE CHINOISE

Du même auteur

Dans la peau d'un Chinois
Éditions Bernard Barrault, 1988
J'ai lu, 1990

Le Ventre de la Chine
Éditions Bernard Barrault,1990

Dans la peau d'un intouchable
Seuil, coll. « L'Histoire immédiate », 1994
coll. « Points » n° 82

MARC BOULET

MA FAMILLE CHINOISE

A Pékin, dix ans après...

ÉDITIONS DU SEUIL
27, rue Jacob, Paris VIe

ISBN 2-02-030864-9

© Éditions du Seuil, avril 1998

Le Code de la propriété intellectuelle interdit les copies ou reproductions destinées à une utilisation collective. Toute représentation ou reproduction intégrale ou partielle faite par quelque procédé que ce soit, sans le consentement del l'auteur ou de ses ayants cause, est illicite et constitue une contrefaçon sanctionnée par les articles L. 335-2 et suivants du Code de la propriété intellectuelle.

NOTE DE L'AUTEUR

Pour des raisons évidentes de sécurité, certains noms ont été changés.

Yining
Urumqi
XINJIANG
CHINE
TIBET
YUNNAN
Pékin
SHANXI
Dazhai
SHANDONG
Qufu
Shanghai
Changsha
Shaoshan
Canton
Hong Kong
Macao

25 novembre 1996.

Comment débutent une aventure, un livre ?

Dans mon précédent ouvrage*, je racontais combien il est difficile de convaincre un éditeur et d'être publié. Les années passent, rien ne change. Je n'insiste pas.

Je suis dans le train de Canton et les rails disjoints font tressauter le wagon et déraper mon stylo. J'ai du mal à prendre des notes. La grand-mère originaire de Hong Kong qui partage mon compartiment me demande si je suis ouïgour. Dans les années quatre-vingt, j'avais usurpé l'identité d'un de ces Chinois blancs du Xinjiang pour réaliser mon livre *Dans la peau d'un Chinois***. La grand-mère insiste car elle m'a entendu parler en mandarin avec la contrôleuse.

– Non, je suis français, dis-je avec amertume.

Chaque fois que quelqu'un évoque mes métamorphoses en Chinois, une masse de souffrances et de dangers me remonte à la mémoire. Ils s'identifient à la Chine. Alors pourquoi y retourner ?

C'est une sensation troublante. Voyager est une douleur, écrire aussi est une douleur. Ou une drogue. Une fois que l'on y goûte, on ne peut plus s'en passer. En manque, il faut préparer son sac à dos et repartir. A Pékin, je retrouverai aussi ma belle-famille et des amis.

* *Dans la peau d'un intouchable*, Paris, Le Seuil, 1994.

** *Dans la peau d'un Chinois*, Paris, Éd. Bernard Barrault, 1988 ; rééd. J'ai lu, 1990.

Il y a moins d'une heure, je franchissais la frontière entre la Chine et Hong Kong. De l'ancienne douane, il reste une bâtisse délavée par les années et à moitié démolie. Est-elle transformée en dortoir, car des draps pendent aux fenêtres ? La nouvelle douane, elle, est installée dans une pagode grande comme un palais.

Voilà aussi pourquoi je reviens. Pour observer le progrès. Je doutais de la capacité du communisme à se réformer de lui-même, mais, devant la croissance économique chinoise – environ dix pour cent par an –, je commence à douter de mon doute.

Suis-je candide ? En 1981, lors de mon premier voyage en Chine, à l'aube de son ouverture, j'étais plutôt anarchiste. J'avais vingt et un ans. Je parcourais les pays socialistes. J'étudiais sur le terrain les résultats de la pensée révolutionnaire. En Pologne, en Union soviétique... Mon initiation à l'égalitarisme et ma désillusion finale furent chinoises. Flicage, misère et apparatchiks faisaient rimer maoïsme avec despotisme, nationalisme, et crétinisme parfois. Cherchant à lire entre les lignes de la propagande de *Pékin Information*, je découvrais qu'il continuait d'exister des prostituées et des drogués, deux vices que la Chine officielle se vantait d'avoir éradiqués. Si cela rassurait quant à la diversité des Chinois, les contrevérités du pouvoir rappelaient le slogan de *1984*, le roman d'Orwell :

La guerre c'est la paix,
la liberté c'est l'esclavage,
l'ignorance c'est la force.

Je me promettais de vérifier que tous les chats noirs que l'on me présenterait l'étaient bien jusque sous les pattes. C'était l'époque où chacun parlait du « chat » de Deng Xiaoping. « Peu importe qu'un chat soit blanc* ou noir, du moment qu'il attrape les souris », répétait-il pour inciter les Chinois à apprendre de l'étranger, à travailler pour leur compte et à s'enrichir. Le pays

* A l'origine, il était jaune lorsque Deng lança ce dicton sichuanais en 1962. Suite au Grand Bond en Avant et à la famine, Deng proposait de stimuler l'agriculture par tous les moyens.

réalisait ses Quatre Modernisations*. « D'ici à la fin du siècle, elles permettraient à l'économie chinoise de se hisser aux premiers rangs dans le monde », avait garanti Zhou Enlai, leur concepteur, Premier ministre de 1949 à sa mort, en 1976.

Par la fenêtre du train, des gratte-ciel, des tours de verre, des grues, des centres commerciaux se dressent à perte de vue. Voici Shenzhen ! Pour attirer les entreprises étrangères de haute technologie, la ville frontière fut baptisée « zone économique spéciale » en 1980. Bénéficiant d'une législation du travail libérale et de réductions d'impôts, des montagnes de dollars et de yuans s'y investirent. Le bastion communiste de vingt mille camarades est devenu un paradis fiscal de trois millions et demi d'habitants. Des salaires moins misérables les attirent des quatre coins de la Chine. En 1982, je visitais l'usine Pepsi-Cola. L'assiduité des ouvriers devant leurs machines et la propreté des locaux contrastaient avec la nonchalance dans les entreprises de l'intérieur du pays, et avec leur décrépitude.

Shenzhen ! Me revoici à Shenzhen ! Revoici le train roulant vers Canton, à une centaine de kilomètres, revoici cette découverte de la Chine, ces paysages, ces changements cent fois décrits par les journalistes. Je repense à la grand-mère de Hong Kong. Pourquoi me confond-elle avec un Chinois musulman du Xinjiang ? Je ne porte plus de moustache. Je suis propre, vêtu d'un jeans et d'une chemise bariolée. Je regarde la grand-mère dans les yeux. J'essaie de comprendre.

– Vous pensiez que je venais du Xinjiang, et non de l'étranger... Est-ce un compliment ou un... reproche ?

– C'est un compliment, bien sûr.

– Pourquoi me preniez-vous pour quelqu'un du Xinjiang ?

Elle sourit.

– Parce que.... parce que vous êtes beau.

Je rougis, mais je me méfie de ce genre de flagornerie qui met aussi mal à l'aise qu'une critique gratuite. Les Han, les « Chinois

* Celles de l'agriculture, de l'industrie, de la défense et des sciences. Pendant le premier Printemps de Pékin (en 1978-1979), le dissident Wei Jingsheng, jeune ouvrier électricien à l'époque, en réclama une cinquième : la démocratie. Deng Xiaoping le fit jeter en prison et décréta les Quatre Principes cardinaux dans la conduite des Quatre Modernisations : la voie socialiste, la dictature du prolétariat, la direction du Parti communiste et la pensée marxiste-léniniste et maoïste.

aux yeux bridés », représentent quatre-vingt-quatorze pour cent de la population. S'ils apprécient les chants et danses du Xinjiang, ils méprisent dans la vie courante les peuples turcs de ce désert du Nord-Ouest. Ils les croient sales, primitifs et voleurs. En outre, être beau en Chine, est-ce avoir une trompe en guise de nez ? Ce signe de race fait-il la beauté des Blancs comme un museau écrasé fait celle du bouledogue ? La vieille femme se tourne vers son fils et sa bru, assis à côté d'elle.

– Il doit avoir une vingtaine d'années, dit-elle en parlant de moi.

Continue-t-elle de me flatter ? Ou bien est-elle incapable de deviner l'âge d'un Occidental ? J'ai trente-six ans. Sa jeune bru me sourit. Elle vient d'acheter un carton de riz au porc à un marchand ambulant. Elle donne à manger à leur fillette et propose à Béatrice de partager.

Béatrice ! J'ai oublié de mentionner sa présence, tant cela me semblait évident.

Gloire Lin, ma femme, ma Pékinoise, m'accompagne comme dans chaque voyage, depuis dix ans que nous sommes mariés. Et cette fois, Béatrice, notre fille de trois ans, agrandit notre équipe. Béatrice ! Mon amour, mon petit hybride, mon fruit franco-chinois !

Je veux guetter chacune de ses réactions, anxieux de lui montrer le pays de ses ancêtres maternels. Peut-être un jour sera-t-elle fière d'avoir du sang chinois ? Dans vingt ou cinquante ans, le plus grand peuple de la planète sera-t-il devenu le plus puissant ?

Nous arrivons à Canton vers midi. Installation dans un hôtel, rue du Vent d'Est, puis déjeuner d'une soupe de raviolis.

Nous voilà partis à errer dans les rues. Partout des chantiers. Même sur l'artère centrale Sun Yatsen. Ses arcades commerçantes ont été rasées et les bulldozers creusent une ligne de métro. Les autoponts, les tours poussent comme des champignons en automne, grâce à une pluie d'investissements. La poussière pique la gorge et les marteaux-piqueurs nous font une tête comme un nid de guêpes. Nous filons le long de la rivière des Perles, dans l'île Shamian, l'ancienne concession anglo-française.

A l'ombre de maisons victoriennes, les rues sont encore plantées de pelouse et de fleurs. Des gamines sautent à la corde devant l'église Notre-Dame-de-Lourdes.

Autrefois, ces détails m'auraient suffi pour évoquer le passé de la ville, mais aujourd'hui, des guirlandes de fanions suspendues aux arbres célèbrent ses deux mille deux cent dix ans d'histoire. La présence étrangère remonte plus loin que cette église et ces résidences de colons européens. Il est difficile d'imaginer qu'au VIIIe siècle Canton fut un port de deux cent mille habitants, tourné vers le commerce avec les Indiens, les Malais, les Arabes. Plus surprenant encore de penser que ces derniers la pillèrent dès 758. Plus tard, elle fut le théâtre des guerres de l'Opium. Aujourd'hui, toujours génératrice de progrès ou de troubles, l'ouverture vers l'Occident la transfigure. Vertige de l'Histoire. Vertige de l'histoire de notre vie que ce retour sur l'île Shamian. Il y a dix ans, tout jeunes mariés, Gloire et moi, nous nous y aimions dans un petit hôtel pour Chinois. Il se trouvait près de l'église. Nous habitions une chambre humide dans les caves d'une demeure victorienne. C'était ici. Ou bien était-ce un peu plus loin ? Non, c'était ici, à l'emplacement de ce terrain vague. Les Quatre Modernisations ont rasé notre nid, mais pour y construire quoi ? Un gratte-ciel à la place d'un vestige du colonialisme ? Faut-il pleurer ou se réjouir ? Nous fuyons pour aller prendre un bain de foule à l'angle de la rue du Peuple, deviner les modes, revisiter le « Building du Midi », le plus grand magasin de cette métropole de six millions et demi d'habitants.

Nouvelle inquiétude. Chaque rayon a été rénové dans le goût *design* et approvisionné en produits occidentaux, comme si la Chine ne produisait rien de qualité. Je ne trouve plus les excellents produits de beauté Maxam de Shanghai, ni même ces chaussons noirs en coton que l'on appelle « chinois » en France. Sont-ils trop bon marché ? Ici, tout coûte cher, tout est tape-à-l'œil. Un jour, tous les bébés du monde, de Los Angeles à Canton, seront talqués avec du Johnson & Johnson, les mères maquillées avec du Avon et les pères chaussés de Nike.

Il n'y a personne dans le magasin, mis à part quelques paysans, reconnaissables à leurs cheveux soufflés par les quatre vents, leur chemise débraillée et leurs sandales en plastique. Ils sont venus sans doute saliver, contempler le modernisme. Il n'y a personne d'autre, mis à part les vendeurs en costume vert-gris. A quoi servent-ils puisque les paysans n'achètent rien ? La modernisation chinoise serait-elle l'œuvre de nouveaux Don Quichotte, aveuglés par les richesses de l'Occident ? La Chine s'ouvre-t-elle trop ? ou pas assez pour que tout le monde en profite ? Un peu comme une corde de guitare, trop lâche ou trop tendue, et qui sonne faux.

Gloire et moi échangeons un regard. Pourquoi s'inquiéter après quelques heures passées à Canton ? C'est toujours une faute de théoriser avant de posséder toutes les informations. Cela pousse à tortiller les faits pour qu'ils habillent les théories, au lieu du contraire. En réfléchissant, Gloire suppose qu'il doit encore exister des magasins ordinaires où, dans chaque quartier, les gens peuvent s'approvisionner.

La nuit est tombée. Les rues et les immeubles sont peu éclairés, mais, le long de la rivière des Perles, des panneaux de pub flashent du bleu, du rouge, du vert et du jaune. Les images de Casio, Pioneer, Hennessy, Honda, Colgate miroitent sur l'eau, comme à Hong Kong ou New York, comme si les marchandises unissaient tous les hommes dans la même frénésie de consommer. Nous serions tous semblables. Allumant une cigarette, nous nous asseyons un moment sur la berge, face à une réclame pour la bière Stella Artois. Nous nous demandons comment un Cantonais perçoit les quatre percherons en train de tirer la charrette de fûts de bière. De l'exotisme français d'Extrême-Occident ?

Béatrice nous a suivis toute la journée sans faire la sieste. Elle m'étonne. Sans une plainte, elle supporte les voyages, les changements de nourriture et de langue. Elle ne s'étonne pas non plus, comme si la planète était un seul pays où elle trouve toujours sa place.

26 novembre.

Selon un dicton, voilà la vie idéale pour un Chinois : « Il faut aimer à Suzhou [à cause de la beauté des femmes], mourir à Liuzhou [ville du Sud-Ouest réputée pour ses cercueils] et habiter à Canton [où tout ce qui bouge se mange]. »

J'ai lu, en France, que la cuisine chinoise était à la fois exquise et une cuisine de famine. Son inventivité serait stimulée par la misère, par la nécessité de ne rien gâcher et d'accommoder pattes de poulet, têtes de poisson, et cætera. J'ai sursauté. Chez les Chinois les plus pauvres, chez l'oncle paysan de Gloire par exemple, je m'en souviens, on jette à la poubelle les pattes de poulet : c'est sale et sans chair. D'ailleurs, qui songerait à les préparer tant le ragoût du poulet constitue, en soi, un festin ? De même, joues et lèvres de poisson ne sont recherchées que par les gourmets.

Ce n'est pas la famine, mais la curiosité et la richesse qui poussent les Chinois à tout goûter, blasés qu'ils sont des viandes ordinaires. Ainsi le menu des empereurs comportait-il des nids d'hirondelle, des pattes d'ours, du pénis de cerf, des vessies natatoires... préparés selon une recette qui singularisait chacun de ces trésors. Cela ne se compare pas à une cuisine de famine, comme celle des *musahar** que j'ai fréquentés en Inde « dans la peau d'un intouchable ». Ils chassent les rats, faute de mieux, et les grillent parce que c'est la cuisson la plus simple dans la jungle.

L'auteur de cette théorie sur la cuisine chinoise est un sinologue de valeur. J'ai envie de revisiter le marché de la Quiétude. Au rythme de la croissance économique des années quatre-vingt, les bouchers y proposaient de plus en plus de variétés de gibiers. Dans un livre**, j'ai décrit les étals de chiens, de chats, de serpents qui soulèvent le cœur. Sans me répéter, allons étudier aujourd'hui quels animaux assouvissent la faim d'extravagance des gourmets cantonais.

Le marché de la Quiétude se tient toujours sous des halles parallèles à la rivière des Perles. Et c'est toujours un zoo. Un horrible endroit qui pue la marée et la tripaille. Contrairement à son nom, il n'offre aucune quiétude aux animaux. Ici on vide un lapin ou un putois, là on dépouille des poissons. Par terre, les boyaux, le sang, la peau, les excréments s'amassent en gadoue.

* Les *musahar* (une caste de cueilleurs de feuilles) sont des intouchables de souche aborigène, très méprisés en Inde.

** Cf. *Le Ventre de la Chine*, Paris, Éd. Bernard Barrault, 1990.

Il faudrait chausser des bottes. Tant pis. Voici les marchands de tortues, puis ceux de serpents. Quel dommage que nous n'ayons pas de cuisine, car j'adore manger du serpent ! Il a le goût du poulet avec la tendresse de la chair de poisson.

J'aime moins regarder les chats, par cinq, six ou sept, dans une petite cage, serrés à ne plus pouvoir remuer une patte. Chats blancs, noirs ou jaunes, à quinze yuans la livre (dix francs). Ils attendent la mort, puis d'être rasés, car on rase les chats avant de les mitonner. Mais regardez ce ragondin. Il ronge le grillage de sa cage. L'imbécile ! Lui aussi sera rasé, aujourd'hui ou demain, et dégusté en ragoût, m'assure le vendeur.

Je cherche les chiens. Seuls quatre bouchers continuent d'en vendre. Ils disent que le chat et le lapin sont davantage prisés en ce moment. Plus loin, sous les halles, s'alignent les cages, les paniers et les bacs de cochons d'Inde, d'écureuils, de paons, de crapauds, de hérissons... et même de vers ou de cafards. De pleines bassines. Cette année, la mode semble être aux insectes. Et aux rats. Nous pénétrons dans le secteur des marchands de rats, avec leurs cages bourrées de dizaines de *rattus rattus*. Elles sont empilées en montagnes de la hauteur d'un homme. Le rat coûte dix yuans la livre. Même Gloire n'en croit pas ses yeux, car ces rongeurs répugnent aux Chinois. Visiblement, les goûts changent. Je demande à une jeune vendeuse, non pas si les rats se mangent, car cela pourrait la gêner, mais comment ils se cuisinent.

– Braisés, ou sautés, dit-elle sans manières.

Fatigués par le voyage et les décalages, nous rentrons dans notre chambre. Béatrice fait une sieste et nous ressortons à la tombée de la nuit. Aujourd'hui, nous fêtons nos dix ans de mariage.

Derrière notre hôtel, nous entrons dans un restaurant qui célèbre ce soir-là son inauguration. Offertes par des fournisseurs, les corbeilles de roses sur le trottoir nous ont attirés. Est-ce encore une nouvelle mode d'offrir des fleurs, à l'occidentale ? Dans l'esprit des Chinois, les fleurs sont un cadeau inutile, qui ne se mange même pas.

Deux hôtesses en *qipao** nous ont entraînés à l'intérieur, et la lumière bleutée nous a éblouis. Une centaine de tables font face à autant d'aquariums. Ils contiennent des requins, des mérous, des crustacés, des turbots... Par terre, mollusques, insectes et reptiles grouillent dans des dizaines de bacs. Devant les hôtesses, un paon monte la garde sur une cage de chats, placée au-dessus d'une autre de chinchillas, elle-même coiffant celle d'un ragondin.

Je retourne voir le paon, lorsqu'un maître d'hôtel s'approche de moi. Sa veste noire parfaitement repassée laisse supposer qu'il prend son métier à cœur. Sans aucune ironie, usant d'un vouvoiement inhabituel, il me demande si je désire manger le paon. Comment ? dis-je. Il sourit et propose de le cuisiner avec un chat. Comment ? En « bataille entre le dragon, le tigre et le phénix », célèbre soupe de serpent, de chat et de poulet. Selon la dernière mode, le paon remplacera le poulet pour l'hôte étranger que je suis.

Je fais remarquer au maître d'hôtel qu'un chat plus un paon, c'est copieux pour ma femme et moi. J'explique que nous fêtons notre anniversaire de mariage. Finalement, en plus des crustacés et des légumes que Gloire a demandés, je choisis une petite couleuvre à faire sauter et je commande cent grammes de cafards à préparer en friture.

Longshi : je traduis ce mot par « cafards ». Une traduction littérale serait « poux-dragons », mais il s'agit peut-être de scarabées, ou autres coléoptères à en juger par leurs ailes dures et piquantes quand ils arrivent dans notre assiette. Je ne suis pas entomologiste. La pulpe à l'intérieur a un goût de Kleenex salé... N'en parlons plus. Et rinçons-nous le palais, portons un toast avec de l'alcool de riz. Je caresse la main de Gloire. Il y a dix ans, sans cérémonie, contre la volonté de sa famille, nous nous étions mariés à Pékin selon la loi chinoise.

Nos verres vidés, une serveuse les remplit aussitôt. Une cinquantaine de personnes travaillent dans ce restaurant, si bien que nous sommes toujours sous surveillance. Je n'aime pas cela.

* Robe sexy et traditionnelle, datant de la dynastie Qing. Longue, fendue le long de chaque jambe jusqu'à la naissance des fesses, elle se porte ajustée sur le buste afin de mouler les formes.

Autant bavarder avec la serveuse de notre table puisqu'elle doit nous chaperonner.

Cette jeune fille s'appelle Rouge Éternel. Comme la plupart des serveuses, elle n'est pas de Canton. Elle vient du Hunan. Elle a quitté le lycée l'été dernier. Ne trouvant pas de travail, elle est descendue à Canton, aux portes de Hong Kong. Cette place de serveuse est son premier emploi. Ne parlant pas cantonais, elle n'a pas réussi à être engagée dans un bureau. Ici, elle gagne sept cents yuans (quatre cent cinquante francs) par mois, deux fois plus que dans une usine du Hunan. Sa voix fluette indique qu'elle est encore une enfant. Elle baisse les yeux et réajuste les plis de son uniforme saumon. Soudain, sur son visage rond, sous une couche de fard, je remarque un coquard. Quel drame vit-elle à Canton ? Qui l'a frappée ? Un voyou, son amant ou son patron ? Je m'inquiète, mais je n'ose l'interroger. Comment trouver les mots sans la blesser ? Elle semble fragile sous ses apparences de jeune femme indépendante. Gloire lui demande si elle aime son travail.

– C'est fatigant. Je dois travailler huit heures par jour, mais aujourd'hui... cela fait déjà dix heures que je sers les clients.

Elle regarde à gauche, puis à droite, si un maître d'hôtel ne l'espionne pas. Elle hésite :

– Je... je ne peux pas dire que j'aime ce travail. Je l'ai accepté, alors je le fais de mon mieux.

– Le patron paie-t-il les heures supplémentaires ? poursuit Gloire.

– Non, nous n'en avons pas parlé. Je pense qu'elles ne seront pas payées. Le plus dur, c'est que nous n'avons pas le droit de nous asseoir pendant le service, même l'après-midi, quand il n'y a pas de clients.

Faut-il la plaindre ? Ses patrons sont des investisseurs privés de Canton. Nous lui demandons s'ils procurent un dortoir, un logement à leurs employés, comme c'était la règle autrefois dans les entreprises d'État. Non. Elle habite chez un cousin et ses parents lui manquent. Elle espère leur rendre visite pendant le Nouvel An chinois, en février, selon la tradition.

Je repense à Gloire. Elle a quitté sa famille pour vivre avec moi en France. Je ne me suis jamais inquiété du choc que cela fut pour elle. Peut-être parce que nous nous aimons tant que plus rien ne compte à mes yeux. Je me rappelle la première fois que je l'ai embrassée. C'était un soir, il y a dix ans, dans un parc.

Malgré sa robe à fleurs taillée comme un sac de grain, Gloire était la plus belle femme du monde. Mes pensées s'enroulaient autour de ses jambes nues, de ses petits seins haut dressés. J'essayais d'imaginer à quoi cette Chinoise ressemblait, comment elle devait être sous sa robe. J'avais risqué mon bras autour de sa taille et l'avais attirée vers moi.

Elle s'était haussée sur la pointe des pieds pour appuyer sa poitrine contre la mienne, et j'avais senti la chaleur de son haleine sur ma joue. J'avais compris qu'elle attendait que je l'embrasse. Alors, je l'avais fait.

Comme le temps passe ! Les souvenirs enferment dans des mots la fièvre de notre désir. Qui ne voudrait revivre le premier baiser avec sa femme, sachant que cette rencontre des corps vous unira pour la vie ? A quoi Gloire, cette jeune Pékinoise, pensait-elle en m'embrassant ? A une cérémonie avant l'acte sexuel, à un jeu, à un sacrifice pour plaire aux garçons, à une aventure avec un Blanc, à ma bouche, à rien ? A un flirt ou à l'amour d'une vie ? Je le sus quelques nuits plus tard, lorsque je lui demandai de m'épouser.

Nous étions assis sur un parapet qui surplombait un escalier désert. Elle ne me répondit pas tout de suite. Elle me regarda dans les yeux, puis elle posa la tête sur mon épaule et murmura :

« D'accord, mais nous commettons une folie. Je t'aime. »

Nous restâmes plusieurs minutes sans parler. Le calme était si profond qu'il me semblait que nous étions seuls au monde. Mais ce n'était pas vrai. Une automobile passa en nous balayant de ses phares. Je revois le visage de Gloire, lumineux comme une fleur de nénuphar. Elle avait poussé dans la boue chinoise sans souiller sa blancheur, sans tacher sa beauté ni son intelligence.

A l'époque, en 1986, j'admirais toutes les Chinoises. Pour leur endurance et leur sagesse. Victimes du machisme confucianiste et de la misère communiste. Pourtant, les yeux bridés, les cheveux de jais et la minceur des Asiatiques ne m'avaient jamais attiré avant d'aller en Chine. Sans doute fut-ce la Chine qui la première me fascina : ses monuments, son écriture, sa cuisine, sa politique... Mais j'avais toujours estimé qu'il fallait avoir aimé les femmes – ou les hommes – d'un pays pour le connaître.

Ainsi me suis-je intéressé aux Chinoises. Je découvris la finesse de leurs traits, même sous un costume Mao*, puis j'appréciai la douceur de leur peau qui transpirait peu. Je les trouvai tour à tour espiègles, intelligentes, tendres. Dans mon obsession d'étudier la Chine, quand j'aimais une Chinoise, j'avais l'impression d'étreindre la Grande Muraille, la Cité interdite ou cinq mille ans de civilisation.

J'étais un peu fou. Fou des Chinoises. Et je crois que je leur renvoyais l'exotisme qu'elles m'offraient, avec mon altérité de Blanc, ma rareté, mon nez, mes grands yeux, mes poils sur le torse, mes manières et mon argent. Je pensais que l'ouverture de la Chine passait aussi par l'ouverture sexuelle, le « sex open » que revendiquait des *dazibao*** dès le premier Printemps de Pékin, en 1979, le long du mur de la démocratie.

Sur le ton du philosophe du XIe siècle, Shao Yong***, je pourrais conclure :

Devant les femmes, je bois du vin et je me grise
Ivre, serrant une jolie femme, je continue à chanter
Ô femmes, ne riez pas en voyant ma tête
Ma tête a déjà connu d'innombrables amours !

Levant mon verre d'alcool de riz, je trinque avec Gloire. A nos dix ans d'amour ! Pour l'éternité !

27 novembre.

Hier, nous avons trop bu. En rentrant à l'hôtel, nous nous sommes couchés. Nous découvrons ce matin le journal du soir, le *Yangcheng wanbao*. La femme de chambre l'a glissé sous la porte.

* Les Chinois l'appellent « costume Sun Yatsen ».

** Journaux ou pamphlets, souvent manuscrits, collés sur les murs des villes. Ce moyen d'expression fut très utilisé pendant la Révolution culturelle et le Printemps de Pékin de 1978-1979.

*** Cf. René Grousset, *L'Histoire de la Chine*, Paris, Payot, 1942 et 1951.

A la une, le tribunal populaire de seconde instance de Canton bat ses records de longueur d'audience et de nombre d'accusés en jugeant pendant cinq jours un gang de vingt-six voleurs de voitures. A côté, deux articles sur la drogue me font réfléchir. Ce n'est pas l'information qui m'intrigue – l'échec des cures de désintoxication et l'arrestation d'un trafiquant d'héroïne à l'aéroport –, mais le fait qu'elle soit rapportée sur un ton banal. A croire qu'il n'est plus d'usage de nier que la drogue circule en Chine. Elle redevient même omniprésente au point que ce grand quotidien populaire du Sud lui consacre deux articles en première page. Cela me rappelle la vogue des fumeries d'opium d'antan, comme si la Chine effectuait un retour sur elle-même en essayant de se moderniser.

A l'intérieur du journal, un article évoque un gang de grand-mères. Elles vendent de faux permis de conduire et de faux diplômes devant le parc de la Culture *(sic !)*. Pourquoi la police ne les arrête-t-elle pas ? Le journaliste a bien réussi à photographier une transaction !

Plus étonnant, Gloire lit un papier à propos d'un centre d'esthétique. Aucune mention ne précise s'il s'agit d'une publicité, mais une telle omission trompe souvent les lecteurs de la presse chinoise. Pour neuf cent quatre-vingts yuans (environ un mois de salaire), sans injections, sans médicaments, sans chirurgie, l'institut de beauté garantit en trois jours de faire pousser les seins de trois à six centimètres. Ne me demandez pas si c'est en longueur ou en diamètre... Je ne sais pas. Peu importe... Ici, dans le Sud, les gens sont plus menus et les femmes en général assez plates. Comme à Paris ou Rio, les hommes aiment les seins, et des coquettes paient une fortune pour prendre du galbe. Il y a une dizaine d'années, elles se contentaient de crèmes et d'ustensiles de massage.

La dernière fois que je suis venu en Chine, c'était en 1991, pour le mensuel *Actuel*. C'était juste avant de réaliser *Dans la peau d'un intouchable*, pour clore un cycle de reportages en Chine. Je m'étais déguisé en milliardaire français. Je voulais savoir si ce marché d'un milliard de consommateurs, ce réservoir de main-d'œuvre, était un eldorado pour les capitalistes étrangers.

En privé, certains se plaignaient de la bureaucratie, de la corruption, et de l'incompétence des ouvriers. Ils perdaient de l'argent.

Comment les entreprises d'État et les nouveaux patrons privés recevraient-ils mes offres pour investir en Chine ? J'avais mis au point un baratin pour tenir le rôle d'un homme d'affaires. Je prétendais « participer à la glorieuse construction du socialisme et renforcer la longue et indestructible amitié sino-française ».

Je m'installai dans un palace de Canton et enfilai un costume-cravate. Je m'étais vieilli en me laissant pousser la moustache et en portant des lunettes. Gloire m'accompagnait dans le rôle de la secrétaire. Le 12 septembre 1991, nous publiions en chinois cette annonce dans le *Quotidien de Canton*, journal du matin vendu à quatre cent mille exemplaires :

> Alphée Productions, importante société française de financement et de commerce internationaux, cherche à établir contact avec des sociétés et des hommes d'affaires chinois, du secteur public ou privé, pour investir à Canton dans les domaines industriels, agricoles, immobiliers, commerciaux, alimentaires, médicaux et des transports.
>
> M. Boulet, ami de la Chine et directeur général d'Alphée Productions... étudiera toutes propositions de tous projets, grands et petits... Téléphonez ou venez à...

L'impact de l'annonce dépassa mes espérances. Le téléphone de ma chambre sonnait toutes les deux à trois minutes et j'assurai soixante-dix rendez-vous.

J'étudiai la construction d'une ligne de chemin fer, la réalisation de péplums sur Bouddha et la veuve de Mao, l'achat de quatre Tupolev pour développer une compagnie aérienne, le financement d'une usine d'aéroglisseurs, la reprise d'usines textiles, d'une distillerie... Autant de projets qui réclamaient jusqu'à un milliard de francs, une somme à des années-lumière des revenus locaux.

Investir en Chine coûtait cher. Hommes d'affaires privés et fonctionnaires semblaient imaginer les capitalistes avec une planche à billets dans leur valise. Mes visiteurs me saluaient avec des révérences, me traitant de « milord ». Un communiste prétendit que « mon style de travail, sans passer par les instances gouvernementales, suscitait l'admiration du monde entier ».

Comme j'eus peur, alors, d'être démasqué et de finir en prison ! Mais comme je m'amusai ! Un quotidien d'affaires dépêcha même une journaliste pour m'interviewer sur mes stratégies économiques, et le conseiller commercial du consulat de France demanda à me rencontrer. Je ne lui accordai pas de rendez-vous. J'ignorais quelle serait sa réaction si jamais il découvrait ma supercherie. Aujourd'hui, je m'excuse auprès de lui et de tous ceux que j'ai trompés.

Si certaines propositions étaient visiblement des escroqueries, d'autres m'intéressèrent. Mais ne disposant d'aucune fortune, au bout d'une semaine, je quittai Canton, je m'évaporai avec Gloire. Plus tard, de retour en France, je me suis demandé si je n'aurais pas dû chercher un financement dans une banque, si je n'avais pas eu tort de ne pas investir à Canton. Je m'interroge encore. D'autres personnes n'ont-elles pas fait fortune avec des projets qui, au départ, me semblaient les moins solides ou les plus chimériques ?

Une enquête sur les sites correspondants serait indispensable pour répondre à cette question. Le docteur Hu, le directeur du Centre national de recherche contre la lèpre, me réclamait soixante millions de francs. A-t-il réussi à construire un Disneyland dans le parc de sa léproserie ?

Elle se trouve dans la banlieue portuaire de Pingzhou et nous changeons trois fois d'autobus pour y aller. Je n'ai pas téléphoné au docteur Hu pour que son chauffeur vienne nous chercher avec un minibus climatisé, comme en 1991. J'espère ne jamais me retrouver nez à nez avec le docteur Hu, ne pas avoir à lui expliquer que j'étais un imposteur et que je doutais de l'opportunité d'implanter un parc d'attractions dans un hôpital de lépreux.

De la gare routière de Pingzhou, nous marchons donc deux kilomètres dans la poussière d'une avenue en chantier. Béatrice nous suit, la pauvre. Elle nous aidera à paraître différents si nous croisons le docteur.

Nous y voilà.

Devant la grille de la léproserie, une vingtaine d'hommes

jouent aux cartes. Nous longeons le mur d'enceinte. Rien n'a changé.

Sauf... sur le versant sud, le mur s'est effondré. Des gens vont et viennent par la brèche. Nous avons l'impression qu'ils empruntent un raccourci pour rentrer chez eux. Gloire décide de les suivre seule. Moi, un Blanc, j'attirerais l'attention.

J'attends Gloire vingt minutes. Elle s'est promenée dans le parc et autour des cliniques. Elle s'étonne de n'avoir rencontré personne en blouse blanche ni aucun malade. Des ordures et du papier toilette jonchaient les allées. Des vitres cassées livraient les bâtiments aux courants d'air. Gloire craint que la léproserie ne soit à l'abandon. Dire que, selon son directeur, elle bénéficiait de trois millions de dollars de subventions internationales par an ! Elle se fixait pour but d'éradiquer la lèpre en Chine avant la fin du siècle. C'est le siècle qui enterrera la léproserie. Docteur Hu, docteur Mabuse ? Il promettait que l'autoroute Macao - Hong Kong longerait le parc avant la fin de 1993, convoyant des flots de touristes. Je n'aperçois toujours aucune autoroute à l'horizon. Et point de Disneyland !

Finalement, je regrette d'être venu. Pour ne pas rester sur une déception, nous rentrons en ville, rue Sun Yatsen. Des promoteurs immobiliers m'y offraient deux projets sans risque. Le premier consistait à bâtir une tour de vingt-cinq étages sur le parking de l'Assemblée populaire de la province de Canton*. Selon les termes de la proposition, je ne payais pas le terrain. En remerciement, j'offrais la moitié des appartements aux députés et à leurs familles. Leur agent me suggérait aussi de revendre mes parts en touchant des dessous-de-table pour échapper à l'impôt sur les bénéfices.

La tour n'existe pas. Tant mieux. Personne n'a marché dans la magouille. La Chine serait-elle moins pourrie que nous le croyions ?

Le second projet de la rue Sun Yatsen me semblait le plus prometteur de tous. Il s'agissait de construire un complexe immobilier de trente étages devant le parc du Peuple, c'est-à-dire au centre de Canton. Le promoteur, une société d'État, avait dépensé

* Plus peuplée que la France, 63 millions d'habitants à l'époque.

quatorze millions de yuans pour acheter le terrain et le déblayer. Il en cherchait autant pour lancer le chantier et commencer à vendre les logements sur plan, ce qui autofinancerait la construction de l'immeuble. L'investissement serait remboursé en trois ans. Il dégagerait un bénéfice de cinquante millions de yuans.

Cinq ans se sont écoulés. En étudiant le plan de Canton pour nous rendre sur le site, j'ai un coup au cœur. Un gratte-ciel est effectivement dessiné à l'emplacement, à l'échelle d'un monument. Est-ce le mien ? Celui qui m'aurait rendu millionnaire ?

Je le suppose, je le sens... Non. Le gratte-ciel est à côté. Devant le parc du Peuple se trouve toujours mon terrain vague. Sur la palissade, un panneau annonce que les fondations sont juste commencées.

Nous nous regardons. Nous soupirons. Pourquoi tout semble-t-il se solder par un couac ? Laisser cinq ans un terrain vague au cœur de la ville ! Je sais bien que, depuis trois ans, une crise secoue le marché immobilier. Les prix ont chuté, comme en France. Je sais aussi que la croissance économique bat des records à Canton. Chaque jour, dans les rues, des immeubles, des magasins poussent. Je n'y comprends rien. Y a-t-il pléthore de projets ? Tant et tant que la minorité qui se réalise suffit à emballer l'économie ? Cache-t-elle une forêt d'idées, de talents gaspillés ?

Sentiments d'impuissance. Désarroi. Fatigue.

L'air est chaud et poussiéreux. Béatrice réclame à boire. Elle veut se reposer et jouer dans un McDonald's. Ce n'est pas difficile d'en trouver un. Alors nous l'y emmenons. Depuis 1991, eux aussi ont poussé aux quatre coins de Canton, offrant le même décor de cantine moderne que tous les McDo du monde. Rien à signaler.

Pendant que j'achète des milk-shakes, Gloire sympathise avec une femme de ménage. Celle-ci s'est arrêtée de balayer. Elle parle avec Béatrice. Sa frimousse d'Eurasienne l'a attirée. Avec ses cheveux courts à la garçonne et sa taille un peu ronde, cette femme semble usée avant l'âge. Elle aussi élève un enfant, un fils de seize ans. J'en déduis qu'elle doit avoir une quarantaine d'années. J'aimerais savoir quel parcours l'a conduite chez McDo.

Mme Wang, c'est son nom, semble heureuse de satisfaire à notre curiosité. C'est la première fois qu'elle parle avec des étrangers. Elle rougit un peu.

– Autrefois, dit-elle, je travaillais dans une usine de caoutchouc. Mais elle a fait faillite. Je me suis retrouvée au chômage avec une allocation de trois cents yuans par mois*. Juste de quoi acheter du riz et ne pas mourir de faim.

Elle porte les mains à sa bouche en faisant le geste de manger avec des baguettes dans un bol.

– Alors, j'ai cherché du travail. Finalement, ce restaurant étranger McDonald's m'a engagée. J'y fais le ménage.

Elle gagne l'équivalent de deux francs trente de l'heure et peut manger chaque jour deux repas gratuits. Je lui demande :

– Aimez-vous la nourriture de McDonald's ?

– Oui. Surtout le filet de poisson et le Big Mac. Pas les frites.

Le fromage dégoûte les Chinois. Je lui fais remarquer que le Big Mac en contient.

– Ah ? Je ne sais pas. Je ne crois pas. En tout cas, j'aime bien.

– Êtes-vous contente de ce travail ?

Elle baisse les yeux et caresse le manche de son balai. Elle sourit en recommençant à nettoyer le sol.

– Le travail, ça va, c'est la paie... Je gagne huit cents yuans par mois, mais les cadres, ceux qui portent des chemises blanches dans la cuisine, ils touchent au moins trois mille yuans. Il y a trop de différence.

Je la regarde dans son uniforme à rayures rouges et blanches. Elle est affublée d'une casquette également rouge. Je l'observe promener sa serpillière sur le carrelage déjà brillant.

En 1966, Mme Wang avait une dizaine d'années. En 1976, elle en avait une vingtaine. Elle a dû être garde rouge. Tous les Chinois de cette génération le furent plus ou moins activement, selon la période. A-t-elle récité le *Petit Livre rouge* ? A-t-elle défilé avec un brassard rouge ? A-t-elle porté un badge de Mao sur la poitrine ? A-t-elle scandé des slogans contre l'impérialisme américain ?

Aujourd'hui, travestie en clown yankee, elle pousse une serpillière sur un sol propre. Je retiens mon souffle.

* Environ deux cents francs.

D'ici l'an 2000, en trois ans, l'économie de marché et la modernisation jetteront au chômage quinze millions d'ouvriers. Ils s'ajouteront aux deux cents millions de paysans qui émigreront vers les villes, mettant la stabilité du pays à l'épreuve. Je l'ai lu dans la presse chinoise, cet été, mais l'information ne m'intéressait pas. Je croyais l'avoir oubliée, ne retenant que les chiffres, si formidables, de la croissance économique.

La blague suivante circule : « Mao Zedong envoya les jeunes à la campagne, Deng Xiaoping les poussa dans le commerce, Jiang Zemin* les mit au chômage. »

29 novembre.

Interlude. Juste aller à la librairie étrangère, rue de Pékin.

Autrefois, pour un prix dérisoire, on y trouvait, au deuxième étage, des copies pirates de livres et de dictionnaires occidentaux et taiwanais. L'accès était interdit aux étrangers, comme s'il s'agissait d'un lupanar à cacher. « Dans la peau d'un Chinois », j'y étais entré.

Aujourd'hui, le rayon des pirates a disparu. La Chine a signé les conventions internationales sur la propriété intellectuelle et, apparemment, les livres étrangers sont publiés en respectant les droits d'auteur. Les prix ont augmenté et la librairie reçoit peu de visiteurs. Une bijouterie occupe le rez-de-chaussée. C'est la culture des perles.

30 novembre.

Nous partons pour Shaoshan, le village natal du président Mao Zedong, à sept cents kilomètres au nord, dans la province du Hunan. Nous voyagerons une nuit dans le train numéro 60.

A Canton, j'ai remarqué des photos de Mao accrochées à la

* Le nouveau numéro un chinois, appelé au pouvoir par Deng Xiaoping après le Printemps de Pékin en 1989, en récompense de sa fermeté à Shanghai. Il cumule les postes de secrétaire général du Parti, de président de la République et de président de la commission des Affaires militaires, c'est-à-dire de chef des armées.

vitrine des magasins et sur le pare-brise des taxis. Les gens m'ont expliqué en rougissant que cela leur portait bonheur. Ils semblaient gênés d'avouer leur superstition devant un étranger, peut-être aussi parce qu'ils utilisaient l'image de l'empereur qui avait condamné les superstitions chinoises. Certains ajoutaient que le président Mao était un dictateur, mais un dictateur honnête, un bon génie, protecteur contre les aléas des Quatre Modernisations.

Ce néo-maoïsme m'intrigue. Moi aussi, j'ai changé. Les années ont passé. Ma curiosité s'est élargie. Pendant la Révolution culturelle, chaque année, plusieurs millions de Chinois affluaient à Shaoshan. Ce Bethléem du maoïsme est-il redevenu une sorte de Lourdes ? Avec des miracles ?

Notre wagon de couchettes dures est vide aux trois quarts, sans doute à cause du prix des billets qui a grimpé l'an dernier. Nous sympathisons avec un homme installé dans le compartiment voisin. Béatrice, l'Eurasienne, attise sa curiosité. Paraissant la quarantaine, représentant d'une usine sidérurgique de Changsha, la capitale du Hunan, il sillonne le pays. Il a même voyagé en Thaïlande et en Italie.

Ne le cachons pas plus longtemps, il frime. Tout frime chez lui. Il nous montre le livret d'épargne que lui attribue son entreprise pour ses déplacements. Il fume des cigarettes du Yunnan* dont le paquet coûte le tiers d'une journée de son propre salaire. Il porte un complet occidental avec l'étiquette du tailleur encore cousue sur une manche de la veste.

Voilà le chic du chic.

Le Chinois est un frimeur-né. Il aime les bagues en or, les chaussures à talons épais. En plus, cette année, il faut afficher sur une manche l'étiquette du tailleur de votre veste. Il y a dix ans, c'était sur les lunettes de soleil qu'il fallait laisser collée l'étiquette du prix, ou de la marque, même si cela gênait la vision, même et surtout si les lunettes étaient de fausses Ray-Ban.

Une cantinière du wagon-restaurant passe dans le couloir. Elle nous interrompt un instant. Elle vend des paquets-repas.

– Mangez. Mangez chaud. Vite ! crie-t-elle. Sinon la faim vous fera mal au ventre. Vous mangez, oui ou non ?

* Province du Sud-Ouest, réputée pour son tabac.

C'est la Chine. Rien à ajouter. Sauf ceci : en gare de Yingde, vers vingt heures, un enfant d'une dizaine d'années monte dans le wagon et court de compartiment en compartiment avec un sac en plastique. Il ramasse les ordures. Il porte un survêtement déchiré. Même en le vieillissant d'un an, selon la tradition chinoise pour compter l'âge, il est trop jeune pour être employé par les chemins de fer. Qui est-il ? Que cherche-t-il ? Pourquoi ?

Quand le train quitte la gare, je comprends. Sur le quai, je le vois avec deux autres gamins en train de trier le trésor récolté.

– Bah ! soupire notre sidérurgiste frimeur. Ce sont de petits paysans. Les parents les envoient ramasser les poubelles dans les trains. Ils revendent le plastique et les métaux à des recycleurs.

Misère révoltante. Elle suggère un parallèle avec l'Inde : dans les trains, d'autres mômes, des intouchables, balaient les détritus à la place des cheminots. Je me confie au sidérurgiste.

– C'est vrai, approuve-t-il avec une grimace, autrefois, c'était impensable en Chine. Maintenant, les contrôleurs les laissent monter dans les trains. Cela leur évite de nettoyer. Tout le monde y gagne. Mais où va la Chine ?

1er décembre.

Cinq heures et quart.

Dans la froideur de la nuit, nous descendons à Zhuzhou. Nous attendons une correspondance pour Shaoshan, à huit heures.

Grâce à Béa, nous sommes autorisés à nous installer dans la salle d'attente réservée aux militaires et aux parents accompagnés de leur progéniture. Elle est propre et chauffée. Des animaux sont même peints sur un mur pour amuser les gosses. Parfait. Je sors pour nous acheter quelque chose à manger.

Sur le parvis de la gare, des jeunes filles vendent à la sauvette des petits pains chauds. Quel sport ! Pour se faire servir, il faut courir dans l'obscurité après le chariot qu'elles poussent. Elles tournent en rond dans un nuage de vapeur, pour échapper à un flic éventuel.

En réalité, la gare de Zhuzhou ressemble à une cour des miracles. Dans la salle des billets, une véritable armée en hardes est allongée par terre. Elle est composée de paysans en transit et de clochards. A six heures trente pile, ils se lèvent au garde-à-vous. Il faudrait ne pas avoir d'oreilles pour continuer de dormir. Une batterie de haut-parleurs crache une musique assourdissante, avant de laisser miauler la voix d'une femme : « Chers voyageurs, voici l'heure de se lever. Réveillez-vous ! »

Non, je ne vis pas dans le roman *1984*, chez Winston Smith, réveillé par un télécran. Je suis à la gare de Zhuzhou.

Lorsque je reviens dans notre salle d'attente, Gloire m'apprend qu'une surveillante a demandé si je venais du Xinjiang. Cette méprise me poursuit. J'ai préféré le taire, mais à Canton j'en ai été plusieurs fois victime. Gloire sourit avec malice :

– Tu me caches que tu as un ancêtre en Asie centrale.

Qui sait ? J'étudie mes habits, j'essaie d'imaginer mon visage. Je suis le même qu'en France.

Comment des Chinois peuvent-ils continuer de me confondre avec un Ouïgour ? Je regarde mes voisins. Une grand-mère compte des billets de un centime devant un paysan chaussé de tennis ornées de perles. Celui-ci l'ignore. Il est trop occupé à faire glisser sur ses joues un rasoir électrique qui imite le bruit d'un robot-mixeur. A côté de lui, un cheminot ronfle dans un uniforme taché de graisse et troué. A Hong Kong, il passerait pour un mendiant qui a volé un uniforme des chemins de fer. Oui, ces gens aux visages poussiéreux sont si démunis, si mal vêtus qu'ils ressemblent à des clochards.

Je change d'avis. J'ai eu tort de les comparer à des clochards. Installés dans notre salle d'attente de privilégiés, ce sont des voyageurs. Ils sont assez riches pour voyager. Riches et pauvres à la fois. Leur misère contraste avec la richesse des Cantonais, mais pourquoi ricaner de la Chine profonde ? Suis-je supérieur ?

Regardons la grosse femme qui entre, drapée dans un rideau à fleurs en guise de manteau... Derrière moi, observons l'adolescente dans une veste coquelicot à paillettes. Il y a quinze ans, elle aurait porté un costume Mao. Pourquoi l'une et l'autre seraient-elles ridicules ? Pourquoi les Chinois en tennis à perles, ou avec l'étiquette du tailleur sur une manche de veste, seraient-ils plus grotesques que les Indiens en *lungi*, leur pagne traditionnel ?

Moi, j'aurais aimé me trouver dans cette gare, au cœur de la Grande Révolution culturelle prolétarienne*, le 28 décembre 1967. Ce jour-là, j'aurais participé à l'inauguration de la ligne spécialement construite pour convoyer à Shaoshan les millions de pèlerins. Ils partaient visiter la maison natale du président Mao. J'aurais connu l'excitation des gardes rouges.

Il y a vingt-neuf ans, j'aurais aimé prendre ce train dans lequel nous venons de monter. Mais, à cette époque, je n'aurais pas imaginé Shaoshan déserté un jour, comme il l'a été dans les années quatre-vingt, après la démaoïsation sous le règne de Deng Xiaoping. Je n'aurais pas plus envisagé le nouvel afflux de pèlerins, un million chaque année, que le Printemps de Pékin de 1989 a déclenché**.

En 1989, les étudiants critiquaient la corruption du Parti. Cela réveilla le souvenir du président Mao dans la mémoire de certains Chinois. Aucun scandale financier n'avait sali le Grand Timonier. Par opposition à Deng Xiaoping et à sa bande d'affairistes et de révisionnistes, il devint un symbole du vrai socialisme et de la lutte du Bien contre le Mal. Alors, les gens recommencèrent à afficher ses portraits et à visiter Shaoshan.

Cela n'est qu'une hypothèse, glanée au fil des rencontres. En 1991 et 1994, le gouvernement responsable de la boucherie de Tiananmen a décerné à la ville de Shaoshan le titre de « site révolutionnaire national ». Le pouvoir encourage ce pèlerinage. Serait-ce un signe de retour aux valeurs fondamentales du communisme chinois ? Je ne sais pas. Sans doute, le voyage dans le pays natal du président Mao se nourrit-il à la fois d'un durcissement idéologique de la propagande et d'un désir de pureté, tels un fil noir et un fil blanc si intimement tissés ensemble qu'il est impossible de les séparer. Quoi qu'il en soit, le 4 juin 1989 a bien provoqué le néo-maoïsme.

C'est dimanche. Week-end. Le train est bondé de familles avec leur enfant unique et d'hommes équipés d'une canne à pêche. Ils descendent à Xiangtan. Restent quelques dizaines de pèlerins par wagon, et notre tortillard continue sa procession. Il met trois heu-

* *Wuchanjieji wenhua da geming*, l'appellation officielle de la Révolution culturelle.

** Cf. *Shaoshan lansheng* (Guide de Shaoshan), Éditions de l'École normale supérieure du Sud-Ouest, 1996.

res pour parcourir les quatre-vingt-cinq kilomètres de Zhuzhou à Shaoshan. Le signal de la prière est donné quand les haut-parleurs commencent à diffuser de vieilles chansons à la gloire de Mao, mais remixées en disco :

Respecté et bien-aimé président Mao
Soleil rouge de notre cœur
Combien de confidences à te faire !
Combien de chansons à te chanter !
Des millions de cœurs rouges se tournent vers Pékin
Des millions de visages souriants se tournent vers le soleil
Souhaitons respectueusement longue vie au président Mao.

Je surprends Gloire en train de fredonner les paroles. Tous les Chinois les connaissent, un peu comme, en France, les tubes de Claude François. Des sourires éclairent les visages des voyageurs. Moi, je me sens étranger. Mao ne me rappelle pas ma jeunesse. Je me sens voyeur et j'essaie de m'intéresser à autre chose.

En ce moment, j'ai les pieds mouillés. Je regrette de n'avoir pas emporté de bottes. Depuis le départ, dans le vestibule du wagon, le plafond lâche mystérieusement des trombes d'eau. Elles inondent le sol et les flaques roulent au gré des soubresauts du train. Personne ne m'avait prévenu qu'un pèlerinage chez Mao devait commencer par l'achat de bottes.

Cela se vérifie en suivant la jeune femme qui nous a racolés dans le train et nous a invités à habiter chez elle. Elle tient une auberge privée, après une enfilade de gargotes et de musées. Une statue géante de Mao décore le centre grisounet de Shaoshan. Pour l'instant, nous cherchons à nous loger, car nous resterons plusieurs jours ici.

Comme convenu, la chambre offre tout le confort : douche, W.-C., téléviseur et même trois grands lits. Trente yuans (vingt francs), ce n'est pas cher. Et c'est la meilleure chambre de l'établissement, un immeuble à la façade carrelée de faïence. Tout serait parfait si les matelas n'étaient pas déchirés, si les murs n'étaient pas tachés de moustiques écrasés, si le sol n'était pas jonché de mégots et de pelures de clémentines, si l'aubergiste fournissait des bottes pour entrer dans ce qu'elle appelle une salle de bains. Au-dessus des toilettes à la turque, un tuyau sans pomme sert à distribuer des douches froides et deux centimètres d'eau recouvrent le sol. Il est impossible d'atteindre à sec le trou d'aisances. A en juger par l'odeur d'ammoniaque et la couleur ambrée de la flaque dans l'embrasure de la porte, les précédents locataires se sont soulagés là.

Ne paniquons pas. Après tout, voilà le confort ordinaire d'un hôtel pour Chinois. Je l'avais oublié. Inutile de chercher ailleurs. Avec un sourire, je prie l'aubergiste de balayer le sol et d'emporter la corbeille des toilettes pleine aux trois quarts de papiers crottés.

– Pour la corbeille, sourit-elle à son tour, pas la peine de la vider. Vous n'avez qu'à jeter vos papiers par-dessus.

– Je préférerais que vous la vidiez.

– Mais non, y a de la place dedans. Utilisez-la. Cela ne gêne pas.

Et elle sort chercher un balai, oubliant la corbeille. Comme les Chinois aiment le dire à longueur de journée : « *Wusuowei !* A la bonne franquette ! »

2 décembre.

Hier après-midi, épuisés par le voyage, nous avons fait la sieste et avons passé la soirée à la chinoise, en grignotant des graines de tournesol. A la télé, nous avons regardé des variétés, puis le journal local. Le village de Shaoshan est bien devenu une ville sainte de cent mille habitants, avec sa propre chaîne de télévision.

La terre rouge du Hunan engendra un messie de la même couleur. Sous le crachin de ce matin d'automne, la brume s'étire entre les collines, « les nuages bleutés volent avec le canard sauvage, l'eau des étangs se confond avec le ciel sans fin ». Je paraphrase le poète Wang Po (648-675), je me sens de bonne humeur.

Nous commencerons par visiter la crèche où Mao Zedong est venu au monde. Le parallèle avec le Christ s'impose, d'autant plus que le président est né un 26 décembre*, dans une ferme. C'est une jolie demeure de dix-huit pièces, avec une toiture en tuiles et chaume. L'entrée est gratuite et les pèlerins défilent dans la vaste cuisine où se préparaient les repas du futur « grand révolutionnaire prolétarien ». Ensuite, ils s'arrêtent devant le lit à baldaquin où il sortit du ventre de sa mère, puis dans la chambre où il grandit. Ils terminent la visite par l'étable où vivaient les animaux de la famille. Les lieux sont propres. Aussi loin que remonte ma mémoire, je ne crois pas avoir jamais vu une ferme aussi confortable en France. Encore moins en Chine. Au risque de répéter une histoire connue de tous, j'aimerais retracer la généalogie de Mao telle que je l'ai lue.

Elle existe en réalité sous deux versions. La famille Mao est originaire du Jiangxi, province à l'est du Hunan. Elle s'installa à Shaoshan au XIVe siècle et y travailla la terre. Établissant ses codes de morale, construisant des temples, le clan prospéra. Il se divisa en six cents foyers, représentant soixante pour cent de la population locale. Le père de Mao était, lui-même, le fils d'un pauvre paysan. C'est à partir de ce point que l'histoire diverge. Selon la version officielle, c'était un homme « perspicace et économe qui réussit à s'enrichir petit à petit ». D'après Mao, dans une confession qu'il fit au journaliste américain Edgar Snow, et que cite Simon Leys dans *Ombres chinoises***, c'était un méchant propriétaire terrien et un spéculateur en grain.

Pourquoi serait-il critiquable d'avoir eu un père usurier avant de devenir un révolutionnaire ? Ne trouve-t-on pas méritant le fils d'un ouvrier devenu un intellectuel ?

Laissant chacun imaginer l'origine d'une fortune capable de financer la construction d'une ferme de dix-huit pièces à la fin du siècle dernier, nous poursuivons notre pèlerinage sur la tombe des parents de Mao. Le superbe tumulus domine une colline boisée de pins. Une tombe de riches ! Nous redescendons et visitons l'école privée où le génie usa ses fonds de culotte. La propagande assure qu'il apprenait sans l'aide de ses maîtres et se préoccupait déjà de faire la révolution. Plutôt que de ricaner,

* Qui sait, avec le décalage horaire, c'était peut-être encore Noël en Palestine ! Les apôtres de Mao furent les vétérans de la Longue Marche et de Yan'An.

** Récit de voyage publié en 1974, dans la collection 10/18.

nous nous asseyons avec les autres touristes, des étudiants, des cadres et des paysans endimanchés à l'occidentale. Nous visionnons une cassette vidéo sur les célébrations du centième anniversaire de la naissance du messie.

Voici le 20 décembre 1993. Jiang Zemin, le nouveau numéro un chinois, s'incline trois fois devant la statue géante de Mao qui a été installée deux semaines plus tôt sur la place de Shaoshan. L'accompagnent Li Na, la fille de Mao et de Jiang Qing, et un garçon obèse en chaussures de tennis blanches, Mao Xinyu, le petit-fils de Mao et de sa première femme. Je note l'absence de Li Min*, une autre fille de Mao, et celle de Mao Anqing, son unique fils encore en vie, mais débile mental, le père de Mao Xinyu.

Le film montre ensuite la foule innombrable venue, le 26 décembre, le jour du centième anniversaire de la nativité maoïste. Les dévots se prosternent front contre terre, comme dans un temple, et ils sacrifient un porc, un poulet et une oie, en offrande à la statue de Mao. Faisant cela, ils respectent à la lettre les rites traditionnels que Mao a combattus. Autrefois, les Chinois offraient de la nourriture et du sang à leurs dieux, afin de les nourrir, de les contenter et de s'attirer leur protection. La comparaison, si galvaudée, de Mao avec un dieu devient réalité. Gloire laisse couler quelques larmes. Dois-je la consoler ? Devons-nous pleurer ensemble ? Et de quoi ?

– Je me sens bizarre, dit-elle en essuyant ses yeux. Sortons.

Je la suis avec Béatrice, qui ne comprend pas davantage.

– De venir à Shaoshan, soupire Gloire, de sentir la présence de Mao, je me sens comme ces gens qui se prosternent en groupe devant sa statue. Mao s'identifie à notre passé, au temps qui file et ne revient pas. Malgré le mal, les souffrances surtout, rien ne peut effacer ma jeunesse. Je l'aime, telle qu'elle fut. Mao restera, en dépit de toutes ses erreurs, ce personnage grandiose qui a fondé la Chine Nouvelle et indépendante. Il mérite notre respect.

En dix ans de vie commune, c'est la première fois que Gloire, si anticommuniste d'ordinaire, s'exprime ainsi. Je me tais. Je sais

* Sa mère, He Zizhen, la seconde femme de Mao, devint schizophrène. Selon des rumeurs, Li Min souffrirait également de troubles psychiques.

qu'elle préfère retrouver seule son calme. Je pense au romantisme du gaullisme en France, quoiqu'il ne suscite pas de déification. Gloire reparle des animaux offerts en sacrifice à Mao. Incroyable. Après un demi-siècle de marxisme. Sans même le cacher. Au contraire.

A Shaoshan, seul compte le culte. De mémorial en mémorial, comme pour accumuler les bénédictions, les pelotons de pèlerins crapahutent jusque dans les chemins de terre. Seul importe le fait de pouvoir dire : j'étais là, je me suis promené le long de l'étang où le président Mao a appris à nager, j'ai visité son école et le temple où il vénérait ses ancêtres. Chaque pas fait oublier un peu plus le message politique du révolutionnaire, et des camelots ont installé sur des planches une panoplie de bibelots.

Ils ne vendent pas le *Petit Livre rouge*, best-seller mondial avec la Bible et le Coran. Ils fourguent à la criée des badges, des calendriers, des bijoux, des baguettes, des briquets, des statuettes, des stylos, des tee-shirts, des timbres, des cassettes, des bouteilles d'alcool, des paquets de thé, etc. Le tout à l'effigie de Mao. J'achète une fausse Rolex ornée du visage joufflu du président, et je remarque ses biographies, présentées entre des ouvrages sur Napoléon et Qinshihuang, le premier empereur qui unifia la Chine en 221 av. J.-C., un tyran qui fit brûler les livres de philosophie.

Le néo-maoïsme n'est pas sectaire. Chacun trouve des souvenirs à son goût, et même, à l'heure des repas, quelque chose à se mettre sous la dent. Les gargotes de Shaoshan appartiennent à des membres du clan Mao ou à ses voisins. On y goûte les plats favoris du président. Leurs enseignes rivalisent pour attirer les pèlerins : « Taverne Chez Mao », « Restaurant de la Famille Mao », ou « Auberge de la Vraie de Vraie Famille Mao »... Le « Restaurant des Voisins de Mao » est perché à flanc de colline, juste en face de la maison natale. Sans doute est-ce le plus authentique. Il est midi. Nous y entrons.

Une statue du messie, en plâtre doré, siège au fond de la salle, comme dans toute chapelle qui mérite son nom. En guise d'offrandes, un pamplemousse, un bouquet de chrysanthèmes et des bâtons d'encens décorent les pieds de Mao. Ouvert en 1987, le saint restaurant est complet chaque midi. Ses propriétaires peuvent remercier Mao. Il est venu lors de son retour au pays en juin 1959, pendant la tourmente du Grand Bond en Avant, se faire photographier parmi ses anciens voisins. Le cliché fit leur célébrité. Il pend au mur, comme pour prouver que nous ne déjeunons pas chez des imposteurs.

Mme Tang, la patronne, la jeune paysanne qui tient un bébé sur la photo, est devenue grand-mère. Si elle porte aujourd'hui de grosses bagues aux doigts et un bracelet en or, elle conserve le sourire de 1959 en passant de table en table pour offrir des tirages de son icône. Elle me dédicace le mien, mais je n'ose pas lui demander comment s'était conduit le président Mao devant elle, ni ce dont ils avaient parlé. Je crains qu'elle ne nous serve le même refrain qu'aux tables précédentes : qu'il était aimable et simple, qu'il avait mangé chez elle... Peut-être cherche-t-elle à insinuer qu'elle sait préparer les plats préférés de Mao, que nous recevrons ainsi une authentique eucharistie ? Je la crois de bonne foi. Sa mémoire n'embellit-elle pas le souvenir de cette journée du 26 juin 1959 ?

Cette photo me trouble. Trois femmes, dont Mme Tang, rient en écoutant le président qui discute et fume avec son cousin, Mao Xiasheng. Les femmes sont debout, les hommes sont assis au premier plan. Le pantalon et les chaussures en cuir brillantes du grand président révolutionnaire contrastent avec le short et les pieds nus du cousin paysan. Comment Mao fit-il pour marcher dans les chemins boueux de son village sans tacher ses chaussures ? Serait-il venu en palanquin ? Je ne le crois pas, pas plus que je ne crois que l'empereur resta manger avec Mme Tang, dont le mari, un autre Mao, est encore un cousin éloigné.

Peu importe. Tout ce que toucha, approcha Mao semble bénéficier d'une aura de sainteté, à la limite de l'escroquerie. Au moins Mme Tang ne ment-elle pas quand elle propose les plats favoris de Mao : du lard fumé ou du « porc qui retourne dans le wok* ». Je peux le confirmer : mon livre *Le Ventre de la Chine* m'avait fait rencontrer Xie Dekun, cuisinier de Mao de 1959 à 1962.

D'ailleurs il n'y a pas de secret. Après avoir dégusté un « porc

* Des cubes de lard ébouillantés, puis braisés.

qui retourne dans le wok » graisseux, écœurant à souhait, nous allons visiter le « Musée à la mémoire du camarade Mao ». Dans une vitrine, le menu d'une semaine du président atteste une fois de plus qu'il préférait le poisson et la viande aux légumes. Il raffolait des plats épicés, en sauce et, surtout, bien gras. Un goût de paysan, mais n'est-ce pas un des plus nobles qualificatifs en Chine populaire ? Voici le menu d'un mardi midi quelconque dans la vie du Grand Timonier :

1. Riz, pain à la vapeur et bouillie de riz
2. Ragoût de chien et poulet de la Longue Marche
3. Sauté de chou chinois et soupe aux boulettes de porc
4. Friture de poissons aux piments et sauté de feuilles de moutarde en saumure

Ce déjeuner ne se compare pas au raffinement et à la surabondance de la table des anciens empereurs Qing. Néanmoins, de qui se moque le conservateur du musée, en affirmant, dans une légende, que ce menu est celui d'un Chinois ordinaire ? Les Han seraient-ils un peuple d'obèses ? Moi, je retiens que Mao aimait les chiens. Pour les manger. Ce qui, précisons-le, est la coutume à Shaoshan.

Pour pénétrer dans cette salle des reliques, un garde nous a fait enfiler des sacs en plastique sur nos chaussures, comme si nous entrions dans un bloc opératoire. Il s'agit de ne pas salir ce sanctuaire. Tant de saints suaires de la Révolution chinoise y sont exposés : la chemise de nuit de Mao, son faux col, ses crayons, sa trousse à thé, ses lunettes à une branche pour lire couché sur le flanc, sa tondeuse à cheveux, sa couverture de voyage, son slip de bain avec un joli ceinturon blanc, ses deux boîtes d'allumettes, ses savates rapiécées, son panier de pique-nique, ou encore le fauteuil Art déco dans lequel il reçut Nixon, avec protège-accoudoirs et protège-coussins. J'arrête, la liste serait trop longue. Sous chaque objet, des légendes expliquent inlassablement comment Mao menait l'existence d'un homme du peuple. La comparaison avec la cupidité de Deng Xiaoping et de sa nouvelle équipe dirigeante finit par me traverser l'esprit. Est-ce le but recherché par le conservateur ?

Le clou de l'exposition réside dans les tickets de rationnement de céréales et de coton dont Mao jouissait, ou souffrait, en tant que citoyen ordinaire. Cette exhibition de tickets inutilisés fait sursauter Gloire. Dans les années soixante et soixante-dix, quels Chinois pouvaient se permettre de se passer de leur maigre quote-part de nourriture et de tissu ? Je pose la question, sans insister, laissant des observateurs plus malins que moi résoudre cette « contradiction au sein du peuple ».

Avant de sortir du musée, je m'arrête devant un stand de photographe. Je ne résiste pas à l'envie de me faire immortaliser, grâce à un trucage vidéo par ordinateur, en compagnie du Grand Timonier. Pour dix yuans, un enfant peut se faire prendre en photo dans ses bras, une femme peut frissonner en tête à tête avec lui. Je choisis de poser, côte à côte, en réunion de travail, à la place du vice-Premier ministre Chen Yi.

Gloire, non seulement refuse de se faire photographier à son tour, de gaspiller dix yuans, mais, de retour dans notre chambre, elle s'indigne d'avoir vu le musée monopoliser un ordinateur pour réaliser de tels trucages.

– Quel manque de respect envers l'Histoire, envers le grand personnage que fut Mao ! dit-elle.

Une longue dispute nous déchire. Je réalise sa gêne. Je finis même par la partager, tout en la désapprouvant sur le fond.

– Tu as raison, je devrais avoir honte de m'être fait photographier avec Mao. L'aurais-je fait avec Hitler ? Je pense aux prisonniers dans les goulags chinois, aux dizaines de millions de personnes mortes de faim à cause de la folie du Grand Bond en Avant, aux victimes de la Révolution culturelle. J'y pense comme je pense aux Juifs, aux Tziganes et aux résistants. Et j'ai honte d'avoir été si léger.

Dialogue de sourds. Pour la première fois, depuis des années, nous nous querellons à propos de la Chine. J'ai changé. Pourquoi Gloire n'aurait-elle pas changé ? dans une direction différente ?

Gloire m'inquiète.

3 décembre.

En juin 1966, pendant les manœuvres qui préparèrent la Révolution culturelle, le président Mao vint une dernière fois se ressourcer au pays natal*. Il logea pendant onze jours dans un palais en briques grises, construit spécialement pour lui, sur le site des grottes Dishui, près de la tombe de ses grands-parents. Sous la roche, un abri antiatomique avait été aménagé.

Nous suivons le flot des touristes, nous défilons devant la salle où Mao tenait des réunions, nous rêvons devant la chambre et le lit immense où il dormait, nous regardons la baignoire où il se lavait... Bref, le pèlerinage continue. Devant son bureau, nous écoutons un cadre expliquer à sa femme :

– Imagine ! Ici, Mao Zedong a manigancé la Révolution culturelle. Imagine !

5 décembre.

Hier, nous sommes arrivés en autocar à Changsha, la capitale du Hunan. Transis de froid et sales comme des cochons, nous nous sommes installés dans l'hôtel trois étoiles de la Nouvelle Prospérité. La chambre coûte environ deux cents francs, mais elle est chauffée et nous avons une baignoire propre. Un peu de luxe.

Je voulais transiter par cette ville pour visiter le musée consacré au philosophe hunanais Wang Fuzhi (1619-1692). Il passe pour le premier théoricien du nationalisme chinois, et Mao étudia ses écrits. Wang Fuzhi m'intéresse car il était évolutionniste avant l'heure. Analysant le progrès continu de l'humanité, il attaqua les conservateurs qui voulaient revenir à un pseudo âge d'or, les politiciens qui cherchaient à soigner la société par un retour aux mœurs et aux institutions du passé. Je partage cette position. Dans l'espoir de découvrir un père spirituel, je veux visiter son musée.

Ce n'est pas si simple. Les gens que nous interrogeons ne connaissent même pas le nom de Wang Fuzhi. Était-ce un géné-

* Et s'assurer aussi, sans doute, la fidélité des dirigeants du Hunan.

ral ? Ou un peintre ? Si je demandais au concierge de l'hôtel où rencontrer des prostituées, il m'indiquerait qu'il suffit de sortir dans la rue. Une dizaine de salons de massage s'alignent le long de l'avenue de la gare. En revanche, personne n'a entendu parler d'un musée Wang Fuzhi.

A tout hasard, nous marchons vers le Grand Hôtel Xiangjiang. Je crois avoir lu, en France, que le musée se trouvait dans ce quartier. Après quelques détours, nous y parvenons et pénétrons dans une vieille demeure. Puis, plus rien : le musée Wang Fuzhi existe bien, l'entrée est même gratuite, mais les salles d'exposition et les vitrines sont vides.

Déconcertés, nous rentrons à l'hôtel. Nous partageons une bouteille de bière et feuilletons le quotidien du soir. Installés dans notre chambre, de la moquette sous les pieds, nous nous sentons comme en France. Nous imaginons que nous lisons des informations venant de Chine comme s'il s'agissait d'une autre planète. Voici la nouvelle du jour. Elle date de la semaine dernière ! Elle est reprise au journal télévisé de dix-neuf heures : « Le 27 novembre, à douze heures dix, une explosion de grisou s'est produite dans une houillère du Shanxi, tuant quatre-vingt-onze personnes. Les sauvetages ont été organisés dans l'ordre par les dirigeants locaux. »

C'est parfait. J'ai envie d'applaudir ! Mais imaginons un tel accident en France. Il serait annoncé dans l'heure par les médias. Pourquoi attendre que les tenants et les aboutissants d'une catastrophe soient élucidés avant de nous rapporter les premiers témoignages ? Est-ce une habitude ? Est-ce cela un journaliste idéal, celui qui sait tenir sa langue ? Pour ne pas propager de fausses informations ? Pour être sûr qu'il ne s'agit pas d'un attentat ? Pour tuer l'émotion par un décalage dans le temps ? Parce que chaque accident est une ombre au tableau de la modernisation socialiste ?

Le reportage télévisé ne montre pas les familles des victimes en pleurs. Je vois des visages réjouis par le zèle des cadres dans la conduite des secours. La Chine change-t-elle vraiment ?

7 décembre.

En ce moment, nous pique-niquons dans le train express numéro 6. Après une journée et une nuit en couchettes dures, nous arriverons demain à Pékin.

Pourquoi allons-nous à Pékin ?

Pour voir le père de Gloire, mon beau-père. La coutume chinoise veut que je l'appelle *Ba*, c'est-à-dire « P'pa ». En 1991, un mois après le décès de la mère de Gloire, nous sommes passés à Pékin pour le réconforter. L'année suivante, il s'est remarié. Depuis, d'après les lettres que nous ont écrites les sœurs de Gloire, toute la famille s'est un peu éloignée de lui.

La mère de Gloire avait contracté la tuberculose en 1960, au début de la famine qui succéda au Grand Bond en Avant. Mal soignée, la maladie l'a emportée trente ans plus tard, à l'âge de cinquante et un ans. Je l'aimais comme une vraie maman. Je n'étais pas gêné comme avec P'pa, trop froid, de suivre la tradition et de l'appeler *M'man*. Sa maladie la clouait à la maison, mais tout l'intéressait. Je me souviens des soirées de l'été 1989. Nous les passions dans la fraîcheur de notre courette, parce que la canicule était étouffante à l'intérieur de la maison. Assis sur des pliants, nous discutions du massacre de Tiananmen ou de l'art de braiser une carpe. M'man adorait le poisson, les gâteaux et la nourriture française que je lui préparais. Elle refusait de suivre un régime, elle aimait trop prendre du bon temps.

M'man, comme tu nous manques !

Une question nous tourmente. A quoi ressemble la nouvelle femme de P'pa ? Lui parle-t-il comme à M'man ? Avec les mêmes mots de tendresse ? Gloire lui pardonne de ne pas être resté veuf, mais elle regrette qu'il se soit remarié si vite. A-t-il oublié M'man ? Dans sa solitude, peut-être agirions-nous de même... Je ne sais pas. P'pa a-t-il eu le choix ? A-t-il vraiment eu le choix, un homme dans la force de l'âge ayant partagé trente ans le lit d'une malade ?

Aujourd'hui, c'est mon anniversaire. J'ai trente-sept ans. Soudain, Gloire déclare que j'ai vécu, consommé, la moitié de mon existence. Plaisante-t-elle ? Je n'aime pas sa réflexion.

– Tu sais, continue-t-elle en baissant le regard, si un jour tu n'es plus là, si... tu meurs, je crois que je reviendrais vivre en Chine.

– Pourquoi ?

Depuis le départ du train, nous avons trop bu afin de tuer le temps. L'alcool de sorgho nous rougit la face. Nos paroles dépassent-elles nos pensées ? Je répète :

– Pourquoi ?

Gloire me fixe dans les yeux. Elle hésite avant de répondre :

– Je possède un passeport français, mais en France, quand je vais au supermarché par exemple, je sens dans le regard des caissières qu'elles me voient différemment, comme une Jaune. Je suis de trop. Au contraire, la Chine a besoin de moi. En tant que Chinoise d'outre-mer, parlant français et anglais, je pourrais trouver un emploi dans une entreprise internationale.

Je crois vivre un cauchemar, car l'alcool me martèle les tempes. Au lieu de me rendre gai, il agit de façon tout à fait inhabituelle. Je vais mourir un jour et Gloire quittera le foyer que nous avons fondé à Paris. Cette vision m'angoisse. Et Béatrice, la métisse blanche, que deviendra-t-elle en Chine ? Je fredonne cette chanson de France Gall :

Si le dégoût de la vie vient en toi
Si la paresse de la vie s'installe en toi
Pense à moi ! Pense à moi !

De la main, j'indique la fenêtre du wagon. A l'extérieur, crachant une fumée noire, une usine se dresse entre des masures de terre qui servent de fermes à de misérables paysans.

– Ce paysage n'est pas beau, dit Gloire, mais c'est chez moi. Depuis quinze jours, je ne me sens plus jaune, tout comme toi en France, tu ne te sens pas blanc.

Puis-je la contredire, sans nier la montée du Front national ? Je m'étonne qu'elle songe à se fixer quelque part :

– Moi, si tu mourais, je voyagerais. Peut-être que je m'arrêterais quelque part et que je recommencerais ma vie, mais seulement après avoir vu le monde entier, vu et revu plusieurs fois. Cela m'occuperait. Je ne pourrais t'oublier si vite.

Gloire soupire, et ce qu'elle me dit, elle le murmure :

– Marc, je n'ai plus envie de bouger. J'ai vieilli, j'ai changé. La Chine aussi a changé.

Quand, en 1992, nous sommes partis en Inde réaliser *Dans la peau d'un intouchable*, Gloire ne se souciait pas de la Chine. Elle se sentait citoyenne du monde. Je le lui rappelle.

Son expression se durcit. Entre ses dents, elle commence à énumérer les progrès économiques dont nous avons été les témoins depuis deux semaines. Plus elle s'explique, plus je nous sens éloignés. Dire que c'est moi qui ai eu l'idée de ce voyage !

En famille

8 décembre.

Pékin. Neuf heures vingt du matin.

Toute la nuit, des hommes ont conduit la locomotive, aiguillé le convoi et entretenu chaque wagon. Notre train arrive à l'heure. Sans nous presser, nous descendons sur le quai.

Joli Nénuphar, la sœur aînée de Gloire, nous attend-elle à la sortie ? A Changsha, nous lui avons téléphoné notre heure d'arrivée. Nous espérons qu'elle sera là. Elle n'était pas sûre de venir nous chercher, ignorant où se trouvait cette nouvelle gare de Pékin.

Inquiétude. Nous descendons des escaliers, tournons dans un couloir, et voici la sortie. Je reconnais Joli Nénuphar au milieu de la foule. Elle est toujours aussi forte, presque obèse, ce qui me rappelle que notre famille la taquinait en la surnommant « Cube de lard ». Elle nous fait de grands signes en agitant les bras, et, à côté d'elle, une fillette l'imite, très forte elle aussi. Sans doute est-ce ma nièce Mignonne...

Nous ne nous embrassons pas. Ce serait contraire à la coutume chinoise. L'émotion de nos retrouvailles se noie dans un flot de questions sur notre voyage. Et hop ! Joli Nénuphar prend Béatrice dans ses bras, tandis que Mignonne porte un de nos sacs. Où allons-nous ?

– On va chercher Beauté et Vent Fort, dit Joli Nénuphar. Ils vous attendent à une autre sortie.

Beauté, la seconde sœur de Gloire, a épousé Vent Fort, il y a dix ans, deux mois avant notre propre mariage. Les voilà qui viennent à notre rencontre. Vent Fort est toujours aussi grand et maigre. Pour nous accueillir, il a enfilé un costume et mis une cravate à rayures. Quel chic ! Beauté n'a pas non plus changé, ni grossi. Elle conserve son teint de pêche et son visage de bébé. Soudain, j'ai l'impression que nous les avons quittés hier, mais, en réalité, c'était il y a cinq ans. Leur fille, Quiétude, les suit. Elle a grandi. Ses cheveux coupés au bol lui donnent l'air d'un gavroche de Pékin. Elle a gardé sa voix rocailleuse, si étonnante chez une enfant.

Clarté arrive une minute plus tard. C'est le fils du frère de Gloire, Célébration de l'Orient. Je ne reconnais pas mon neveu dans son survêtement en acrylique. Il doit avoir quatorze ans à présent. Il semble avoir poussé tout en hauteur, au point de me dépasser de quelques centimètres. Son père et sa mère sont restés à faire la grasse matinée à la maison. Toute la nuit, ils ont joué au mah-jong* avec des amis.

– Depuis un mois, dit Clarté, P'pa a de la veine au mah-jong. Il a gagné mille yuans.

Je sais que Célébration de l'Orient gagne huit cents yuans (cinq cents francs) par mois, en tant qu'ouvrier dans une usine de matières plastiques. Grâce au jeu, il a doublé ses revenus. Mon neveu me dévisage d'un air malin. Il attend que je fasse une remarque.

– Le père de Clarté est très doué, dis-je en regardant mes belles-sœurs et mon beau-frère.

L'un après l'autre, exécutant une politesse à l'occidentale, ils me serrent la main, ou plutôt ils me la secouent. Ils ne s'occupent pas de celle de Gloire. Leur sœur cadette, Petite Gloire comme ils l'appellent affectueusement, est chinoise. Quand vient le tour de Clarté de me saluer, celui-ci se trompe, il me tend sa main gauche. A-t-il mal appris la leçon ? Vent Fort lui fait une remontrance, et Clarté pouffe de rire en changeant de main. Je ne sais que penser en les revoyant tous. Autrefois, personne ne venait nous accueillir quand nous arrivions à Pékin.

Nous cheminons dans une salle des pas perdus, puis sur un parking, entre les voitures garées. Les rires de nos enfants résonnent. Je demande à Joli Nénuphar :

* Jeu de dominos chinois qui se joue un peu comme la belote, et avec de l'argent.

– Où allons-nous ?

– Là-bas ! Fidel Prosper nous attend dans sa voiture.

C'est vrai. Fidel Prosper, son mari, n'est plus électricien dans une usine de chaussures. Il a passé le permis de conduire et travaille comme chauffeur des cadres de l'entreprise. Ah ! la voiture de Fidel Prosper ! Je meurs d'envie de la voir. Mais comment allons-nous tous y tenir, même en nous y serrant à la chinoise ?

J'ai mal interprété. En chinois, le mot « voiture » désigne tout véhicule, du vélo au train, et nous nous dirigeons vers un autocar. A la place du conducteur, je reconnais Fidel Prosper, avec son visage grêlé de boutons et sa bouche garnie de dents en or. Mon beau-frère est le plus vilain frimeur que je connaisse, fier de sa force alors qu'il est bête et mou comme un ver.

C'est incroyable ! Comme si Gloire, Béatrice et moi, nous formions une délégation étrangère : « la délégation Boulet de retour au pays », notre famille est venue nous chercher avec un autocar, celui de l'usine de chaussures. Fidel Prosper se serait-il mis en infraction en empruntant ce monstre ? Comment pourrait-il en disposer pour son usage privé ? Je n'ai pas le temps de le remercier, car il met le contact et embraye. Je suis heureux, j'offre une tournée de cigarettes et je me tais. Je veux éviter de parler de nos sujets de discorde : l'argent, le racisme... Je veux repartir de zéro dans la relation avec mes belles-sœurs et mes beaux-frères.

Comme à Canton, les gratte-ciel et les voies express ont poussé à perte de vue dans Pékin. Gloire ne reconnaît pas sa ville natale. Où Fidel Prosper nous conduit-il ?

Si les premières impressions laissent présager ce que seront nos retrouvailles, je n'ai plus de raison de m'inquiéter. Je me sens en famille. Mes belles-sœurs et mes beaux-frères semblent avoir tout organisé. Pour notre bonheur. Je les embrasserais si cela était permis en Chine.

J'aime cette sensation d'abandon, quand le temps ne compte pas, et que l'on avance dans la vie sans savoir où l'on va. Pourtant, cela ne doit pas m'être indifférent. Peut-être roulons-nous vers le nord, vers le quartier où P'pa a emménagé, il y a deux ans... Si cette intuition se vérifie, nous rencontrerons dans quelques minutes la femme qui a pris la place de M'man, la belle-mère chez qui nous habiterons pendant plusieurs mois.

A-t-elle déjà parlé avec un étranger ? Rougira-t-elle en me voyant ? Pensera-t-elle, comme l'héroïne chinoise de *Vent d'Est, Vent d'Ouest**, rencontrant « un diable étranger » :

> A ma grande horreur, au lieu d'avoir des cheveux humains noirs et plats, comme ceux de tout le monde, son crâne était recouvert d'une laine rouge et mousseuse. Ses yeux ressemblaient à des cailloux lavés par la mer, et son nez s'élevait en montagne au milieu de son visage. Oh ! c'était un être affreux à voir [...]
>
> Sains d'apparence, et gras, ses enfants avaient les cheveux blancs. Cela confirme ce que j'ai entendu dire : les étrangers ont une nature à l'envers de la nôtre, ils naissent avec des cheveux de neige qui foncent en vieillissant.

Cette vision persiste, même si l'Occident devient à la mode, entre mépris et admiration. Je m'en souviens, M'man comparait les yeux des Blancs à ceux des chats pour la variété de leurs couleurs, et à ceux des vaches pour leur taille. Et puis, les Chinois ricanent de notre corps velu de barbare, de frère des singes.

L'homme idéal serait-il un métis ? C'est-à-dire un hybride. Les Chinois croient qu'il possède les qualités de chaque race : la force des Blancs et l'intelligence des Jaunes... Je n'approfondis pas, je hais ce genre de spéculations, mais je suis étonné de voir combien Béatrice suscite d'attentions et de câlins en Chine. En France, dans la rue, au supermarché ou dans le bus, personne ne la prend dans les bras. N'est-elle pas aussi française que chinoise ? Aussi typée, aussi exotique, aussi bâtarde ici et là-bas ?

Derrière moi, dans le car, ses tantes se disputent pour jouer avec elle, comme avec une poupée. Elles la chatouillent et lui apprennent à dire son surnom en chinois : « Je m'appelle *Lulu* » (prononcez Loulou), c'est-à-dire « Jade ».

Je plains Fidel Prosper au volant du car. J'admire comment il nous fraye un passage entre les voitures et les essaims de cyclistes et de piétons qui zigzaguent sur la chaussée. Cela fait cliché de

* Roman de Pearl Buck. Cette Américaine a grandi en Chine et a obtenu le prix Nobel de littérature en 1938.

décrire ainsi la capitale de la Chine, mais jamais cela ne m'a semblé aussi juste que ce dimanche. A croire que le nombre des Pékinois a augmenté en proportion du boom économique. En bordure de chaque rue, des dizaines d'échoppes de marchands d'habits et de restaurants privés s'encastrent les unes derrière les autres, comme des écailles de poisson.

Je connais mal ce quartier, mais je me souviens de ses maisons basses et de ses magasins d'outillage. J'y venais, il y a une dizaine d'années, quand je fréquentais mon ami Chang Ri et sa bande de voyous. Je me rappelle que nous y dînions dans une gargote coréenne. Le bol de nouilles au chien n'était pas cher et nous nous régalions. De toute façon, il n'y avait guère d'autres restaurants dans le secteur. Et puis, pour nous déplacer, pour arrêter un taxi, nous attendions parfois une demi-heure sur le trottoir. Maintenant, notre car en croise sans cesse.

Voilà mon souvenir. Il remonte à l'époque où je trafiquais des cigarettes au marché noir. J'y repense, car à l'instant, Vent Fort m'offre à son tour une cigarette, une Marlboro.

– Fume ça ! dit-il. Tes cigarettes Yunyan ne sont plus à la mode à Pékin.

J'ai du mal à imaginer un tel changement de goût. Autrefois, les Yunyan, comme les autres cigarettes du Yunnan, étaient très appréciées, mais introuvables dans les magasins d'État. En les revendant au marché noir, je gagnais sur chaque cartouche l'équivalent de deux journées de salaire.

Fidel Prosper cherche une place de stationnement. Imaginez comme il est difficile de garer un car de quinze mètres dans les ruelles encombrées de Pékin. Il y réussit, et hop, nous descendons tous. Pour aller où ?

Nous pénétrons dans une venelle cachée à l'arrière d'un restaurant, un de ses milliers et milliers de culs-de-sac, où les touristes ne sont pas les bienvenus. Avant la Libération, en 1949, ce n'étaient que des cours carrées, bordées de maisonnettes en briques. Au fil des décennies, de nouveaux logements ont été construits au centre, et dans le plus grand désordre, avec une cuisine extérieure par-ci, une remise par-là. Cela créa autant de labyrinthes qu'il existait de cours carrées.

Plus de doute. Nous allons chez P'pa. Comment décrire la

sensation de pénétrer dans ce bidonville où je vivrai plusieurs mois ? J'imagine le froid, la crasse et l'absence de toilettes dans les habitations.

Comment cacher mon dégoût en marchant dans la boue, entre les ordures et les gravats ? Tout reflète la misère ici : les torchons sales et les bouteilles vides sur le rebord des fenêtres, la ferraille entassée dans les coins. Pourtant, je sais comment vivent les Chinois. J'ai vécu des années parmi eux. N'empêche, j'éprouve une gêne, proche de la peur qui me coupait les jambes quand je suis entré la première fois dans le ghetto des balayeurs de mon ami Râjâ Râm, à Bénarès. Son quartier me sembla ensuite ordinaire lorsque je fus installé « dans la peau d'un intouchable ».

Je me force à ne pas observer les détails. Je me rassure :

– Bien, nous habiterons ici. Bien.

Nous nous enfonçons d'une trentaine de mètres, puis, après un détour, nous poussons la porte d'un cabanon. Est-ce chez P'pa ? Chez nous ?

La scène s'enchaîne trop vite pour la décrire... Une femme, à l'âge indéfinissable des Chinois qui ne sont pas encore vieux, qui ont entre quarante et soixante ans, nous tire à l'intérieur. Elle a des cheveux frisés et un petit nez de hérisson. Les sœurs de Gloire nous la présentent : « Voici *Ayi*. » *Ayi* signifie « Tante ». C'est la manière polie d'appeler une belle-mère, la femme avec laquelle votre père s'est remarié.

Gloire et Tante caquettent ensemble comme deux moulins à formules de politesse, et chacune prétend qu'elle est ravie de rencontrer l'autre. Cela n'est peut-être pas plus exact pour l'une que pour l'autre. Patati patata... mes belles-sœurs y ajoutent leur grain de sel. Au secours ! Je souris en me récitant le dicton chinois : « Trois femmes ensemble, et on se croirait au théâtre. »

Tante porte un joli pull bleu foncé et son visage rondouillard la rend sympathique. Je me contente de la regarder. Quelle place prendra-t-elle dans notre cœur ?

P'pa est au travail. A soixante-deux ans, ouvrier retraité du bâtiment, il touche une pension de six cents yuans. Cela ne lui suffit pas pour vivre, et Tante explique qu'il a accepté un emploi dans un musée, pour quatre cents yuans* par mois, trois cent soixante-cinq jours par an. Il n'a droit à aucun congé, même pendant le retour de sa fille. Son travail consiste à faire bouillir de l'eau pour le thé des employés du musée. C'est tout. Nous apprendrons plus tard que Tante perçoit une retraite de cinq cents yuans et gagne en plus quatre cent cinquante yuans par mois, en gardant un bébé du lundi au vendredi.

Nous lui offrons quelques souvenirs de Shaoshan : une bouteille d'« Alcool de la famille Mao », un panier d'œufs de cent ans et un briquet à l'effigie du président Mao. Ces objets ne provoquent aucune réaction chez elle, ni chez mes belles-sœurs et mes beaux-frères, comme si Mao les indifférait. Emportant nos cadeaux dans la cuisine, Tante revient avec des verres de thé fumants.

Nous nous asseyons tous autour d'une table en formica. Tandis que chacun bombarde Gloire de questions sur sa vie en France, mes yeux se promènent. Comment vivrons-nous à cinq dans cette maison de deux pièces ?

Au moins, il y a deux pièces : une chambre d'une quinzaine de mètres carrés, et le vestibule, plus petit, où nous bavardons en ce moment. De l'autre côté, un appentis abrite la minuscule cuisine, si sombre que je n'y distingue rien. Il n'y a pas de toilettes, mais l'eau courante et un tuyau de tout-à-l'égout sont raccordés à la maison. Nous n'aurons pas besoin, comme dans l'ancienne maison de P'pa, de sortir vider les eaux usées dans la rue. En outre, un poêle à charbon active un système de chauffage central. Je n'ai pas froid. Mais cela ne prouve rien. L'hiver est en retard cette année, et le soleil pénètre dans la pièce par une espèce de verrière, au-dessus de nos têtes. J'allume la cigarette que m'offre Vent Fort, content de l'accompagner. Dans quelques jours, j'aurai le sentiment d'être ici chez moi. J'éprouverai peut-être des sensations de confort. Je ne pense pas à une douche chaude, mais, par exemple, au plaisir de se dégourdir les mains sur le poêle quand il gèle dehors à moins dix, ou à celui de se tremper les pieds dans une bassine d'eau tiède. Par contre, je devrai aller aux

* Le salaire moyen à Pékin est d'environ huit cents yuans, soit cinq cents francs.

toilettes publiques dans la rue, en plein froid, même au cœur de la nuit, si un besoin me torture les intestins.

Faisant signe aux hommes de se lever, Beauté me ramène à la réalité :

– Marc ! Va dans la chambre regarder la télé. Nous, les femmes, nous aiderons Tante à préparer le déjeuner.

J'insiste pour proposer mon aide, lorsque Fidel Prosper m'empoigne, direction : la chambre ! Sous le poster d'une Blanche en bikini, il m'installe dans un fauteuil à côté de Vent Fort. Ensuite, il sort de la maison, pour vérifier si son car ne gêne pas la circulation. Sur le lit, nos gosses jouent au trampoline.

J'aime bien Vent Fort. C'est un voyou, un vrai, même s'il n'est pas violent et parle sans la gouaille des Pékinois. Si la meilleure façon de résumer le caractère d'un homme consiste à décrire d'abord les yeux, disons que ceux de Vent Fort s'allongent comme deux amandes où pétille une flamme. Face à lui, j'ai toujours l'impression que sa ruse et son humour froid me dominent. Je me demande également s'il ne se doute pas que je suis journaliste. Mais il sait tenir sa langue. Il ne m'a jamais dénoncé à quiconque. Pourquoi me nuirait-il ? Dans quel intérêt ?

Il n'exerce aucun métier. Ou plutôt si : autrefois, il vivait du marché noir. Il a essuyé des revers de fortune, car il aime jouer au mah-jong. En voyage à Canton, il y a six ans, il a joué son appartement de Pékin. Et il l'a perdu. Sa femme et sa fille se sont retrouvées à la rue, obligées d'aller habiter chez ses parents. Vent Fort aurait pu gagner, et aujourd'hui il posséderait deux appartements. Il me tend une nouvelle Marlboro, et je remarque sur ses mains de fines cicatrices violettes de plusieurs centimètres de long, comme s'il se piquait les veines avec des seringues. Se drogue-t-il maintenant ? Je ne me sens pas l'audace de le questionner. De quoi pouvons-nous parler, nous deux, en tête à tête ? Je lui demande s'il travaille. Il tire deux taffes sur sa cigarette, pour chercher une idée.

– Je bricole, répond-il avec un sourire de malice. De-ci de-là.

– Par exemple ? dis-je en feignant un air détaché.

– Je... boursicote. J'ai acheté des options sur les matières premières : le soja, les pois...

– Ça rapporte ?

Vent Fort cherche mon regard, puis il éclate de rire :

– J'ai tout perdu. La Bourse, ça gagne petit. Ou alors, c'est trop risqué.

– Et maintenant, que fais-tu ?

– Je bricole... Et toi ?

– Je bricole, dis-je du tac au tac. Un peu de tout, un peu comme toi. Rien de fixe.

Je ne réalise pas que je manque d'intelligence en laissant supposer que je cache quelque chose. Je devrais mentir, dire que je suis comptable ou magasinier. Vent Fort me jette un clin d'œil complice. Gloire, qui est entrée dans la chambre, s'empresse d'ajouter que je boursicote, afin de justifier que nous disposons de moyens licites pour payer notre retour en Chine.

A table ! Les hommes et les enfants s'asseyent autour de Tante, les autres femmes restent debout. C'est la tradition, et, surtout, la table est trop petite. Je réussis à obliger Gloire à nous rejoindre. Le festin n'est-il pas préparé en son honneur ?

Nous nous régalons avec du porc laqué, des algues, des cubes de poulet aux poivrons, des beignets de poulet, des œufs brouillés et du porc aux pousses d'ail. Tante est un cordon-bleu. Je la félicite. Je compare la présentation de ses plats à celle du célèbre Hôtel de Pékin. Elle rougit.

Personne d'autre ne la complimente. Certes, ce n'est pas la coutume de remercier ou de féliciter ses proches, mais peut-être mes belles-sœurs et mes beaux-frères n'ont-ils pas envie de faire plaisir à Tante ? Peut-être ne trouvent-ils pas sa cuisine à leur goût : pas assez grasse, pas assez épicée ou salée... Que sais-je !

Je pense à P'pa, l'absent. Je suis content qu'il ait choisi une femme qui lui mijote d'aussi bons petits plats.

– Marc ! me lance Joli Nénuphar. La cuisine française est moins bonne que la cuisine chinoise, n'est-ce pas ?

Combien de fois ai-je entendu cette phrase dans sa bouche, ou dans celle de son mari ? Malgré mes démentis, ils restaient persuadés qu'en France je me nourris de viande à moitié crue, avec du pain et du fromage, comme un barbare qui ne sait pas cuisiner. Pourquoi me répétaient-ils, jour après jour, que la Chine, pays du tiers-monde, est au moins supérieure à la France quant à sa cuisine, c'est-à-dire sa civilisation ? Moi, je m'en moque. J'aime la France et la Chine, avec leurs spécificités, sans les classer.

Voilà donc que cela recommence ! Le chauvinisme chinois le plus stupide, jusque dans ma famille. Ils étaient tous si adorables depuis notre retour. J'essaie de garder mon sang-froid. Ne dois-je pas excuser Joli Nénuphar ? Elle ignore tout de la France. En guise de réponse, je me contente de lui citer Laozi, le philosophe taoïste :

– « Celui qui sait ne parle pas, celui qui parle ne sait pas. »

– Laozi ? s'étonne Joli Nénuphar. C'est de la vieillerie. Vous, en France, vous ne savez pas cuisiner.

Fidel Prosper l'approuve. Il ne dit pas comment les Français ne savent pas cuisiner. Peu importe, puisque ceux-ci sont des incapables... Et il sourit. Satisfait. Comme s'il me prouvait une fois de plus la suprématie de la civilisation chinoise sur celle de l'Occident. Un peu agacée, Gloire commence à lui réexpliquer que la cuisine française allie la fraîcheur des ingrédients à des recettes sophistiquées. Ainsi, les restaurants français sont-ils les plus chers du monde. Je lui fais signe de laisser courir. J'ai appris qu'avec les Chinois j'aurai toujours tort. Je vais essayer de les accepter tels qu'ils sont, quitte à « laisser le crachat sur mon visage sécher de lui-même », comme dit le proverbe. Je me souviens de l'accueil que notre famille nous a réservé à la gare. J'y repense, et, à l'instant, la porte d'entrée s'ouvre. C'est P'pa !

P'pa !

Il s'est échappé de son travail pour une demi-heure. Il a les yeux larmoyants. Est-ce le froid ou l'émotion ? Il ôte sa casquette, et, malgré ses soixante-deux ans, ses cheveux en brosse lui donnent un air de play-boy. P'pa a toujours été beau gosse. Des amies venaient lui rendre visite à la maison, du temps de M'man.

Toujours pas d'embrassades. P'pa se contente de sourire à Béatrice. Il n'a pas le temps de s'asseoir à table, car Tante lui annonce qu'un voisin leur a volé des galettes de coke, le charbon qui brûle dans le poêle. Ils entreposent leur combustible dans l'impasse, devant la cuisine. Aussitôt P'pa ressort pour vérifier qu'il manque bien deux rangs de dix galettes sur leur tas. De retour dans la maison, il dit qu'il veut aller parler au voisin, puis, de dépit, il grommelle quelque chose d'incompréhensible. Ce n'est pas son genre de jurer, ni de crier.

– C'est vraiment détestable, dit Tante. C'est le vieux d'en face qui a fait le coup. Il touche cent quatre-vingts yuans par mois de l'aide sociale, il n'a pas de quoi se chauffer.

Beauté et Joli Nénuphar répètent que c'est détestable. Je demande :

– Le coke coûte-t-il cher ?

– Non, environ vingt centimes la galette, mais on ne peut pas en acheter autant que l'on veut. Le coke est rationné.

Vent Fort conseille à P'pa de laisser tomber et il offre une tournée de Marlboro.

Quelques minutes plus tard, nous parlons de nous acheter des anoraks. Tante s'est absentée aux toilettes. P'pa en profite pour nous glisser qu'elle a également besoin d'un vêtement d'hiver.

– Cela lui fera plaisir, dit-il, si vous lui en offrez un nouveau. Ne vous inquiétez pas, je vous donnerai de l'argent pour le payer...

Gloire se redresse. Elle balaie l'air d'un revers de main.

– Je n'ai pas besoin de ton argent. Maintenant, j'en ai. Ce n'est plus comme les fois précédentes, quand je revenais en Chine.

Elle fixe P'pa dans les yeux avant de répéter :

– Maintenant, j'ai de l'argent. J'en ai.

Elle a raison de l'avouer, de rassurer son père en sous-entendant qu'elle vit à l'aise en France. Mais pourquoi insiste-t-elle ? Veut-elle épater la galerie ? Ce n'est pas dans le caractère de Gloire. Alors pourquoi excite-t-elle la convoitise ? Oublie-t-elle que les Chinois réclament à leur famille émigrée à l'étranger mille et un cadeaux, sans merci, sans limites ? Ils les imaginent riches comme Crésus. Jusqu'à présent, non sans rancœurs – du frère de Gloire notamment –, nous avons éludé les problèmes d'argent en déclarant que nous n'étions pas millionnaires. Ce que nous offrions, nous le donnions de bon cœur, et selon nos moyens, mais il ne fallait pas nous demander davantage.

Je me tais. Je suis curieux d'être pris pour un oncle d'Amérique. Ne suis-je pas venu en Chine pour observer le changement des uns et des autres ? Fronçant les sourcils, Fidel Prosper rouspète :

– P'pa, ça suffit. Ne parle pas d'argent.

Fidel Prosper est le seul gendre à se permettre de tutoyer P'pa. Beauté s'emporte à son tour :

– Tais-toi, P'pa. Tante n'a besoin de rien.

P'pa dodeline de la tête. Je ne sais pas ce qu'il pense. Je regarde Gloire. Pour changer de conversation, elle déclare que Tante lui paraît sympathique. Les autres membres de la famille l'approuvent. Soudain, surveillant si Tante n'est pas en train de revenir, Beauté murmure :

– Elle a un sale caractère.

– Oh oui, chuchote Joli Nénuphar. Elle ne supporte pas d'être critiquée. Tant que tu lui fais des compliments...

Tante vient d'ouvrir la porte. Un silence envahit la pièce. Pendant quelques minutes, nous nous étions retrouvés en famille, comme autrefois, et maintenant Tante semble une intruse chez elle.

P'pa sourit. Il se lève de sa chaise et met sa casquette.

– Je vais travailler, dit-il. Je rentrerai vers dix-sept heures.

Allumant une cigarette pour la route, il se tourne vers Gloire, et, d'une voix autoritaire, comme s'il se rappelait une décision méditée de longue date, il ajoute :

– Vous habiterez ici. Vous dormirez dans la chambre. Moi, je coucherai dans l'entrée, sur un lit de camp. Votre tante ira chez ses enfants. Ils possèdent un appartement.

Et il sort avant que nous puissions dire quelque chose.

Nous passons l'après-midi à grignoter des graines de tournesol en sirotant du thé. Je ne me souviens pas de quoi nous parlons, mais je ne m'ennuie pas. A côté, dans la chambre, Fidel Prosper ronfle, couché en chien de fusil sur le lit, tandis que les enfants chahutent devant la télé.

Gloire rayonne de bonheur. Seul Célébration de l'Orient, son frère, manque à notre réunion. Je sais qu'il ne m'aimait pas, et qu'il boudait sa sœur parce qu'elle avait épousé un pauvre Blanc. Néanmoins, je lui cherche une excuse chaque fois que Gloire s'inquiète de son absence. Hier, n'a-t-il pas joué au mah-jong toute la nuit ?

Contre toute attente, il arrive avec sa femme vers quinze heures et offre une grande poupée à Béatrice. A-t-il finalement digéré notre mariage ? Béatrice a-t-elle réussi ce miracle ?

Je ne sais pas, je me sens coupable vis-à-vis de Frère. J'aurais dû pardonner son racisme et ne pas le fuir comme il nous fuyait. Je n'éprouve aucun attachement pour son fils, mais Frère, lui, a apporté une poupée à mon enfant. Ce jouet doit coûter une journée de son salaire. Comme l'écrivait Lu Xun*, « l'homme est un animal ridicule, il se laisse influencer par des riens ».

Je repense à Tante. Je me suis trompé. En me voyant, elle n'a ni rougi ni bégayé. Elle m'a même raconté qu'elle allait parfois chez McDonald's. Les hamburgers et les frites ne satisfont pas son appétit chinois, mais sa curiosité, cette volonté de goûter les choses nouvelles, m'intéresse. Profitant de ce que Gloire et ses sœurs discutent avec leur frère, je lui ressers du thé. Je lui montre une photo de notre maison en France. Nous lions amitié.

Tante a eu deux enfants d'un premier lit, un garçon et une fille, âgés aujourd'hui de vingt-sept et vingt-trois ans. Son mari était ingénieur agronome, il est mort d'un cancer du poumon il y a six ans. Cela semble une éternité dans sa bouche, car elle en parle sans regret. Mais de mon côté, pendant le déjeuner, j'ai évoqué M'man en une seule phrase. J'ai juste rappelé combien elle adorait le poisson. N'ai-je pas, moi aussi, caché ma peine ?

Le fils de Tante arrive à la tombée du jour, après le retour de P'pa du travail. Il s'appelle *Maomao*, un diminutif qui signifie « Poil-poil », mais peut s'interpréter comme « Chaton » ou « Pupuce ». J'imaginais Maomao, à l'image de sa mère, rondouillard avec un nez de hérisson. Mais non, il mesure un mètre quatre-vingts, il est maigre comme un clou, avec un visage à la Jack Pallance et de petits yeux anthracite et brillants. Il porte une cravate assortie à un pull bleu ciel, en cachemire, à en juger par la finesse des mailles.

Aussitôt les présentations finies, P'pa installe une nappe sur la table de l'entrée. Il appelle Maomao, Fidel Prosper et Vent Fort pour jouer au mah-jong. Bien sûr, ils vont jouer de l'argent : un

* Lu Xun (1881-1936), le plus célèbre écrivain chinois en langue moderne, l'auteur notamment de *La Véritable Histoire de Ah Q.*

demi-yuan le point. Au moment de dîner, Fidel Prosper aura gagné vingt-sept yuans. Ce sera à lui de sortir acheter des bières.

Voilà le dimanche d'une famille à Pékin ! Si je raconte tout cela, c'est pour que le lecteur fasse connaissance avec nous. Après le repas, mes belles-sœurs et mes beaux-frères repartent avec leurs enfants. Nous restons en compagnie de P'pa, Tante et son fils. Silence. De quoi pouvons-nous parler ? Nous nous regardons, sirotant à nouveau du thé et grignotant des graines. Gloire reprend la parole la première. Une lueur de satisfaction illumine son visage.

– Quelle journée ! Tout le monde est venu nous voir. Dire que Fidel Prosper conduit un car ! Et il conduit bien.

– Il se débrouille pas mal, dit P'pa. Il gagne plus de mille yuans par mois. Et pendant ses congés, il peut utiliser le car et transporter des groupes pour son compte. Hélas, l'usine de Joli Nénuphar est en difficulté. Ta sœur ne touche que quatre cents yuans par mois. C'est moins que ma retraite.

– Maintenant, en Chine, poursuit Tante en haussant le ton, il existe trop de différences de revenus. Le père de Fidel Prosper gagne six mille yuans par mois. Il avait pris sa retraite*, mais c'était lui qui possédait les contacts avec les clients. Quel magouilleur ! Son directeur l'a réengagé.

J'ai un vilain défaut, je suis trop curieux. Je crois que c'est un vice chez moi. Je déshabille les gens du regard, je pose des questions sans éprouver de gêne. Gloire me le reproche souvent. En ce moment, j'observe Maomao. Une sonnerie, bip-bip, vient de couper notre discussion, et Maomao lit un message sur l'enregistreur téléphonique sans fil, accroché à sa ceinture. Fidel Prosper, lui aussi, porte ce gadget, pour être joint à tout moment, tel un taxi. Même Beauté possède le sien, un cadeau de Vent Fort. A croire que le virus du téléphone portable modernise plus vite la Chine que la France. Mais Maomao m'intrigue. Il porte aussi un pull en cachemire, dont le prix doit représenter un mois de salaire moyen. Maomao est-il si riche ? Où travaille-t-il ? Combien gagne-t-il ? Et zut ! Je l'interroge.

– Je suis comptable au ministère de l'Agriculture, répond-il en

* Il était cadre dans un consortium textile.

pesant chaque mot, pour le plaisir de les entendre. Je gagne environ mille yuans par mois.

P'pa nous apprendra plus tard que Maomao touche en réalité le double. Dressant la tête, Maomao continue de me parler avec un air de vantardise. Il a investi en Bourse, et la valeur de ses actions a grimpé de trente pour cent environ depuis l'été. Il possède plusieurs comptes en banque, sans chéquiers toutefois, car c'est un moyen de paiement réservé aux collectivités. Il tire de sa poche revolver un portefeuille et déplie un accordéon d'une dizaine de cartes de crédit. Je demeure bouche bée quelques secondes. Frime-t-il ?

Avec ma seule carte bleue Visa, je ne peux rivaliser. Mon demi-beau-frère serait-il plus riche que moi, l'étranger ? Cela bouleverserait nos rapports familiaux. Je lui demande :

– A quoi te servent toutes ces cartes ? Combien coûtent-elles ?

Gloire me fait les gros yeux, inquiète que je pose tant de questions.

– Pour obtenir une carte, il suffit de déposer un millier de yuans à la banque, répond Maomao, comme s'il s'agissait d'une poignée de monnaie. Et je paye trente yuans* de cotisation par an.

– D'accord, mais pourquoi possèdes-tu tant de cartes ?

– J'en ai besoin pour faire des achats dans mon travail. Chacune d'elles correspond à un magasin différent.

Ne serait-ce que des cartes d'adhésion ou de fidélité à un commerçant, du genre de celles de la FNAC, de la Samaritaine, de France-Loisirs, et cætera ? Elles ne prouveraient pas grand-chose quant à la fortune de leur titulaire. J'hésite, puis j'avoue à Maomao :

– Moi, je ne possède qu'une carte Visa. Elle est acceptée partout, elle me suffit.

Il fronce les sourcils. Qu'ai-je dit ? Maomao me met mal à l'aise. Je voudrais repréciser mes questions, lui demander en quoi consiste exactement cet emploi de comptable dans un ministère. Et pourquoi nécessite-t-il tant de moyens de paiement ? Maomao me vole la parole en me tendant une cigarette :

– Fume ! Au fait, Marc... quel est ton métier ?

* Environ vingt francs.

Après vingt-deux heures de train et une journée de retrouvailles, je me sens soudain las. Je dois répondre et mentir à Maomao, comme d'habitude en Chine, de crainte d'avoir des ennuis, d'être dénoncé à la police en tant que journaliste. Je tire une taffe et soupire la première idée qui me traverse l'esprit :

– Je n'ai pas de travail fixe. Je prends ce que je trouve. En ce moment, je suis au chômage. Je bricole. Un peu comme Vent Fort.

Je n'éprouve aucune honte en lisant du désintérêt dans le regard de Maomao. P'pa ne dit rien. Il baisse les yeux. Est-il gêné d'avoir un gendre étranger qui ne soit pas riche ?

Je regrette mon mensonge. Néanmoins, sans même prendre en considération le flicage de la société, puis-je révéler à ma famille que j'écris ce livre sur elle ? Je gagne ma vie comme un espion, comme un voleur de tranches de vie.

D'ailleurs, je n'ai pas menti. Les écrivains ne sont-ils pas en général des bricoleurs de texte ? Malgré le succès de mes précédents livres, je n'éprouve pas le besoin de me vanter que je vis de ma plume, que des centaines de milliers de personnes m'ont lu. J'évite de le mentionner quand je rencontre quelqu'un en voyage. Je l'ai remarqué, cela fausse tout de suite les relations. Les gens me collent une aura d'intellectuel sur la tête. Ils m'aiment et me respectent *a priori*. Je préfère, comme ce soir, dire que je bricole. Si j'en avais le courage, je devrais clamer que je suis un voleur, un voyou. Sans frime et sans honte. Comme Vent Fort.

Pourquoi ai-je rappelé son existence marginale devant Maomao ? Quelle stupidité ! Vent Fort ne m'a jamais nui. Tante commence à dresser son procès. Depuis un an, il n'a pas rendu visite à P'pa. Je réalise combien il doit nous aimer, Gloire et moi : il a passé ce dimanche en notre compagnie.

Vent Fort est un criminel, au sens de la loi chinoise. Je ne lui fais pas confiance, mais c'est le seul membre de la famille avec qui je peux discuter de cuisine impériale, de littérature, des femmes ou des dissidents. Vent Fort sait que Wei Jingsheng* réclama la démocratie comme cinquième modernisation, lors du premier

* Cf. note p. 11.

Printemps de Pékin, en 1978-1979. Il nous en reparlera de lui-même dans deux jours. J'admire l'intelligence et la débrouillardise de mon beau-frère. J'écoute en retenant mon souffle l'accusation que porte Tante :

– Vent Fort se drogue. Un soir, en rentrant du travail, nous l'avons trouvé avec un de ses amis dans notre ancienne maison. Ils fumaient de la poudre blanche dans un papier métallisé.

Vent Fort se drogue donc. Je me rappelle ses cicatrices sur les mains, comme s'il se piquait avec des seringues. Mais quelle drogue utilise-t-il ?

– La cocaïne, affirme Maomao. Il la fume.

Cela m'étonne. N'est-ce pas plutôt l'héroïne ? « En chassant le dragon », comme on dit à Hong Kong, en aspirant avec une paille les vapeurs de la drogue chauffée au briquet, sur une feuille d'aluminium ?

– Non. Il se drogue à la cocaïne.

Je lui explique que la cocaïne vient d'Amérique du Sud. Elle coûte cher, et, à l'opposé de l'héroïne qui endort, elle excite.

– Bon, dit Maomao, ce doit être à l'héroïne. C'est de la drogue en tout cas.

Personne n'ignore que c'est incorrect de dire du mal de quelqu'un en son absence, mais Tante n'y résiste pas :

– Nous avons déménagé de l'ancienne maison à cause de Vent Fort.

Gloire et moi écarquillons les yeux.

– Vous savez bien, grommelle P'pa, Vent Fort était un ami de Pilier de Fer*. Un jour, leurs gangs sont devenus rivaux, si bien que Pilier de Fer a voulu se venger.

– Il a cassé notre cuisine extérieure, continue Tante en regardant Gloire. Ton père a été lui demander une explication, mais ce voyou l'a culbuté par terre. Ensuite, il a arraché notre canalisation d'eau. Alors nous avons dû déménager. Ce n'est pas plus mal ainsi, nous sommes près de mes enfants qui habitent dans l'appartement de leur père.

En 1988, Pilier de Fer et P'pa avaient posé ensemble la

* Le voisin, en face de l'ancienne maison de P'pa, voleur et morphinomane, emprisonné pendant sa jeunesse dans un camp au Xinjiang. C'était l'homme le plus riche du quartier, une sorte de parrain.

conduite pour amener l'eau courante dans leurs maisons. Quel gâchis !

Tante hausse les épaules, puis elle insiste en assurant qu'elle ne regrette pas d'avoir quitté le centre-ville. Chaque soir, elle va cuisiner pour ses deux enfants, ce qui les obligeait avant, elle et P'pa, à pédaler une heure à bicyclette aller et retour, entre les deux logements. Pourquoi couve-t-elle le grand Maomao et sa sœur ? Ressent-elle une dette envers eux ? Elle s'est remariée alors qu'ils étaient encore célibataires. P'pa renifle plusieurs fois, un tic quand une idée le turlupine.

– Vous trois, vous vivrez ici, nous répète-t-il comme ce midi, et votre tante dormira chez ses enfants. De toute façon, nous allons y dîner chaque soir. Vous voyez, vous ne nous gênerez pas. Moi, je coucherai sur un lit de camp, ici, dans l'entrée.

Sur le moment, je ne réalise pas que cette organisation implique que nous rencontrerons peu Tante. Elle travaille dans la journée, et, le soir, elle restera avec ses enfants. La dérangeons-nous ? Pendant plusieurs mois, en plus, elle ne couchera pas avec P'pa. Cela perturbera-t-il leur intimité ? Je n'y pense pas, je suis trop heureux de savoir qu'ils ont préparé notre séjour. Et aujourd'hui, tout le monde nous a témoigné tant de gentillesse. Je souhaite prouver ma gratitude, au moins à P'pa. Ne pouvons-nous lui offrir un magnétoscope, par exemple ?

Je ne crois pas à la télépathie, mais c'est bizarre, Gloire me regarde avec un air complice.

– Marc, murmure-t-elle en français, ils sont si gentils, nous pourrions leur acheter un magnétoscope. Ils n'en ont pas.

– Bien sûr.

Sans attendre, Gloire parle à P'pa. Il refuse et tourne la tête vers Tante. Puis il regarde Maomao et il accepte.

– Un magnétoscope, ajoute aussitôt mon demi-beau-frère sur le ton de la confidence, c'est dépassé. Faut acheter un lecteur de CD vidéo.

De quoi se mêle-t-il ?

– A Pékin, six foyers sur dix en possèdent un, précise-t-il. Cela m'étonne qu'en France vous achetiez encore des magnétoscopes. En disques compacts vidéo, on peut regarder des clips de Michael Jackson, on peut chanter en *karaoke*.

Je mordille mes lèvres pour retenir ma colère. Nous prend-il pour des gogos en affirmant que six familles sur dix possèdent un lecteur de CD vidéo ? Reprenant ma respiration, je m'entends protester :

– A P'pa et Tante, que leur importe Michael Jackson ?

Je ne veux pas me quereller, mais je flaire que l'appareil que nous leur achèterons servira à frimer avec les voisins et les collègues de travail. Je suppose que ce sera les enfants de Tante qui l'utiliseront. Peut-être sera-t-il installé dans leur appartement ? Que faire ? Je partage la décision de Gloire :

– Nous achèterons l'appareil que vous choisirez.

Maomao croise les jambes, puis il caresse sa cravate.

– C'est une Pierre Cardin, dit-il. Pierre Cardin est le couturier le plus à la mode.

De peur d'être écœuré, je ne lui demande pas combien il a payé sa cravate. Puisqu'il s'intéresse à la mode, je lui parle de Chanel et de Dior, deux marques encore plus cotées que Cardin.

– Cha... quoi ? s'étonne-t-il avec une grimace. Je n'ai jamais entendu ce nom. Moi, je sais que la mode française est la plus réputée du monde. C'est pour cela que j'aime les habits de Pierre Cardin. Il n'y a pas mieux. Ah si ! il y a les polos Lacoste.

Et il pointe le pouce vers sa poitrine, s'approuvant lui-même.

Sa suffisance m'exaspère. Je songe à l'envoyer sur les roses, mais cela risque de placer P'pa en porte-à-faux. Et puis, pourquoi nous chamailler pour des broutilles ? Ne suis-je pas en train de dénigrer le désir de Maomao de me témoigner un peu de chaleur en vantant la France ? Je dis :

– Maomao, tu as bon goût.

Il sourit, termine sa cigarette et se lève pour partir. Tante l'accompagne.

Nous restons avec P'pa. Après plusieurs minutes de silence passées à grignoter des graines de tournesol, il renifle deux fois, puis, baissant les yeux, il dit :

– A propos du magnétoscope et pour l'anorak de votre tante, si vous n'avez pas d'argent, moi, je vous en donnerai. Trois mille yuans suffiront. J'ai des économies. Ce sera bien aussi d'emmener Tante et ses enfants au restaurant, manger du canard laqué. Il faudra inviter leurs fiancés.

J'ai rêvé d'inviter P'pa et sa femme dans les plus grands restaurants de Pékin, de leur faire goûter la cuisine impériale et le canard laqué, autant de spécialités que les Chinois ordinaires n'ont jamais vraiment l'occasion de manger. J'aurais aimé que l'invitation vienne de nous, qu'elle soit une surprise. Je désirais rendre notre retour inoubliable à P'pa. Mais il veut nous forcer la main. Il faut inviter la fille de Tante qui n'est pas venue nous saluer, plus son fiancé, et la fiancée de Maomao. Gloire accepte.

– Dis à Maomao et à la fille de Tante de choisir une date. Quand ils auront une soirée de libre, nous les inviterons.

– D'accord, mais c'est moi qui paierai, ajoute P'pa.

P'pa semble prêt à tout pour plaire à sa nouvelle femme. Cela me chagrine d'autant plus qu'autrefois il ne nous a jamais demandé d'inviter M'man au restaurant. Tante n'est pas la mère de ses enfants. Un vertige me creuse l'estomac. J'agirais peut-être de même si je me remariais, pour continuer de plaire à une femme avec qui je ne partage que l'amitié, l'argent et le sexe, mais avec qui je n'ai pas de lien aussi fort qu'une descendance. Gloire répond une fois de plus à P'pa :

– Je n'ai pas besoin de ton argent. J'en ai, cette fois. J'en ai.

Elle le répète plusieurs fois et P'pa écoute en hochant la tête. Dois-je rappeler à Gloire le danger qu'il y a à passer pour plus riche que l'on est ? Devons-nous tout accepter pour plaire à Tante et à Maomao ? Je m'y résous, j'ai décidé de jouer l'oncle d'Amérique. Je verrai jusqu'où cela me mènera.

9 décembre.

Les Chinois n'aiment pas les flics. Ils les appellent des *gou*, des chiens, car leurs aboiements remplacent la loi. Ils peuvent refuser de vous délivrer un document sans avoir à se justifier, ou vous emprisonner sans jugement. Moi-même, lors de mes précédents voyages, j'ai eu souvent maille à partir avec eux. Je n'oublie pas leur arbitraire, leur cruauté et leur corruption. Un proverbe chinois dit : « La porte du tribunal est grande ouverte. N'approche pas si tu as raison mais pas d'argent. »

Le bureau de la Sécurité publique de notre quartier se trouve à cinq minutes à pied de chez nous. C'est un immeuble carré sans couleurs. Entrons et croisons les doigts ! Depuis des mois, nous avons préparé ce retour en Chine, et, chaque jour, nous avons réévalué nos chances d'obtenir la permission de loger chez P'pa. Même si la loi n'interdit pas à un Chinois de recevoir des étrangers, cela reste soumis à la bénédiction des flics. Ils peuvent ne pas nous délivrer de permis de résidence temporaire, en prétextant, par exemple, l'absence de confort du logement de P'pa. Dans ce nouveau quartier où il a emménagé, nous ignorons avec quel zèle la police applique la politique d'ouverture vers l'étranger.

Après quelques minutes d'attente, une inspectrice en uniforme vert nous reçoit au guichet des pièces d'identité. Notre demande ne suscite aucune réaction de sa part. Elle étudie le certificat de résidence de P'pa, puis nos passeports, et nous tend trois formulaires. Je les remplis.

Sans poser de question, elle les tamponne. Je n'en crois pas mes yeux. Autrefois, il fallait palabrer et obtenir le consentement du Comité des habitants du quartier, etc. Maintenant, comme s'il ne s'agissait que d'une formalité, comme si le pays n'était plus une dictature, nous obtenons le permis de vivre chez P'pa.

Le soir, à la maison, nous parlons avec Beauté de cette ouverture de la Chine. Pour tout commentaire, elle dit :

– Plus personne ne s'occupe des affaires d'autrui.

J'ai du mal à la croire. Mais suis-je trop méfiant ?

Beauté travaille dans une usine de détergents. L'année dernière, elle a bénéficié d'une promotion à un poste d'aide-comptable. Même si son salaire (environ six cents yuans, moins que la moyenne à Pékin) n'a pas vraiment augmenté, elle ne respire plus les vapeurs de produits chimiques, comme elle le faisait en tant qu'ouvrière.

En quittant le bureau, elle est passée nous voir avec sa fille. Elle a apporté à Béatrice des habits chauds que Quiétude ne peut plus mettre. Et surtout, heureux hasard dans un pays de plus d'un milliard d'habitants, un collègue de sa belle-mère possède une pièce en face de notre maison. Sans réclamer de loyer, il accepte de la prêter à P'pa et à Tante. Ainsi, ils pourront vivre ensemble, près de nous. Beauté nous donne la clé de cette pièce.

Beauté, tu es merveilleuse ! Je voudrais t'embrasser.

P'pa vient de rentrer. Il se frotte les mains de joie. Il m'entraîne voir la pièce. Des traînées de salpêtre marquent le sol, et debout, contre un mur, un lit double sent le moisi. P'pa répète :

– Parfait ! Avec un poêle, ce sera parfait !

Son enthousiasme me ravit. Je lui parle de Tante. Que pensera-t-elle ?

– Je vais tout de suite la prévenir chez ses enfants, répond P'pa. Ça va lui plaire. Pour sûr.

Gloire et moi les attendons à la maison avec Beauté. Celle-ci nous regarde d'un air pensif, et, soudain, son visage se durcit. Ce qu'elle dit, elle le prononce entre ses dents :

– Je crains que Tante refuse de venir. Avant votre arrivée, je lui ai proposé cette pièce. Tante a accepté d'y habiter, puis elle a changé d'avis. Elle préférait rester chez ses enfants. A leur âge, ils ont encore besoin de leur mère, pffff !... Avec Joli Nénuphar, nous avions préparé votre retour, pour que vous viviez avec P'pa, sans qu'il change ses habitudes. Tante a tout fait capoter.

Est-ce pour cette raison que Joli Nénuphar n'était ni sûre ni excitée de venir nous chercher à la gare de Pékin, quand nous lui avons téléphoné de Changsha ? En quelques secondes, je comprends que mes belles-sœurs méprisent Tante. Dans leurs lettres que nous recevions en France, n'écrivaient-elles pas qu'elles ne rendaient visite à P'pa que deux ou trois fois par an ? Elles ne donnaient aucune explication, sinon le manque de temps. Nous pensions que c'était la faute de P'pa si elles l'oubliaient. Était-ce donc à cause de Tante, la belle-mère qui créait des problèmes ?

Nous a-t-on joué la comédie hier ?

Beauté change de sujet. Vent Fort l'inquiète. Elle baisse les yeux, parle à mi-voix, afin que Quiétude, en train de chanter avec Béatrice dans la chambre à côté, ne l'entende pas.

– Vent Fort a suivi une cure de désintoxication, pendant quatre mois, dans le Nord-Est. Et puis, la semaine dernière, il s'est rendu pour ses affaires à Tangshan*. De retour à Pékin, au lieu de venir à la maison, il est passé chez un ami. La police les a arrêtés alors qu'ils étaient en train de se piquer.

Les paroles de Beauté me font mal au ventre. Elle vit seule avec Quiétude, et Vent Fort se pique. Il n'y a plus de doute. Peut-être même a-t-il le sida ? Peut-être l'a-t-il transmis à Beauté ? Chaque jour, dans la presse chinoise, je lis des articles sur la drogue. L'an dernier, la police a saisi plus de deux tonnes d'héroïne, et le sida se propage chez les toxicomanes à la vitesse d'une épidémie. Selon une estimation officielle des services de santé publique, cinquante mille à cent mille Chinois seraient séropositifs.

– Vent Fort a été jeté en prison, et je ne l'ai même pas su, explique Beauté. Heureusement, le lendemain de son arrestation, il a réussi à faire contacter un de mes amis qui est policier.

Ce copain flic a aussitôt téléphoné à Beauté, à son travail. Il lui a demandé comment il fallait traiter Vent Fort : le sortir du trou, ou le punir, ou encore lui faire peur et le frapper afin qu'il ne se drogue plus ?

– J'ai dit à mon ami : « Fais comme tu veux ! Mais cela ne sert à rien de lui donner une leçon. Il n'écoute personne. » Le soir même, Vent Fort était libéré.

Beauté continue en se plaignant de la jalousie de Vent Fort. Il soupçonne sa femme et cet ami flic de coucher ensemble. Il les suit dans la rue, quand ils ont un rendez-vous, pour voir où ils vont. Gloire murmure d'un ton complice :

– As-tu des rapports... intimes... avec ce policier ?

– Mais non ! C'est un ami d'enfance. Il traficote dans les antiquités. Grâce à ses relations, il a fait relâcher Vent Fort. Pour le remercier, j'ai offert un cartable à son fils. J'ai également acheté une cartouche de Marlboro**. Il l'a donnée au responsable de la brigade des stupéfiants qui a blanchi l'affaire de Vent Fort. C'est tout.

P'pa vient de rentrer. Nous n'osons pas poursuivre cette dis-

* Ville à deux cents kilomètres au nord-est de Pékin, détruite en 1976 par un tremblement de terre.

** Environ cent yuans, soit le sixième du salaire de Beauté.

cussion devant lui. Sans dire un mot, il s'assoit, allume une cigarette, puis l'écrase.

– Alors, demande Gloire, as-tu parlé avec Tante ?

– J'ai insisté. Elle va venir voir la pièce. Elle n'a pas trop envie d'y habiter.

Beauté jette un coup d'œil furieux sur P'pa, puis se tourne vers Gloire, à côté d'elle, et hausse les sourcils. Elle se lève, regarde sa montre et appelle Quiétude. Elles rentrent chez elles.

Après leur départ, P'pa fume cigarette sur cigarette. Il surveille la porte, chaque fois qu'il entend un bruit, dehors, dans l'impasse. Notre séjour bouleverse sa vie, nous nous sentons un peu coupables. Alors, nous ne critiquons pas Tante.

Je regarde P'pa, ce vieil homme au visage lisse. Son calme et sa bonté semblent empêcher les rides de graver les années et les soucis sur sa peau. Je ne l'ai jamais entendu crier ni se disputer avec quelqu'un. Et pourtant, il ne m'aimait pas autrefois. Je crois même qu'il me détestait au tout début. Il était opposé à mon mariage avec Gloire, au point de ne plus lui parler. Il a refusé de rédiger l'autorisation parentale que réclamait le gouvernement chinois pour nous unir. Gloire a dû imiter son écriture.

Je me souviens de ma première rencontre avec P'pa, six mois après mon mariage, dans l'ancienne maison, au centre de Pékin. Il m'avait invité à dîner, mais m'avait à peine adressé la parole. Cette froideur avait duré des années. Aujourd'hui, il me traite comme un homme ordinaire, avec toute la gentillesse et la tolérance dont il regorge.

J'aime P'pa.

Gloire lui montre les anoraks que nous avons achetés cet après-midi, et j'ajoute que nous avons regardé les magnétoscopes dans les magasins. Il me coupe la parole avec un sourire, comme pour me rassurer :

– J'ai réfléchi. Ce n'est pas la peine d'acheter un magnétoscope et un anorak à votre Tante. Donnez-lui trois mille yuans. Elle en fera ce qu'elle voudra.

Gloire esquisse une moue. Je connais sa fierté. Elle n'apprécie pas que P'pa lui impose ce qu'elle doit faire : offrir de l'argent liquide, même si cela correspond à la valeur d'un magnétoscope et d'un anorak. D'ailleurs, hier soir, P'pa a raconté que Tante possédait déjà ses propres économies sur un compte bancaire. Elle n'a donc pas besoin d'argent, et P'pa ne tirera aucun plaisir de notre cadeau.

– D'accord, soupire Gloire.

P'pa renifle. Il ajoute :

– Bon... Faudra aussi inviter ses enfants et leurs fiancés au restaurant.

Gloire souffre. Ce qui devait être un plaisir devient une corvée. Je lui murmure en français :

– Laisse couler. Faisons traîner. Nous restons plusieurs mois à Pékin. Dis-lui que c'est OK, qu'il ne s'impatiente pas.

Elle le lui répète, et elle poursuit d'un ton cassant :

– Ce sera tout. Je donnerai trois mille yuans à Tante et j'inviterai ses enfants au restaurant. Je n'ai pas les moyens de faire plus.

Gloire devine-t-elle que P'pa et Tante réclameront toujours et toujours plus ? Comment leur refuser quelque chose un jour, sans perdre la face ? Faut-il donc « ne pas donner même un rat mort à celui qui désire un rat en or », comme le préconisait l'écrivain Lu Xun, en 1925 ? Après tout, hier, Gloire a excité les convoitises, en assurant qu'elle avait de l'argent.

P'pa doit réaliser que sa fille se sent manipulée. Il se lève et lui sert du thé.

– Pour moi, dit-il, je ne veux rien. Tu donneras les trois mille yuans à Tante. Tu lui diras que c'est pour la remercier de bien s'occuper de moi. Ce sera fini. Tout le monde sera content.

10 décembre.

Hier soir, Tante a accepté d'emménager dans la pièce que lui prête Beauté. Néanmoins, elle s'est inquiétée à propos du coût du chauffage. Gloire l'a rassurée. Nous achèterons des galettes de coke.

Le jour vient de se lever. Nous sortons acheter des tubes de cheminée pour installer le petit poêle que P'pa a conservé de son ancien logement. Il nous a aussi demandé de trouver des briques pour surélever le lit. J'hésite. Il m'a ri au nez quand je lui ai dit que je ne savais pas quel magasin en vendait. Selon lui, je n'ai pas besoin d'en acheter. J'en trouverai au bord des rues, au pied des murs en ruine, et sur les toits où elles maintiennent tôles et bâches en place.

Je n'ai pas envie de passer pour un voleur. Je préfère attendre le retour de P'pa, ce soir, et qu'il se débrouille.

Gloire et moi, nous balayons le salpêtre dans la pièce, puis lavons le sol et les murs. Cela nous occupe toute la matinée. Après le déjeuner, Vent Fort nous rend une visite-surprise. Une bonne surprise.

Nous réchauffant à côté du poêle dans l'entrée, nous sirotons du thé, nous papotons. Nous avons l'après-midi de libre. Je ne sais pas comment nous abordons le sujet, mais Vent Fort révèle qu'il a voyagé à l'étranger.

– Oui, c'était il y a deux ans. Avec deux amis, je m'étais inscrit dans un voyage organisé d'un jour à Macao, puis de deux jours à Bangkok. A peine étions-nous installés dans l'hôtel à Macao, le concierge fit monter des filles dans nos chambres.

Je ne lui demande pas s'il a couché avec l'une d'elles. Cela ne me regarde pas. Mais ce qui m'étonne, c'est que la première image dont il se souvienne soit celle de prostituées. Comme s'il ne retenait que cela. Je me trompe.

– En fin de compte, nous ne sommes pas allés à Bangkok. A Macao, nous avons joué au casino de l'hôtel. Au début, nous gagnions, puis nous avons tout perdu. Nous n'avions plus d'argent pour continuer notre voyage en Thaïlande.

Vent Fort parle d'un ton désinvolte, sans regret, à la manière d'un homme d'affaires qui connaît des hauts et des bas. Les aléas du métier. Celui de joueur. Je me permets de satisfaire ma curiosité :

– Combien avez-vous perdu ?

– Deux cent cinquante mille yuans*.

Incrédule, Gloire le fait répéter. Il confirme.

– Alors, nous sommes rentrés en Chine, dit-il avec un sourire, comme amusé par le récit de ses déboires. Le patron de l'hôtel

* Cent soixante mille francs, l'équivalent de trente-cinq ans de salaire de Beauté.

proposait de nous prêter de l'argent, pour nous refaire, mais nous avons refusé.

– Pourquoi ?

– Nous avons hésité. Finalement, nous avons eu peur. On nous prêtait avec un intérêt de dix pour cent pour trois jours, et vingt pour cent pour une semaine. Après ce délai, nous savions comment cela se passe si tu ne peux pas rembourser. On te prend en otage. A toi de te débrouiller par téléphone pour faire venir l'argent, sinon on te frappe, puis on te coupe un doigt, une oreille... jusqu'à ce que tu paies ta dette.

A présent, Vent Fort parle d'une voix neutre. J'ai l'impression qu'il n'exagère pas. Il a eu peur. Au fait, d'où provenait la fortune perdue au casino ?

– A l'époque, mes associés et moi, nous faisions le trafic des minibus importés en contrebande de Hong Kong et de Taiwan. Nous les achetions à Canton et les ramenions à Pékin par la route. Nous les revendions cinquante mille yuans plus cher. Les deux cent cinquante mille yuans correspondaient aux bénéfices réalisés sur des précédents voyages. Ils devaient servir à racheter des minibus.

Cette fois-là, un typhon paralysait le transport maritime. Les bateaux ne livraient aucune marchandise. Plutôt que de rester coincée à Canton dans l'attente d'une accalmie, la bande décida de passer quelques jours à Macao et à Bangkok.

Quelques mois plus tard, Vent Fort renonça à ce commerce. De Canton à Pékin, cela prenait quatre à cinq jours pour ramener les minibus par la route, et les contrôles policiers se multipliaient.

– Au début, il suffisait de glisser un pourboire pour faire passer les véhicules sans papiers. La dernière fois, à un poste de contrôle, les flics ont menacé de confisquer nos deux minibus. Nous avons dû payer une amende de quatre-vingt mille yuans. Cela réduisit nos bénéfices à néant. Il fallait chercher une nouvelle combine.

Depuis dix ans, combien de fois Vent Fort a-t-il changé de business ? Il a trafiqué : du mobilier, des cigarettes, de l'électroménager, des médicaments, des aphrodisiaques indiens, de l'or... Il s'adapte toujours au marché, en avance sur les flics. J'ai envie de lui redemander ce qu'il magouille aujourd'hui, mais je pense soudain à autre chose : pourquoi nous rend-il visite ?

– Comment es-tu venu ? A vélo ?... Tu passais dans le coin ? dis-je d'un air détaché.

– Oui. Je suis allé chercher un ami à sa sortie de prison, près d'ici. Les flics l'ont condamné à deux mois, pour une histoire d'extorsion de fonds.

Vent Fort boit une gorgée de thé, puis il précise pour nous faire comprendre que son ami était dans son droit :

– Il a juste essayé de récupérer par la force cent mille yuans que lui devait un de ses partenaires. Les flics ont puni sa méthode, et non pas le fait qu'il réclame son argent. C'est pour ça qu'il n'a pris que deux mois.

Cette information prouve une fois de plus que, dans la pratique, la séparation des pouvoirs de la police et de la justice n'existe pas, surtout pour les petits délits. Vent Fort me confirme que son ami n'a pas comparu devant un tribunal. Ce sont les flics qui ont jugé bon de l'enfermer deux mois dans la prison du commissariat. Cette absence de contre-pouvoir fait froid dans le dos.

Mes yeux tombent sur les mains de Vent Fort. Il est en train de gratter ses vilaines cicatrices de piqûres. Il réussit à en faire saigner une. Il la suce.

– Arrête de te gratter, dis-je.

– Ça n'arrive pas à se cicatriser.

Et il remordille sa plaie. Je persiste à repousser l'idée qu'il peut avoir le sida. Quelle épreuve ! Je lui offre une cigarette pour occuper sa bouche, et sans le juger, sans lui dire que je sais qu'il se pique, je demande :

– As-tu jamais été tenté de trafiquer de la drogue ?

– Ce business n'est pas pour moi. On risque la peine capitale... Autrefois, à Canton, reprend-il en tirant une taffe, quelqu'un m'a proposé de transporter de l'héroïne depuis le Yunnan*. J'ai réfléchi, et j'ai refusé. Je ne veux pas jouer avec ma vie. Je n'ai pas envie de prendre une balle dans la tête si la police m'attrape. Je ne veux pas laisser Beauté et Quiétude seules.

Ses confidences jaillissent dans l'intimité de notre maison, en savourant du thé au coin du poêle. Je sais qu'elles ne font qu'effleurer les problèmes. Si intelligent soit-il, Vent Fort n'est

* Cf. note p. 28. Cette province se trouve aussi à la frontière du Triangle d'or.

pas le père de famille qu'il voudrait être. Il n'avance même pas sur une voie qui pourrait le transformer. Il s'enfonce. Mais je le respecte et me sens en confiance pour parler de politique, pour aborder le délicat sujet du massacre de Tiananmen. Depuis notre retour, personne ne nous en a parlé.

– Les Chinois ont-ils oublié ? dis-je.

– En quelque sorte. Cela n'intéresse plus personne. Ni les jeunes ni les vieux. Ils n'aiment pas ces événements qui, selon eux, ne créent que du désordre. Ils aiment la stabilité. Tout le monde ne pense qu'à gagner de l'argent, à faire son nid en profitant de la modernisation de la Chine.

Gloire ressert du thé à Vent Fort. Il nous regarde avec des yeux éteints, puis il balance la tête d'un air méprisant :

– Les leaders du mouvement étudiant de 1989 passent pour être des pourris. Ils se sont enfuis à l'étranger. Ils ont emporté les millions qu'ils avaient récoltés pendant la grève de la faim.

Le trésor de Tiananmen ! Trésor d'une révolution, d'un massacre ! Vent Fort dit vrai, mais il simplifie. Il oublie Wang Dan, l'une des trois figures médiatiques* du Printemps de Pékin de 1989. La presse le présentait comme un stratège, un moine, pur et radical. Lui, il est resté en Chine. Il a été arrêté, jeté au cachot, puis libéré en 1993, et de nouveau, cet automne, recondamné à onze ans de prison.

Vent Fort tapote du bout des doigts sur la table. Il soupire :

– Wang Dan a les mains propres, mais c'est un idiot. Il n'a pas su partir à l'étranger quand c'était possible.

Difficile de savoir ce que pense Vent Fort, car il n'aime pas davantage le gouvernement. J'évoque la chute du communisme en Europe, et je compare Wei Jingsheng à Vaclav Havel. Deviendra-t-il le leader de la Chine, demain ?

– Wei Jingsheng est un type bien, dit Vent Fort. C'est un penseur. Mais la plupart des gens ignorent qui il est. Ils ne comprendraient pas son slogan : « La cinquième modernisation, c'est la démocratie. » Je ne pense pas qu'il gouvernera un jour la Chine. Malheureusement !

* Les deux autres sont Wu Erkaixi et Chai Ling. Ils sont partis à l'étranger après le massacre.

Et il éclate de rire, avant de continuer :

– Tant que les Chinois ont le ventre plein, le reste, ils s'en foutent. « Accepte le repas et accepte les ordres », dit un proverbe. La démocratie n'est pas dans la tradition chinoise, et le Parti communiste s'inscrit dans le prolongement des dynasties impériales d'autrefois. Les Chinois sont comme du sable, impossible de les unir sans le ciment d'une dictature. Je le regrette.

Il écarte les bras en signe d'impuissance. Croit-il que tout ce que les dissidents peuvent faire pour le progrès de la Chine, ou rien, c'est pareil ? Dans son livre *L'Humeur, l'Honneur, l'Horreur**, Simon Leys réplique à ceux qui colportent l'idée que la démocratie est une invention occidentale, impossible à appliquer en Chine, car elle n'a pas de racines dans les traditions :

> Les Chinois n'ont pas inventé la machine à vapeur ni le moteur à explosion. Faut-il en conclure que les transports et communications en Chine ne sauraient avoir pour tout avenir que la brouette et le mulet ?

Je traduis cet argument à Vent Fort. Il se gratte la tête. Je soupçonne que je l'étonne à sa façon de me regarder en biais.

– Si seulement tu avais raison ! dit-il. J'aimerais bien vivre dans une démocratie.

Sa réaction me plaît. Dans une démocratie, Vent Fort serait-il devenu un voyou ?

Nous lui demandons des nouvelles de Pilier de Fer**. Je veux trouver la vérité sous la croûte des racontars. Vent Fort ricane à l'évocation de son ancien ami.

– Plusieurs fois par an, Pilier de Fer se fait rosser par de jeunes loubards. Il est fini. Il devient vieux et a trop d'ennemis. Il se cache chez lui, toute la journée.

Pilier de Fer a une quarantaine d'années. En Chine, est-ce l'âge de la retraite pour un truand ? Vent Fort continue à rire.

– Pilier de Fer a perdu deux doigts au travail. Et quel accident du travail ! Un jour, il s'est pointé à Fengtai pour racketter un sauna privé qui venait d'ouvrir.

* Simon Leys, *L'Humeur, l'Honneur, l'Horreur*, Paris, Robert Laffont, 1991.
** Cf. note p. 63.

Un détail m'échappe. J'interromps mon beau-frère. Depuis quelques années, renouant avec la tradition, les saunas et les salons de massage chinois cachent souvent des bordels. Pourquoi en ouvrir un à Fengtai, une banlieue ouvrière ?

– Les flics y sont moins pointilleux que dans le centre-ville. Et puis, les clients aiment aller au sauna dans un quartier retiré. Ils risquent moins d'y être reconnus... Donc, Pilier de Fer a menacé le patron du sauna. Celui-ci n'a pas accepté de payer, mais il a proposé à Pilier de Fer de devenir son associé. Pas d'argent sans contrepartie. Pilier de Fer a refusé et promis de tout casser si le patron ne lui obéissait pas d'ici une semaine. Quand il est revenu, le patron l'a accueilli en lui tirant dessus avec un pistolet. Pilier de Fer a pu s'enfuir, mais des balles l'ont atteint à la cuisse et lui ont coupé deux doigts. Ensuite, le patron et sa bande sont allés à l'hôpital pour descendre Pilier de Fer. Heureusement pour lui, ils n'ont pas réussi à trouver sa chambre.

– Et à part ça ? dis-je, dissimulant ma surprise.

– Il a trois enfants. Il a divorcé d'avec Petite Hirondelle, puis a mis sa maîtresse enceinte. Il lui a promis de l'épouser si elle mettait au monde un garçon, sinon il lui donnerait vingt-cinq mille yuans et la chasserait. Ç'a été une fille. Il a gardé le bébé, a payé la mère et l'a renvoyée.

Je reconnais la brutalité de Pilier de Fer. Je me rappelle les cris de Petite Hirondelle quand il la frappait, quand il la brûlait avec une cigarette.

Souvenons-nous qu'à Pékin la politique d'un enfant par couple est strictement appliquée. La seule ruse pour avoir un second enfant – l'héritier mâle indispensable dans la tradition confucéenne – consiste à se remarier. C'est ce qu'a fait Pilier de Fer.

– Avec une infirmière, poursuit Vent Fort. Elle travaillait dans un hôpital et l'approvisionnait en morphine. Elle a donné le jour à un fils. Cela fait trois enfants, avec celui qu'elle avait d'un premier lit.

Dix-neuf heures trente.

– Allez ! me lance Gloire. Viens ! tu veux de l'aventure, en voilà !

P'pa et Tante viennent de rentrer. Ils constatent que nous

n'avons pas volé de briques. Je suis en train de me régaler avec un plat de nouilles à la pâte de soja, mais je dois me lever, ni une ni deux, et aller chercher des briques pour surélever leur lit. J'obéis. Avec Gloire, nous en ramassons une dizaine devant le restaurant, à l'entrée de notre impasse.

Ce matin, je les avais repérées, mais en plein jour je n'avais pas osé les prendre. Je suis stupide. Maintenant, c'est l'heure de la vaisselle, et les voisins vont et viennent dans le passage, entre leurs maisons et leurs cuisines extérieures. Et puis, dans l'obscurité, c'est difficile de choisir les briques en bon état. Nous devons aussi les transporter à tâtons, en évitant de glisser dans une des flaques de boue qui garnissent le chemin sur plusieurs mètres. C'est fait. P'pa installe son lit.

Court répit devant mon plat de nouilles. Voilà que P'pa s'aperçoit qu'un voisin lui a encore piqué du charbon : trois galettes de coke. La belle affaire ! P'pa veut que nous déplacions son tas de combustible. De nouveau, nous sortons patauger dans la nuit. Nous rangeons plusieurs centaines de galettes de coke dans une remise qui ferme à clé, attenante à la pièce que prête l'ami de Beauté. P'pa a allumé le poêle. Ce soir, il pourra dormir confortablement avec Tante. Tout est réglé à présent. Tant mieux.

Reste à tuer quelques heures en attendant le sommeil. A Pékin, les gens jouent au mah-jong. Nous demandons à P'pa et Tante de nous apprendre ce jeu. Ce sera indispensable pour vivre comme un Pékinois. N'est-ce pas le but de tout voyage ? Faire à Rome comme les Romains...

11 décembre.

– On habite dans une cabane ! En Chine ! lance Béatrice en se levant du lit.

Gloire lui a demandé où nous vivions en ce moment. Elle désirait savoir si notre petite puce réalisait la distance qui la séparait de la France.

Dans l'entrée, je relis les notes que j'ai prises depuis notre retour. Avec candeur, Béatrice a comparé notre maison à une cabane. Je souris. En une phrase, cette enfant de trois ans a su mieux décrire que moi l'univers des *pingfang*, ces maisons sans étage qui s'agglutinent en nid d'abeilles, ces bidonvilles communistes à l'ombre de chaque artère de Pékin. Mes notes ne me satisfont pas. Elles sont trop brèves. Manquent la poussière, les couleurs, le gris et le brun à perte de vue, comme si le jaune, le bleu, le vert étaient interdits en Chine. Manque le bruit des voisins, des querelles. Manquent les odeurs de friture, parfois de piments brûlés, en passant devant les cuisines. Manquent les sacs, les cartons et les tôles qui bouchent les trous dans les murs et sur les toits... J'étais myope. Mais dois-je étudier chaque détail à la loupe ? Une description n'est pas une photo. La technique se rapproche de la peinture. Le stylo, comme le pinceau, doit choisir l'information, les détails qu'il conserve et ceux qu'il néglige. Un processus qui vise à exprimer plus en disant moins. Un peu à la manière de ces peintres chinois qui, grâce à des halos laiteux, donnent l'impression de la brume entre les montagnes. « Moi, Marc Boulet, j'ai vécu cet hiver à Pékin, à l'aube du XXIe siècle, et je serai un témoin subjectif. » Je le reconnais : j'aime trop la Chine pour la juger, la décrire d'un regard froid, sans passion.

Commençons par notre impasse. Sur une quinzaine de mètres, elle longe les cuisines d'un restaurant entre deux murs aveugles. Il n'y a aucun éclairage. Par temps clair, la lune bleuit les ordures qui jonchent le sol et aide le passant à ne pas trébucher. De jour, cette quantité de déchets, de papiers sales laisse à penser que cette venelle mène à une décharge publique.

Mais c'est chez nous qu'elle conduit.

Avant cela, bien avant, elle débouche dans une clairière. Voilà Capharnaüm à Pékin : une courette de vingt mètres carrés où traînent un pot de chambre, un bassin dans lequel les voisins qui n'ont pas l'eau courante lavent la vaisselle, un vélo appuyé contre un fouillis de meubles cassés, des sacs de ciment, du charbon, une porte couchée par terre... En l'air, des câbles électriques s'entrelacent.

Ensuite, le labyrinthe bifurque. Prenons à droite, vers chez nous. Nous baissons la tête sous des cordes à linge, puis passons sous un arbre dont le tronc bascule en travers du chemin. Par endroits, il ne mesure pas un mètre de large à cause du fourbi entassé par les uns et les autres. Vite ! Ne nous arrêtons pas chez le vieux qui pique le coke de P'pa. Ne touchons pas le landau graisseux que sa vieille aux pieds bandés pousse pour faire ses courses. Vite ! Ne comptons pas à leurs fenêtres, en guise de carreaux, les épaisseurs de journaux, de film plastique, déchirées et collées l'une sur l'autre au fil du temps qui use tout.

Ne traînons pas, car cette misère constitue un mode d'existence. J'ai honte de jouer au voyeur. Un jour, je rentrerai en France, mais les habitants de ce quartier continueront à vivre ainsi. Ne les regardons plus. Encore deux détours, et nous poussons notre porte.

La faculté d'adaptation de l'être humain m'étonne. Après quatre jours à Pékin, en entrant dans la maison de P'pa, je ressens déjà une impression de *chez-moi*, de sécurité, de confort même, assis devant le poêle alors qu'il gèle dehors. Les meubles couverts de suie, la cuisine où chaque ustensile est poisseux de graisse, l'eau du robinet si froide qu'elle brûle les mains, les détritus par terre, les murs tachés, l'absence de W.-C., tout cela, je m'y suis habitué.

Béatrice s'est encore mieux intégrée que moi. Comme une Pékinoise, elle s'essuie le visage sur la petite serviette humide et grise de crasse qui pend dans l'entrée pour cet usage. Le linge sent le renfermé, mais Béatrice ne fait aucune grimace. Elle aime se rafraîchir ainsi. Elle apprend également très vite les mauvaises manières : cracher par terre en imitant son grand-père, frapper celui-ci avec ses cousines, etc. Béatrice ! Te rappelleras-tu ton voyage en Chine ? Ton *laoye*, ton papy de Pékin qui t'a livré son chargement de gènes jusqu'en France ?

Dans la rue, les gens ne nous insultent plus, Gloire et moi, comme autrefois. Je suppose que nous devons t'en remercier, Béatrice. Un couple jaune et blanc, avec un enfant, cela signifie qu'il forme une famille. Il existe une histoire d'amour entre eux. La femme n'est pas une vicieuse, ou une prostituée. De même, une Blanche et un Africain sont plus respectés en France s'ils ont un enfant. Ils souffrent moins alors des clichés racistes qui associent les Noirs à de « grands baiseurs ».

Toute la matinée, j'étoffe mes notes, puis je porte à développer deux pellicules diapos dans le seul labo qui les traite, à l'autre bout de la capitale. Avant de rentrer à la maison, je change l'équivalent de trois mille yuans dans une banque. Pour les offrir à Tante.

Le soir, devant P'pa, Gloire lui remet les liasses avec un sourire, récitant le texte convenu :

– Ce n'est pas grand-chose... c'est pour vous remercier de si bien vous occuper de P'pa.

Tante repousse l'argent, nous insistons, et elle finit par accepter notre cadeau. N'en parlons plus.

12 décembre.

Des sex-shops se sont ouverts à Pékin. En toute légalité. Vent Fort ne mentait pas.

Ce matin, nous avons visité le « Magasin Adam et Ève », dont il nous a donné l'adresse avant-hier, sur l'avenue Fuchengmennei, à côté de l'hôpital du Peuple. Puis, en faisant des achats le long de la rue commerçante Wangfujing, nous sommes passés par hasard devant un autre sex-shop, au numéro 215.

J'ai décidé de ne pas les décrire l'un après l'autre. Ils proposent les mêmes marchandises, dans les mêmes vitrines fermées à clé, comme dans un musée, sauf que les vendeurs portent des blouses blanches. Ces sex-shops sont-ils des dispensaires ? Pour malades du sexe ?

Peu intéressée, Gloire préfère m'attendre à l'extérieur du second sex-shop. Je m'y attarde un peu. Je suis un curieux de plus parmi la dizaine de clients, tous Chinois de mon âge, tous masculins.

Quel assortiment de préservatifs, d'aphrodisiaques, de bagues à s'enfiler sur le pénis baptisées « stimulateurs de clitoris », d'aérosols qui protègent des maladies vénériennes, de godemichés, de poupées gonflables et de vagins en latex ! Je reste plusieurs minutes devant ce dernier rayon. Je suis si surpris que je sors mon carnet pour noter ce que je vois, pour vérifier plus tard que je n'ai pas eu la berlue. Peut-être suis-je trop émotif ? Je reconnais que je ne suis pas un habitué des sex-shops en France. Peu importe. Ce magasin est extraordinaire d'abord parce qu'il se trouve en Chine communiste.

Je me penche et regarde de près les vagins artificiels. Des poils anthracite sont plantés dessus, comme sur les sexes des Chinoises. Mais, sans être associée à un corps ni à un visage, cette pilosité me dégoûte un peu sur des vulves en latex, présentées derrière une vitre, telles des pièces de boucherie. A propos, pourquoi n'y a-t-il aucun sexe blond pour les amateurs d'exotisme blanc ?

Je découvre un modèle imberbe, baptisé « Lolita », à cinq cent quatre-vingt-dix yuans (quatre cents francs). Il est censé imiter un vagin de vierge. On peut rompre l'hymen à la première utilisation, et ses parois sont équipées de vibreurs. Il fonctionne avec des piles crayons. Je le surnomme le « sex-appeal ». Continuons de lire son emballage, placé à côté :

> Soyez le premier.
>
> Revivez cette première fois avec la petite Mlle Lolita !
>
> Elle est si délicieusement moelleuse, et néanmoins étroite, exactement comme une jeune vierge.
>
> Alors qu'elle avale votre pénis affamé, allumez l'appareil pour des vibrations magiques. C'est juste comme dans vos souvenirs !

C'est écrit en anglais, mais Lolita est *made in China*, à Canton. Cette réclame sur l'emballage est-elle trop hard pour être imprimée en caractères chinois ? Ou est-ce un modèle pour l'export ? Non, pas du tout. Un vendeur a remarqué mon intérêt. Il ouvre la vitrine et sort Lolita. Il presse la vulve pour écarter et refermer les lèvres. Il me montre l'intérieur :

– Regardez... C'est petit et très agréable à utiliser. Doux et serré à la fois. Vous en tirerez beaucoup de plaisir. Voulez-vous l'acheter ?

Il porte donc une blouse blanche et parle avec froideur. Je n'ai pas le temps de lui demander s'il a lui-même testé Lolita, il me la pose entre les mains.

– Touchez vous-même.

... Lolita ! Comment oublier le roman de Nabokov ?

> Lolita, lumière de ma vie, feu de mes reins. Mon péché, mon âme. Lo-li-ta : le bout de la langue fait trois petits bonds le long du palais pour venir, à trois, cogner contre les dents. Lo. Li. Ta.

Serrant le sexe de Lolita, je me demande ce que les Chinois retiennent de l'œuvre de Nabokov. Un nom de nymphette ? Celui d'une marque de latex sans poils ? Ce roman est publié en Chine*. Il est vendu dans les librairies de Canton à Pékin, parmi une sélection de quelques dizaines de classiques de la littérature mondiale : entre *Les Aventures de Sherlock Holmes*, la vie d'un détective cocaïnomane et misanthrope, et *Le Portrait de Dorian Gray*, une apologie de la décadence. A se demander comment travaillent les censeurs... Mais tant mieux s'ils ont bon goût, s'ils font des pieds de nez au pouvoir et ménagent des espaces de libre pensée... Personne n'est dupe. J'ai acheté l'édition nankinoise de *Lolita*. En chinois, la préface avertit le lecteur :

> Il s'agit de l'histoire d'un homme qui a des relations sexuelles frénétiques avec sa belle-fille de douze ans, charmante et sexy. Partout, dans des motels, des appartements, en pleine campagne, ils font l'amour...

Pour baptiser son vagin en latex « Lolita », le fabricant a dû s'inspirer du livre de Nabokov. Je le répète : si les sexes artificiels font de la publicité pour la littérature, tant mieux !

Ma visite des sex-shops ne cherche pas à dénoncer une misère sexuelle. Au contraire, elle me rassure. Elle prouve – le faut-il encore ? – que les Chinois vivent les mêmes perversions que les autres hommes de la planète. Des hommes ordinaires. Avec les mêmes faiblesses, les mêmes envies. Point. Et si vous pensez que l'on sort avili d'un sex-shop, moi, j'en sors nourri d'espoir pour la Chine.

Tout excité, je retrouve Gloire. Je lui parle de Lolita en déjeunant dans un restaurant, puis profitant de notre après-midi de libre, nous décidons d'aller nous promener dans le quartier de l'ancienne maison de P'pa, près de Tiananmen, là où nous vivions autrefois. C'est à deux pas. Au sud de la Cité interdite.

Connaissez-vous l'existence de la Cité interdite, la résidence des empereurs d'autrefois ? Bien sûr ! Un portrait de Mao est accroché sur Tiananmen, la porte d'entrée. Vous avez déjà vu ce décor à la télévision, ou dans les journaux. C'est le plus connu

* En anglais, la langue dans laquelle il fut écrit par Nabokov.

de Pékin. La République populaire de Chine l'a même pris pour emblème national. La place dite de Tiananmen s'étend juste devant. C'est la plus grande du monde, quarante hectares de dalles, le cœur de l'empire du Milieu, avec en son centre un obélisque, le monument aux Héros du peuple. Le 4 juin 1989, les chars y massacrèrent les étudiants. Aujourd'hui, sur le marbre et le granit, les taches de sang ont été lavées et les impacts de balle colmatés. Ce détail m'échapperait si je n'avais pas vu ces traces en 1989. Bah ! inutile de réécrire l'Histoire ! Inutile d'admirer, sur le côté droit, le temple gréco-stalinien de l'Assemblée du peuple, où des députés votent des lois au garde-à-vous ! Inutile de prier dans le mausolée* du président Mao, cette cathédrale où le peuple défile en rang d'oignons devant la momie du Christ rouge, toujours pas ressuscité ! A la recherche du changement, nous nous tournons vers la gauche. Devant le musée de la Révolution, une horloge géante égrène les jours et les secondes séparant Hong Kong du rattachement à la mère patrie. Ce sera fait le 1er juillet 1997. L'humiliation des guerres de l'Opium sera ainsi vengée.

En 1984, puis en 1985, pour réaliser un documentaire, j'ai enquêté à Hong Kong sur la Cité murée. C'était une enclave chinoise de 2,6 hectares à l'intérieur de la colonie britannique, juste derrière l'aéroport.

En finissant de s'approprier Hong Kong, en 1898, les Anglais avaient laissé l'ancienne ville murée de Kowloon sous la juridiction chinoise. Avec le temps, la Chine n'avait plus envoyé de fonctionnaires pour l'administrer, et une authentique société anarchique – sans État, sans lois – s'y était développée.

Victimes de cet accident de l'Histoire, cinquante mille habitants s'y entassaient. Les immeubles y poussaient sans urbanisme, serrés les uns contre les autres, et les uns au-dessus des autres, sur un dédale de boyaux où la lumière du jour ne pénétrait jamais. Même l'électricité, l'eau courante et l'assainissement, le pouvoir britannique ne les fournissait pas. Malgré les mises en garde de la police de Hong Kong et de quelques amis, j'y entrais, je marchais dans

* Nous y revenons la semaine suivante. Dans son sarcophage de verre, la momie de Mao semble en papier mâché. A-t-elle été remplacée par une statue depuis ma dernière visite, il y a dix ans ? Ce serait trop fort !

l'obscurité, dans la puanteur, souvent sur la pointe des pieds pour ne pas glisser sur les couches d'ordures. Les rats grouillaient sans crainte d'être chassés. La peur au ventre, je croisais une foule d'hommes allant et venant dans la termitière. Je savais que l'un d'eux pouvait me voler, ou me tuer. Ce ne serait même pas un crime, puisqu'il n'existait aucune loi ici, sauf celles des triades, des différents gangs, comme j'allais le découvrir.

Pour ne pas rester un touriste, je m'infiltrais dans un groupe de missionnaires anglicans. Ils évangélisaient la Cité murée en faisant de l'aide sociale. Avec eux, je fréquentais les drogués et les mafieux. Je pénétrais dans les bordels, les tripots, les ateliers de contrefaçons... En l'absence de police, toutes les activités s'épanouissaient sans restriction. La Cité murée se comparait à l'Enfer. Dans la chaleur, les ténèbres et les miasmes, des enfants suaient sur des machines, des hommes forniquaient avec des chiens. Je filmais tout cela, et, aujourd'hui encore, j'en conserve la preuve.

Cet automne, en atterrissant à Hong Kong, en sortant de l'aéroport, je me suis précipité pour revoir la Cité murée, avant la fin de l'ère coloniale. Finalement, les Chinois ont laissé les Britanniques la raser. Un parc a été construit à la place. Un joli parc, avec des pagodes et des bassins. Une fois de plus, ce changement m'aurait échappé si ma mémoire n'avait pas réveillé mon regard. C'est peut-être ainsi que les hommes mûrissent.

En descendant la place Tiananmen, vers notre ancienne maison, mes yeux se fixent à présent sur un panneau géant de propagande. Il défigure le site des deux tours du rond-point de Qianmen. Je ne me rappelle pas l'avoir remarqué ici, autrefois. Il représente la Grande Muraille et des gratte-ciel. Au premier plan, il étale en énormes caractères et en anglais un slogan banal, si anodin qu'il prend du sens, qu'il m'écœure, affiché ainsi au centre de la Chine, sur les lieux du massacre de Tiananmen :

Dévouons nos grands efforts
pour édifier la civilisation spirituelle socialiste.

Nous sommes à l'aube du troisième millénaire. Nous prend-on pour des gamins ? Ou pour des esclaves comme sous l'Antiquité ?

Dévouons nos grands efforts
pour édifier la civilisation spirituelle socialiste.

Que d'adjectifs ! Et une répétition de mots clés, utilisés de façon à maquiller leur sens. *Spirituelle* ? Mon œil ! *Socialiste* ? J'y perds mon anglais si cela signifie écraser des étudiants. Et laissez-moi rire si *édifier* égale enlaidir la capitale d'une des plus vieilles civilisations, en la couvrant de gratte-ciel, d'hôtels de luxe et de fast-foods occidentaux.

Autour de ce rond-point de Qianmen, nous recensons un McDonald's, un Kentucky Fried Chicken, un Déli-France, un Lotte coréen et un Australian Kebab. Laissons courir. Nous habitions un peu plus loin, dans les ruelles du vieux Pékin.

Rien n'a changé. Ou plutôt si. Les cabanes, comme dit Béa, n'ont pas été démolies, mais le supermarché d'État du quartier a été refait à neuf. Des dizaines d'échoppes de tailleurs, d'épiciers, de coiffeurs, de blanchisseurs se sont également ouvertes. Elles témoignent du dynamisme de l'économie, du mieux-être des Chinois. Ainsi, Gloire analyse ce que nous voyons, ébahie par la modernisation du quartier qui l'a vue naître. Je l'écoute, j'approuve, puis je la dévisage. Un doute me chiffonne :

– Notre mémoire nous abandonne-t-elle ?

Je veux dire : notre mémoire de la France. Gloire est arrivée en 1987. Nous habitions une ville de l'Aube. Deux supermarchés s'y livraient concurrence. Depuis, en dix ans, un Stoc, un Intermarché, un Atac, un Bricotruc ont été construits. Pourtant, cela ne nous choque pas.

Albert Londres écrivait dans les années vingt qu'il cherchait la ville chimérique de l'anarchie totale : « Dieu m'a comblé. Je la tiens. C'est Pékin. »

S'il reste un quartier de ce Pékin historique, il se trouve ici, au sud de la place Tiananmen. J'aime déambuler dans ces venelles où la présence d'un Blanc suscite des murmures pesants, où deux vélos peinent à se croiser. J'aime les odeurs de cuisine, les rires des enfants qui jouent, les cris des rémouleurs et ceux des paysans qui passent pour acheter les vieilles bouteilles et le papier journal.

Nous ne reconnaissons aucun visage familier, et nous nous arrêtons sous le porche de la cour au fond de laquelle se nichait notre cabane. Un peuplier grimpe le long de la première maison, devant un tas de bric-à-brac, comme autrefois. Rien d'extraordinaire ! Alors pourquoi entrer dans notre ancienne cour ? Pour regarder une femme laver du linge à la fontaine collective ? Pour saluer Pilier de Fer ? Pour demander des nouvelles des autres voisins ? Ils ne nous appréciaient guère, la Pékinoise et son Blanc de mari. Nous pourrions en revanche nous renseigner pour savoir si le vieux Li qui vient de sortir de prison est revenu habiter ici.

Diplômé de la prestigieuse université Qinghua, en 1965, cet intellectuel fut critiqué pendant la Révolution culturelle et obligé de se rééduquer en travaillant comme ouvrier dans une usine de machines-outils. Au milieu des années quatre-vingt, réhabilité, il fut nommé conseiller, puis maire-adjoint d'un arrondissement de Pékin. Avec l'usage du pouvoir, il est tombé dans une affaire de pots-de-vin. Il a été condamné à un an de prison. Comble de la déchéance : depuis sa cellule, il n'a pas pu soustraire son fils à une peine de six ans pour cambriolage.

Pourquoi aller déranger le vieux Li, et remuer la boue ? Nous passons notre chemin, nous continuons vers le sud-est, vers le temple du Ciel. Les empereurs y imploraient les dieux d'accorder de bonnes récoltes. Rassurez-vous, ce monument n'a pas été détruit, mais l'avenue Chongwenmenwai, qui y conduit, a été rasée. De bout en bout. Les masures et les immeubles de caractère. Comme pour tirer un trait sur le passé.

Les bulldozers ne laissent que des nuages de poussière. Entre les chantiers, des banques et des centres commerciaux de luxe commencent à pousser, transformant le site, poursuivant l'œuvre de destruction de Pékin, entreprise depuis la Libération par les communistes.

Combien de milliards de yuans ont-ils été engloutis sur cette seule avenue ? Pour quels clients ? Dans la capitale, une multitude de résidences et d'hôtels de luxe sont sous-occupés. L'immobilier rapporte-t-il tant aux mandarins des Quatre Modernisations qu'ils acceptent de détruire des quartiers entiers ? Ensuite, sans idées, ils recopient l'architecture internationale de Séoul, La Défense ou Los Angeles. Cela pourrait s'appeler *Main basse sur Pékin.*

Je repense au vieux Li. Selon Gloire, ce n'était pas un magouilleur, mais l'argent et le pouvoir ont dû faire de lui un « ripou ». Il faut comprendre le contexte dans lequel il travaillait, c'est-à-dire l'ère Deng Xiaoping des Quatre Modernisations : la qualité de chacun s'y mesurait à son talent pour s'enrichir. Le vieux Li, pourri dans une ville pourrie, ne me choque pas plus qu'un maquereau dans un bordel. Il entre dans la norme. Son patron, Chen Xitong, le maire de Pékin, est lui-même impliqué dans un énorme scandale financier et immobilier. Le 4 avril 1995, cette affaire a poussé au suicide le vice-maire, Wang Baosen. Il était accusé d'avoir détourné, à lui seul, l'équivalent de plus de deux cents millions de francs*. Voici l'affaire des HLM de Pékin, ou Haut-le-cœur Légitime des Marxistes.

La presse en a longuement parlé. Déjà impopulaire en tant que maire qui autorisa le massacre de Tiananmen, Chen Xitong, homme du Nord, a été démis de ses fonctions après la consolidation au pouvoir central de Jiang Zemin et de sa bande de Shanghai et du Sud-Est. Il a été victime de l'une de ces purges cycliques que sécrète le système pour éviter l'asphyxie. On sacrifie un ennemi, mais on ne change pas les lois ni les structures. Gageons que, dans quelques années, nous apprendrons que la nouvelle équipe municipale du Sud continue de se remplir les poches. J'espère me tromper.

13 décembre.

Chen Xitong ! Sa tête de garçon boucher me hante.

Je suis dans le métro. Je vais à Jianguomen vérifier s'il subsiste des impacts de balles sur les immeubles, des traces du Printemps de Pékin de 1989. Ce soir, nous avons rendez-vous avec Peuple, un journaliste, un ami de Gloire, un de ses anciens camarades d'université. Il a participé aux mouvements étudiants de 1989. Avant de le rencontrer, j'espère découvrir que les pierres du quartier des résidents étrangers se souviennent au moins du combat pour lequel il a risqué sa vie.

* Cf. *Pékin Information*, 24 juillet 1995.

Ballotté dans la rame, j'attends ma station. Je rumine en pensant à Chen Xitong. Je crois que je pourrais absoudre n'importe quelle crapule, si seulement elle se contentait de s'en mettre plein les fouilles, sans tuer d'autres hommes pour se cramponner au pouvoir – au nom du peuple en plus. Tricher, assassiner, mentir : une ligne de conduite.

Dans un entretien* avec Alain Peyrefitte, deux mois après le massacre de Tiananmen, Chen Xitong se justifiait sans vergogne. Pourquoi le pouvoir a-t-il toléré les manifestations avant d'envoyer l'armée ?

> Qu'on progresse vers la démocratie [...] Qu'on s'en prenne à l'affairisme et à la corruption. Toutes ces revendications sont justes et sensées. Elles vont dans la direction de nos efforts [...]
> Par la suite, les choses se sont gâtées, à cause d'une poignée d'individus qui ont voulu renverser la direction du Parti.

L'académicien français a demandé ensuite quand viendrait l'heure de pardonner aux extrémistes, aux dissidents :

> Je m'excuse : impossible ! [...] Libérer ces criminels équivaudrait à relâcher une meute de tigres qui, hors de leurs cages, blesseraient et tueraient de nouveau. Nous ne pouvons que les mettre hors d'état de nuire, pour protéger le peuple de leur férocité !

Le peuple ! Comme si une véritable démocratie était impossible en Chine, ou synonyme d'anarchie. La vieille rengaine. Et Chen Xitong de reconnaître pour conclure l'interview :

> En Chine, les droits de l'homme étaient en danger [...] Moi-même, ma tête serait sûrement tombée...

Voulait-il dire les droits de Chen Xitong ? Je sors du métro, je marche le long du grillage derrière lequel s'élève le ghetto des HLM pour étrangers. Le touriste, lui, peut musarder ici sans se douter que des coups de feu mitraillèrent les façades. Tant d'années se sont passées, j'ai vu tant de chars, de soldats en

* Cf. *La Tragédie chinoise*, Paris, Fayard, 1990.

juin 1989, je ne sais plus si j'étais à cet endroit au moment de la fusillade, mais j'ai vu sur quels balcons se trouvaient les impacts des balles.

Je cherche. J'étudie les façades et je ne remarque rien. La pierre, le béton se sont-ils cicatrisés, comme des plaies, permettant aux hommes d'oublier leurs souffrances ? Non, c'est impossible. Ma mémoire ressemble à ces épines qui piquent les doigts, quand on défriche des broussailles. Il reste toujours quelques échardes difficiles à extirper. Alors, je reviens sur mes pas. Je regarde chaque balcon, un à un.

Je les vois. Mes impacts ! Ils ont été rebouchés. Je distingue les retouches, à peine plus foncées sur le crépi. Je ne devrais pas l'avouer, mais cela me fait plaisir que les maçons n'aient pas tout à fait réussi à masquer les dégâts de la répression de juin 1989. Oublier sa violence, ce serait un début de pardon.

Le 4 juin 1989, Gloire et moi, nous étions à Canton. Quelle journée ! L'ayatollah Khomeiny venait de mourir, et nous apprenions à la BBC Internationale le massacre de Tiananmen. Nous n'arrivions pas à y croire. Nous avions lu des récits sur la cruauté des Chinois, son raffinement, la manière de dépecer un criminel pour lui donner la mort, ou de faire frire le cœur d'un ennemi avant de le manger. Cela se passait avant 1949. Nous n'avions jamais prévu que l'Armée populaire de Libération boirait à son tour le sang des Chinois. Le monde entier a été horrifié. Et pourtant ! Dans les années vingt et trente, l'écrivain Lu Xun – cité mille fois par les sinologues – n'avait-il pas répété que, depuis quatre mille ans, la Chine souffrait du cannibalisme ?

> Notre civilisation chinoise tant vantée n'est qu'un festin de chair humaine accommodée pour les riches et les puissants [...]. Le système hiérarchique hérité des temps anciens a rendu l'homme étranger à l'homme ; insensible à cette douleur, il oublie qu'il peut être asservi et mangé parce que chacun espère asservir et manger l'autre [...]. Y a-t-il encore des enfants qui n'ont pas mangé de chair humaine ? Sauvez-les !

Si un espoir existe en Chine, il réside chez les jeunes, comme notre camarade Peuple. A force de Printemps de Pékin et de grèves, le chemin de la démocratie finira par s'imprimer sur la terre de Chine. Dans combien de temps ? Cela m'inquiète. Peuple, par exemple, quel souvenir conserve-t-il de juin 1989 ? Autant que les immeubles et les monuments ?

A dix-huit heures trente, nous le retrouvons dans le hall de son journal, l'un des plus importants quotidiens chinois. J'en tairai le nom, par honnêteté vis-à-vis de notre ami, car il ne sait pas que je prépare un livre. Peut-être préférerait-il ne pas nous rencontrer s'il le savait. Ou alors, il nous parlerait avec moins de naturel. Cela fausserait notre relation. Nous sortons dîner dans un restaurant, à côté. Nous pourrons discuter de manière décontractée.

Comme son complet occidental rapetisse Peuple, lui qui mesure à peine un mètre soixante ! A trente-deux ans, il ressemble à un quadragénaire et affecte l'austérité. Il pèse chacune de ses paroles. Il ne cherche pas à se rajeunir, à cacher au moins la calvitie qui dénude le tiers avant de son crâne. Je crois que je ne l'aurais pas reconnu dans la rue. J'hésite à croiser son regard, tant ses épaisses lunettes de myope gonflent ses yeux. Peuple me met mal à l'aise. Qu'il est laid ! Il a perdu son accent chantant du Sud (Peuple vient de la région de Shanghai). Il allonge certaines syllabes avec des « r », comme un vrai Pékinois.

Il commande des plats et six bouteilles de bière, des grandes de deux tiers de litre. Ce ne sera pas assez, et il en recommandera au fil du dîner. De nouveau, à la façon dont il boit d'une traite les verres que je lui remplis, je mesure à quel point Peuple s'est métamorphosé.

Au cours du printemps 1989, nous l'avions invité deux fois à manger dans notre maison, près de Tiananmen. Je garde le souvenir d'un étudiant attardé dans l'enfance, volubile, et qui trempait ses lèvres dans un demi-verre de bière, sans être capable de le terminer avant la fin du repas. Pour désigner les journalistes occidentaux qui couvraient les événements de Tiananmen, il répétait : « Ces métèques mitraillent tout ce qui bouge. Mais moi, je suis certain que mes photos seront cent fois meilleures que celles de ces métèques... Vous, les métèques... » Ce soir, je ne suis plus pour lui un « métèque » mais un « étranger ».

Quand il venait chez nous, sa fiancée, Neige, l'accompagnait. Elle rougissait en me parlant. C'était une jeune fille timide et maigre, avec de longues jambes, blanches et couvertes de boutons. Cela m'avait marqué. Il existe plusieurs manières de croiser les jambes pour une femme. Certaines montrent leurs cuisses, d'autres pas. Neige le fit, la seconde fois qu'elle vint dîner à la maison, quelques jours après le massacre de Tiananmen. Elle portait une jupe et s'était assise à table à côté de moi. La seule vue de la blancheur de sa chair me procurait des frissons de plaisir, et, en même temps, les petites pustules m'intriguaient et me dégoûtaient un peu. Dans la nuit du 3 au 4 juin 1989, devant son université, des soldats l'avaient rouée de coups avec leurs ceintures. Elle se plaignait d'une blessure qui s'infectait dans son dos. Ses boutons étaient-ils aussi des cicatrices d'étudiante battue ?

Neige était une camarade d'université de Gloire, sa meilleure amie, avant d'abandonner ses études de journalisme pour m'épouser*. En 1989, tous les quatre, nous n'étions pas des amis ordinaires. Même si je cachais que j'étais, moi aussi, journaliste, je restais un curieux et un sceptique. La passion de rechercher et de décortiquer l'information affleurait dans nos discussions. Huit ans plus tard, que sont devenus Neige et Peuple ? Nous ne les avons pas revus, nous ne nous sommes ni écrit ni téléphoné.

– Es-tu toujours avec Neige ? demande Gloire. Vous êtes-vous mariés ?

– Oui, dit Peuple, en 1990.

– Que devient-elle ?

– En 1993, elle a quitté son poste de journaliste dans un hebdomadaire. Elle est allée travailler dans un palace cinq étoiles, en tant que directrice des relations publiques. Six mois après, elle a été engagée comme conseillère, dans un programme de développement des Nations unies. Elle gagnait dix mille yuans par mois**.

– Où est-elle ?

– Elle... elle étudie aux États-Unis.

Nous ne remarquons pas qu'il a hésité, surpris qu'ils soient en train de réaliser leur projet : émigrer chez Oncle Sam. En 1989,

* Les étudiants chinois n'ont pas le droit de se marier.
** Plus de dix fois le salaire moyen d'un Pékinois.

après le massacre de Tiananmen, ils considéraient la Chine comme une terre sans espoir. Neige voulait obtenir un visa américain d'étudiant. Elle espérait se faire parrainer par une tante qui vivait à Taiwan. Ensuite, elle devait faire venir Peuple, puis leurs familles.

– Lors d'un voyage professionnel à New York, au siège des Nations unies, explique Peuple, elle a rencontré des professeurs d'université. Elle a obtenu une bourse de maîtrise pour étudier la sociologie à Chicago. Elle est partie en septembre 1995.

Il baisse le regard. Quelque chose le gêne. Gloire reprend :

– Avez-vous des enfants ?

D'un signe négatif, il balance la tête.

– Ni l'un ni l'autre, nous n'en voulons.

– Alors, quand pars-tu la rejoindre ?

Il se redresse, vide un verre et lâche sur un ton cassant :

– Neige ne veut pas que je vienne. Elle prétend qu'en Amérique je ne trouverais qu'un job de plongeur dans un restaurant. En Chine, mon métier me plaît.

Avec une fierté soudaine, dans laquelle nous reconnaissons notre ancien camarade, Peuple nous apprend qu'il a été nommé rédacteur en chef de la page « Chroniques », page clé sous une dictature. Il gagne deux mille cinq cents yuans (mille six cents francs) par mois. Il y a deux ans, son quotidien l'a envoyé en stage à Hong Kong pendant six mois, avec un salaire mensuel équivalent à vingt mille francs.

– Nous ne sommes pas pauvres.

– Mais Neige, dis-je troublé, ne te manque-t-elle pas ?

Il me regarde en silence, comme s'il hésitait à se confier.

– Neige veut divorcer.

Il le dit en rougissant et baissant la tête pour boire un verre de bière. Il se ressert et refait cul sec. Croyez-moi, il sait boire. C'est à ce moment qu'il recommande des bouteilles. Gloire lui fait répéter ce qu'il vient de dire.

– Depuis mars, Neige demande le divorce.

Nouveau silence. Long, pénible. La stupeur nous interdit de prononcer des mots de réconfort. Que s'est-il passé entre eux ? Faut-il changer de conversation ? La gorge sèche, je sirote de la bière avant de réussir à articuler :

– Pourquoi veut-elle divorcer ?

– Dans ses lettres, elle dit qu'elle ne m'aime plus. Seule en Amérique, elle perd les pédales. Je lui pardonne. C'est une fille si sensible. Tout peut s'arranger. Moi, je veux la garder.

J'ai l'impression qu'il tourne autour du pot. Peuple est notre invité, mais sa femme était aussi notre amie. Je veux comprendre. Parfois, l'amitié autorise à se mêler des affaires d'autrui.

– Pourquoi veut-elle divorcer ?

– Elle dit qu'elle ne m'aime plus.

– Mais pourquoi ?

– Je ne sais pas.

C'est évident. Il est si laid ! Cette conclusion ne me satisfait pas. Je change d'attitude, je prends son parti. Sur le ton de la confidence, je murmure la question qui me brûle les lèvres :

– Tu exerces un bon métier, tu es brillant... je ne comprends pas... Neige, a-t-elle un amant en Amérique ?

– Je ne sais pas.

Peuple évite mon regard. Je remplis son verre. Je répète :

– Elle a un amant, n'est-ce pas ?

– C'est vrai, soupire-t-il.

– Un Blanc ? dis-je, espérant qu'il répondra « un Chinois ».

– Oui, un Blanc.

C'est absurde, mais, en tant qu'étranger je me sens coupable de son malheur. La conversation est trop engagée pour en rester là :

– Et tu lui pardonnes. Sais-tu si elle a couché avec lui ?

Peuple me dévisage, comme horrifié. Ce n'est pas mon indiscrétion qui le choque, il ne montre aucune animosité à mon égard. Il secoue la tête :

– Oh non ! Neige n'aurait jamais osé faire cela. C'est une Chinoise traditionnelle.

Je ne peux m'empêcher de sourire de la naïveté de Peuple. Une seconde, j'imagine même que Neige, son épouse traditionnelle, n'a pas eu qu'un seul amant pendant son année de liberté hors de Chine. Elle a peut-être couché avec tout le campus de l'université. Je suis comme ça, ricanant intérieurement pour dédramatiser les situations. Gloire se tait. Sans doute nous laisse-t-elle causer entre garçons. Je laisse enfin échapper :

– Une Chinoise traditionnelle, cela ne veut plus rien dire. En Chine, le divorce et les liaisons extraconjugales sont banales, tu le sais. Neige veut divorcer. Tu ne la vois pas comme elle est.

– Elle se trompe. Elle ne sait pas ce qu'elle veut.

– Penses-tu la faire changer d'avis ?

– Tous les matins, je prie... Mais quand Neige a décidé quelque chose, impossible de la faire revenir en arrière.

Il regarde Gloire. Elle l'approuve, et il se passe une main sur la nuque, avec un rictus d'impuissance. Il reprend :

– En Chine, une étude a été faite sur les couples séparés par un séjour à l'étranger, que ce soit pour y étudier ou y travailler. Si la femme part la première, les couples ne se reforment pas ; si l'homme part le premier, les chances de réunion sont de cinquante pour cent. Que puis-je faire ?

Ces chiffres soulèvent plusieurs interrogations. Élevées dans une société phallocratique, les Chinoises découvrent-elles en Occident une sexualité plus libre, en plus du droit de fumer et de celui de manger à table avec les hommes, d'égal à égal ? Les Chinois qui couchent avec des Blanches s'attachent-ils moins à elles, ou pas assez pour répudier leurs épouses ? Est-ce parce que les hommes font plus facilement l'amour, sans éprouver d'affection ? Ou bien subissent-ils moins violemment le choc de l'Occident, puisqu'ils sont déjà les maîtres de leur existence en Chine ? Je ne pose que des questions, sans prétendre y répondre. Peuple sort un mouchoir et essuie son front luisant.

– Comment mes parents vont-ils juger mon divorce ? De plus, à cause d'un étranger. Quelle honte !

Peuple a le teint pâle. Ses mains tremblotent. Il a vidé quatre ou cinq bouteilles.

– Faut pas boire tant, dit Gloire.

– Je sais. Mais ça me fait du bien. Puis du mal. Le soir, en rentrant seul dans ma chambre*, je m'amuse à des jeux vidéo sur mon ordinateur. Les yeux me piquent vite, alors j'arrête de jouer. Pour m'occuper, je bois. Je vide une bouteille d'Erguotou**,

* Dans le foyer d'hébergement de son journal, Peuple partage un deux pièces - cuisine avec un couple de collègues.

** Alcool populaire pékinois, titrant cinquante-six degrés, au goût d'after-shave. La bouteille d'un demi-litre coûte environ quatre francs.

puis... je vomis. Je ne sais pas quoi faire... Je n'ai aucun appétit. J'ai mal au foie et à l'estomac, et je souffre de points au cœur. J'ai consulté un cardiologue. Il a relevé deux anomalies. Il veut que je porte un appareil pendant vingt-quatre heures pour analyser le fonctionnement cardiaque. Je n'ai pas le temps. Je suis débordé de travail. Chaque jour, je dois lire les dépêches des agences de presse chinoises et étrangères, assister aux conférences de rédaction et distribuer des sujets à mes collaborateurs. Je dois corriger leur travail et préparer la mise en page. En plus, j'écris un article par semaine. Je bois trop, tu as raison.

– Essaies-tu de te punir ? Ou de punir Neige ? dit Gloire.

Peuple ne répond pas. Je lui lance :

– Sors en boîte ! Drague des filles, va au cinéma !

– Je n'ai pas le temps.

Nous ne communiquons pas sur la même longueur d'onde. Il répète :

– Je n'ai pas le temps. Et je suis trop laid. Qui voudrait de moi ?

– Mais tu es riche et intelligent !

– Bof... je ne suis pas le seul. Je bois trop. Beaucoup trop.

Il le dit en revidant son verre. Puis il se ressert et finit la dernière bouteille de bière. Il en recommande.

– Pour sûr, je bois trop... Surtout ne dites rien à Neige. Elle rentre à Pékin dans une semaine. Il ne faut pas la culpabiliser.

– Elle revient divorcer, n'est-ce pas ? s'inquiète Gloire.

– Oui... Rendez-vous compte ! Elle ne veut pas venir habiter chez nous. Je lui ai écrit : « Tu as une famille, un mari, un logement à Pékin. » Elle ne veut même pas me donner son heure d'arrivée à l'aéroport. Elle a peur que j'aille la chercher, que je fasse une scène.

– Accepteras-tu de divorcer ?

– Ai-je le choix ? Le pire, c'est que ce ne sera qu'une formalité. Le divorce sera enregistré en deux ou trois jours. Dix ans d'amour seront effacés... Pourriez-vous m'aider, convaincre Neige d'attendre un peu ?

Gloire et moi échangeons un regard. En venant rencontrer Peuple, nous espérions nous informer sur la politique et le journalisme chinois. Nous ne pensions pas avoir à jouer les médiateurs. Notre ami nous fait pitié. Il faudrait aussi écouter les arguments de Neige pour comprendre leur séparation. Pouvons-nous refuser de les aider ?

– D'accord, répond Gloire.

– Merci, dit-il en se passant la main dans le peu de cheveux qu'il lui reste. Neige sera contente de te revoir. J'arrangerai un dîner... Je bois trop, c'est vrai. Regardez, je perds mes cheveux.

Je voudrais détendre l'atmosphère, lancer une plaisanterie du genre : « C'est pratique, quand tu seras chauve, t'auras plus besoin de te coiffer. » Je me retiens à nouveau. Seul le travail raccroche Peuple à la vie. Je lui dis que j'admire sa réussite professionnelle.

– Et toi, dit-il en réalisant que nous n'avons parlé que de ses problèmes, es-tu toujours photographe ?

Inquiétude. Lui ai-je donc dit que j'étais photographe en 1989 ? Était-ce pour justifier que je trimballais partout un appareil photo ? Inutile de contredire Peuple, ce soir. Il me soupçonnerait de cacher quelque chose. Je ne veux surtout pas qu'il pense que j'étais journaliste, ni que je suis revenu pour écrire un livre. Cela pourrait m'attirer des ennuis avec la police. Je me méfie de tout le monde, c'est une règle que j'ai toujours suivie en Chine populaire. J'interroge Gloire du regard, et elle baisse les paupières, comme si elle approuvait mon cheminement de pensée.

– Je ne suis plus photographe, dis-je. Je ne travaille plus.

Peuple écarquille les yeux. Devinant qu'il me méprise, j'ajoute :

– J'investis en Bourse. Et nous vivons à la campagne, en rentiers.

Il rajuste ses lunettes sur son nez, en hochant légèrement la tête, d'un air rassuré.

– J'aimerais être à votre place. Vous êtes libres, en France.

Sa réflexion m'intéresse. Je lui demande de la développer. Il a envie de voir l'herbe verdir au printemps, de manger les légumes de son potager, de nourrir des bêtes, d'aller à la pêche. La liberté dont il parle signifie « vivre à son rythme ». J'ai d'abord pensé qu'il faisait allusion à son travail, à la censure. Je le lui dis, et il me sourit.

– Souvent, des journalistes étrangers me demandent si je suis libre d'écrire ce que je pense. C'est une fausse question. Je leur réponds : « Personne n'a le droit de dire du mal de son patron. En Occident, comme en Chine. Ici, le patron, c'est l'État. »

Peuple simplifie à l'extrême. Pour se rassurer. Une fois de plus, comme avec Neige. Je voudrais lui citer mon exemple. Dans ce livre, je peux écrire du mal de mon éditeur, ou proposer un récit sur la Chine qui lui déplaise. Il refusera de le publier, sans me jeter au cachot. Libre à moi de chercher un autre éditeur.

Je ne veux pas me trahir. J'approuve Peuple. Cela le renforce dans son point de vue. Il se donne des verges pour se faire fouetter :

– J'ai accompagné le président Jiang Zemin aux États-Unis. Depuis notre car de journalistes, nous entendions les cris des Américains qui protestaient contre la répression de Tiananmen. Je partageais leur opinion. Pourtant, je n'ai rien écrit sur ces manifestations. C'était normal, je n'étais pas payé pour cela.

Peuple n'utilise pas le mot « autocensure ». Dans son esprit, le mot « liberté » signifie pour un journaliste qu'il est libre d'écouter et de regarder le monde, mais qu'il ne lui appartient pas de le refaire, de « porter sa plume dans la plaie », comme Albert Londres et Lu Xun. Soudain, je m'étonne que Peuple accompagne le président chinois en voyage. Peuple est devenu un personnage.

– J'ai accompagné Jiang Zemin au Brésil, au Portugal, à Cuba...

Curieux de connaître un peu l'intimité du nouvel empereur, je demande à Peuple s'il lui a parlé. Comment le président chinois se comporte-t-il ?

– Les journalistes voyagent dans le bas de l'avion présidentiel, un Boeing 747. Le pont supérieur est réservé à Jiang Zemin, mais il descend toujours nous serrer la main. C'est un homme simple, avec une mémoire redoutable. A Manaus, en bateau sur l'Amazone, il a reproché à un rédacteur en chef de publier dans son journal des photos qui n'étaient pas à la hauteur des textes. Mon collègue a compris : quelques semaines plus tôt, il avait laissé paraître un cliché de Jiang Zemin sans ses lunettes.

Une dictature ne néglige rien. Elle ne propage qu'une seule vérité au monde, et son chef ne possède qu'un seul visage. A aucun moment, celui-ci ne peut sembler laid. Des yeux myopes sans lunettes révéleraient une faiblesse. Big Brother est parfait, et les masses doivent le chérir. *Amen !* Je pense au leader nord-coréen Kim Il Sung. Il ne fallait pas le photographier de dos, car une monstrueuse boule de chair gonflait sa nuque. En a-t-il fait don à la science à sa mort ?

Je me marre : Jiang Zemin, lui aussi, joue à la coquette. A la course au pouvoir depuis 1989, est-il enfin descendu de son cheval ? Les textes classiques chinois disent : « L'empire se conquiert à cheval ; il ne se gouverne pas à cheval. » Comment Peuple voit-il l'avenir de ce nouvel empereur ?

– Maintenant, il a placé ses hommes. Il tient le pouvoir entre ses mains, presque entièrement. Li Peng quittera son poste de Premier ministre en 1998, lors du renouvellement de l'Assemblée populaire nationale.

Cette discussion politique ennuie Gloire. Elle profite d'un silence pour se renseigner sur leurs anciens camarades d'université. Sur les vingt étudiants de leur classe, sept sont partis à l'étranger, les meilleurs, selon Peuple. Pivoine elle-même a émigré aux États-Unis. Elle était la seule de la promotion à être membre du Parti. Personne ne l'aimait. Elle fayotait et inspirait la méfiance. A présent, elle travaille pour « La Voix de l'Amérique », cette radio de propagande anticommuniste.

Nous rions. En Chine, le Parti communiste ne serait-il qu'un repaire d'opportunistes ?

– Moi-même, poursuit Peuple, mon directeur veut me nommer directeur du bureau qu'il ouvre à Shanghai. Mais avant, je dois adhérer au Parti. Pour l'instant, j'ai réservé ma réponse. Gloire, que ferais-tu à ma place ?

Ma femme ne l'a pas entendu. Elle s'inquiète avec une pointe de jalousie :

– Et les autres, ont-ils réussi comme toi ?

– Tu l'sais pas ? Étoile présente un journal à la télévision chinoise. C'est le plus riche de nous tous, et les gens le reconnaissent dans la rue.

Les yeux de Gloire pétillent d'intérêt. Elle allume une cigarette.

– Tu étais la plus douée de notre promo. C'est vrai, insiste-t-il en apercevant ma moue, dubitative comme toujours, quand nous recevons des compliments. Tu es partie la première. Si tu étais restée en Chine, tu serais devenue une journaliste célèbre. J'en suis certain.

– Hum..., soupire Gloire en écrasant sa cigarette. En France, je ne suis qu'une femme au foyer.

Je courbe le dos, j'essaie de me faire tout petit. J'ai – notre amour a – brisé la carrière de Gloire. Je préférerais l'oublier. Tandis que Gloire me suivait en France, dans un pays en récession, ses camarades se forgeaient des carrières aussi dynamiques que l'économie chinoise. Chaque jour, la presse cite l'exemple de nouvelles vedettes et d'affairistes qui ont fait fortune en quelques mois.

– En France, je suis une femme au foyer, et aussi une immigrée, ajoute Gloire. En Chine, j'aurais pu travailler comme Neige, pour les Nations unies.

Elle marmonne quelques paroles incompréhensibles. Je vois qu'elle souffre. En ce moment, elle regrette peut-être de m'avoir épousé. Elle regarde Peuple.

– Si Marc meurt, je reviendrai vivre en Chine.

Je n'aime pas quand elle évoque ma mort. Je hausse les épaules. Elle bat des paupières avec tendresse.

– Mon chéri, je ne t'oublierai pas. Je ne reviendrai pas me remarier. Tu sais combien je trouve les Chinois efféminés et arrogants. Si tu meurs, je reviendrai travailler en Chine et vivre près de mon père.

– Et pourquoi ne vous installez-vous pas en Chine ? coupe Peuple pour nous réconcilier.

– Pour quoi faire ? dis-je.

– Vous pourriez créer une entreprise, profiter du dynamisme de l'économie chinoise. Y a plein d'argent à gagner.

– L'argent ?

– Oui. Tout le monde en a besoin, n'est-ce pas ?

– Bien sûr. Mais la qualité de la vie m'importe davantage.

Il fronce les sourcils. Je lui dois une explication. Je ne suis pas taoïste, mais ma métamorphose « dans la peau d'un intouchable » m'a appris le détachement et la fugacité de l'existence.

– A quoi cela me servira-t-il de gagner toujours et toujours plus d'argent ? Je ne possède qu'une vie, je veux en jouir au maximum, à fond. Pourquoi m'user en accumulant des richesses ? Surtout en Chine, en vivant sous une dictature.

Peuple me laisse disserter. Nous avons trop bu, mais me comprend-il ? Je prends le temps de m'offrir une cigarette, de nous chercher une idée commune.

– A la limite, dis-je, si j'étais riche, je pourrais envisager de louer un appartement à Pékin. Nous y viendrions en vacances, un mois par an, puis nous repartirions en France, aux Philippines, au Brésil... vers des paysages plus colorés. Je n'ai pas confiance dans le gouvernement chinois. Je crains qu'il ne confisque un jour les biens des étrangers. Ou qu'il interdise à nouveau la propriété privée.

Peuple se vexe et remue les bras. Il répète :

– Non. Non. C'est impossible.

Je lui rappelle le schéma de l'histoire chinoise : une succession de périodes de paix et de chaos. Je mentionne les guerres de l'Opium, celle des Boxers, puis l'anti-impérialisme de l'ère Mao.

– Quels que fussent les torts des Blancs, le nationalisme chinois m'effraie. Peux-tu nous garantir que nous ne serons pas victimes d'une révolte ? Que les étrangers se conduiront toujours bien en Chine ?

– Marc ! s'exclame-t-il. Tout retour en arrière est impossible. La Chine ne refermera pas ses portes. Quand bien même le gouvernement central s'y risquerait, les provinces n'obéiraient pas. Comme les surnomme déjà l'Associated Press*, les « républiques du Sud » n'obéissent plus à cent pour cent aux directives de Pékin. Souvent, les gouverneurs interprètent les lois à leur guise, comme dans un fief. Pour la Chine, le danger réside dans un risque d'éclatement.

Le spectre des seigneurs de la guerre revient : le chaos d'où triomphe une nouvelle dynastie, un nouvel ordre. Peuple se rassure-t-il en imaginant le pire ? Comme à Vent Fort, je lui demande si le dissident Wei Jingsheng ne pourrait pas incarner le Vaclav Havel chinois, le leader d'une Chine démocratique, vraiment nouvelle.

– Non, en ce moment, personne ne pense à faire la révolution.

* Une agence de presse américaine.

Les Chinois désirent la stabilité avant tout. Ils sont heureux. La Chine connaîtra une lente évolution, peut-être des sécessions, mais pas une révolution.

Essaie-t-il de me convaincre, ou de se convaincre ? Rendez-vous dans une semaine avec Neige.

14 décembre.

La vie est un jeu.

En rentrant hier du restaurant, vers vingt-deux heures, P'pa et Tante nous attendaient en regardant la télé dans notre chambre. Nous nous sommes assis sur le lit, pour bavarder, et Tante a sorti d'un écrin une bague en or. Elle l'a passée au doigt de Gloire. Cadeau ! La vie est un jeu.

Merci.

Ce matin, voici la nouvelle : Gloire veut rester en Chine. Je n'ai même plus besoin de mourir. Elle ne veut pas que nous rentrions en France. Ce livre, je l'écrirai de Pékin, je l'expédierai à mon éditeur. Elle, elle travaillera dans une entreprise étrangère ou un organisme international, comme Neige. Ne maîtrise-t-elle pas le chinois, le français et l'anglais ? Sa carrière sera aussi brillante que celle de Neige. Je la crois bien !

Elle me parle avec un soupçon d'agressivité et je me tais. Je ne l'ai jamais vue si désorientée. Il y a deux semaines, à peine, elle me suggérait d'écourter notre séjour, de retrouver notre nid douillet en France, dès que j'aurais rassemblé assez d'informations pour ce livre. J'avais refusé, bien sûr. Je voulais vivre cet hiver en Chine, voir du pays, connaître des imprévus, comprendre ces petits détails qui se répètent au quotidien. J'aime traîner quand je voyage. Cela ne signifie pas que je veux me fixer.

Gloire a changé d'avis. Après une semaine passée dans sa famille à Pékin, après un dîner avec un ancien camarade, elle songe à tout liquider en France. Selon elle, nous n'avons même pas besoin d'y retourner. Mes parents pourront s'occuper de vendre notre maison. Perd-elle la tête ? Nous commençons à nous disputer. La colère dépasse nos pensées. Je lui reproche de vouloir garder son passeport français. Elle ricane :

– Bien sûr ! Juste pour être libre en Chine. Je n'ai pas choisi la France, et elle n'a pas besoin de moi. Si tu étais italien ou arabe, eh bien, je serais devenue italienne ou arabe. D'ailleurs, je ne serai peut-être plus française pour longtemps, si Le Pen prend le pouvoir... si vous, les Français, les défenseurs des droits de l'homme, me confisquez mon passeport...

D'une dictature à l'autre, de Jiang Zemin à Le Pen, quelles perspectives nous offre l'avenir ? Notre discussion est sans queue ni tête, et je ne sais que répliquer à Gloire. Je l'approuve. En Chine, une brillante carrière l'attend. Je grille une cigarette, je me frotte le crâne. Plus j'imagine ce que pourrait être ma vie en Chine, plus je plonge dans un cauchemar : celui de *1984*, le roman d'Orwell, encore et encore. M'exiler en Corée, à Taiwan ou aux Philippines, pourquoi pas ? En Chine populaire, jamais ! Pourquoi s'imposer de vivre sous une dictature, quand on a le choix ? Pourquoi devoir chaque jour monter dans le bus en poussant la cohue des coudes et des pieds, puis supporter de se faire rudoyer par la receveuse quand elle vend les billets ? Les hommes ne sont pas des chiens. Pourquoi souffrir du rationnement de charbon et des bouteilles de butane ? Pourquoi endurer la crasse dans les rues, les maisons, les crachats partout, le manque de sanitaires, le bruit, le froid en hiver, la canicule en été, la disette de films et de livres surtout ?

Gloire proteste. Pour nous, ce serait différent. Nous serions riches en Chine, nous habiterions un appartement pour étrangers.

Comme je la déteste quand elle ne s'indigne pas de vouloir nous exiler dans un ghetto ! Nous serions millionnaires chez les crève-la-faim. J'exagère, je m'emporte. Ne rêve-t-elle pas ? Aurions-nous les moyens de payer un loyer pour étrangers ? J'en doute, même avec le salaire de Neige. J'ai remarqué dans les petites annonces que le mètre carré se loue plus cher qu'à Paris.

Peu importe. Le problème ne se situe pas dans des questions d'intendance. Aucune aisance matérielle ne pourrait égayer le paysage chinois. D'un horizon à l'autre, le gris, la boue, la fumée peignent les immeubles-blockhaus, les bidonvilles-cabanes, les cheminées d'usines. Je vomis ce gris qui camoufle la vie. Pourquoi aimer, rire et se lever chaque matin dans le gris, alors que tant de pays offrent une nature luxuriante, des architectures pittoresques ? Je veux de la couleur.

Ce matin, Gloire doit chausser des lunettes nationalistes. Elle me réplique que la Chine est l'un des plus beaux pays du monde. La Grande Muraille, la Cité interdite et le temple du Ciel, ces trésors de l'humanité, se situent à Pékin. Juge-t-on de la splendeur d'une ville en énumérant sur les doigts d'une main quelques monuments ? Ce n'est qu'une question de lunettes. De mon côté, je pourrais porter des lunettes bleues, et tout deviendrait bleu. Profitant de mon silence, Gloire me rappelle combien la Chine a progressé. Son économie galope, les gens ne nous insultent plus et les flics ne nous surveillent plus. Un paradis ! A mon avis, elle s'illusionne. Juste à mon avis ! J'essaie de me mettre à sa place. Je m'imagine avoir grandi dans une « cabane » de Pékin, avoir joué dans les venelles poussiéreuses... Je flaire le danger Le Pen pour un immigré en France. Non, je donne dans les clichés, je ne parviens pas à sentir les joies et les peurs de Gloire, au fond de mon cœur.

Pourtant la Chine m'a marqué, moi aussi, dès l'enfance, lorsque je sautais sur les genoux de mon arrière-grand-père, Louis Boulet. Il s'était battu en Chine, pendant la guerre des Boxers, en 1900. Il en avait rapporté quelques objets qui décoraient un mur de la salle à manger de notre maison de famille : une paire de chaussons de femme aux pieds bandés, une pipe en métal, un éventail, des lunettes dans leur écrin ayant appartenu à un lettré, une paire de baguettes ciselées. Autant de trophées qu'il avait sans doute volés. Avait-il également violé et tué ?

Il ne s'agit pas de juger, avec un siècle de retard, hors du contexte historique, les soldats du contingent international, envoyés mater la rébellion xénophobe des Boxers, « casser du chinetoque ». C'est un problème personnel : mon ancêtre a-t-il volé, violé ou tué les ancêtres de Gloire ? Les combats se déroulaient dans leur région, autour de Pékin et Tianjin. Les témoignages de Pierre Loti, accompagnant des militaires français, peuvent déshonorer la famille Boulet, quels que fussent les massacres de Blancs commis par les Boxers. Nous n'étions pas chez nous et nous nous prétendions civilisés. Traversant un village pillé par les soldats occidentaux, Pierre Loti écrit dans *Les Derniers Jours de Pékin* :

> [...] il a fallu s'acharner des journées entières à coups de botte, à coups de crosse, pour piller si menu toutes ces choses [...]
>
> [...] un chien galeux travaille à tirer, tirer quelque chose de dessous des piles d'assiettes cassées : le cadavre d'un enfant dont le crâne est ouvert. Et le chien commence de manger ce qui reste de chair pourrie aux jambes de ce petit mort.
>
> Personne dans les longues rues dévastées [...] [sauf] d'affreux chiens, repus de cadavres, qui s'enfuient devant nous, le ventre lourd et la queue basse. A peine, de loin en loin, quelques rôdeurs chinois [...].
>
> Au fond d'un appartement [...] Osman tout à coup recule avec effroi devant quelque chose qui sort d'un seau posé sur le plancher : deux cuisses décharnées, la moitié inférieure d'une femme, fourrée dans ce seau les jambes en l'air !... La maîtresse de cet élégant logis sans doute... Le corps ?... Qui sait ce qu'on a fait du corps ? Mais la tête, la voici : sous ce fauteuil, près d'un chat crevé, c'est sûrement ce paquet noir, où l'on voit s'ouvrir une bouche et des dents, parmi de longs cheveux.
>
> [...] Les soldats d'une [...] nation européenne [...], campés dans le voisinage [d'un cimetière chinois de Tianjin], passent leur temps à fouiller les tombes pour prendre l'argent qu'on a coutume d'enterrer avec les cadavres.

J'ai honte d'être blanc. Pour essayer de ressentir le nationalisme de Gloire, je propose après le déjeuner de visiter les ruines de Yuanmingyuan.

Surnommé le « Jardin des jardins », Yuanmingyuan était un parc impérial, au nord-ouest de la capitale. Des pagodes et des pavillons s'y serraient entre des collines et des lacs artificiels. En 1747, avec l'aide de missionnaires jésuites, le grand empereur Qianlong l'embellit de palais à l'européenne, de statues, de kiosques et de bassins à jets d'eau. Il voulut reproduire Versailles et les temples gréco-romains. A l'intérieur d'un périmètre d'une dizaine de kilomètres, Yuanmingyuan rassembla la quintessence des architectures du monde entier. Mais, en 1860, pendant la seconde guerre de l'Opium, un régiment franco-britannique pilla et incendia ce symbole de la rencontre des civilisations orientale et occidentale.

De nos jours, il ne reste que des ruines : ici une façade en marbre, là une colonne, un morceau de statue ou un bassin envahi par les ronces... Nous avons l'impression d'arpenter un site archéologique en Grèce. Comme je hais la soldatesque ! Sa bêtise n'a d'égale que sa rapacité et sa soif de détruire.

Je ne suis pas dupe. Je n'accuse pas les guerres de l'Opium d'être responsables de tous les malheurs et du sous-développement chinois. J'ai lu que la banqueroute de la Chine impériale est avant tout due à des crises internes, telle la révolte des Taiping. Les puissances occidentales ne firent qu'en profiter. Néanmoins, devant Gloire, j'ai envie de m'excuser pour mes ancêtres. Je le fais.

Elle plisse les yeux et me prend la main.

– Marc, essayons de vivre en Chine. Un an ou deux... Pour me faire plaisir.

15 décembre.

Ce matin, j'ai assisté à une vente aux enchères d'aquarelles et de calligraphies, puis j'ai retrouvé Gloire chez son frère, dans la « cabane » de celui-ci, en banlieue sud. Les sœurs de ma femme, leurs maris et leurs enfants sont également venus déjeuner, et Fidel Prosper s'est goinfré, comme d'habitude. A lui seul, il a mangé deux carpes.

En rentrant chez nous, je prends une décision : jamais je ne pourrai vivre en Chine. Le gris, toujours le gris, et la cohue, les aboiements des receveurs dans l'autobus, l'arbitraire des flics, la propagande qui remplit les médias... Gloire boude, et nous nous querellons à la maison. Elle me menace de garder Béatrice, avec elle, à Pékin. Comment accepter cela ?

Une folie me traverse l'esprit. Je viens de souhaiter la mort de Gloire : je serais libre de vivre à ma guise, avec Béatrice. C'est bien une folie. Aussitôt, j'ai honte d'avoir souhaité la mort de ma femme. Je me le reproche. Que faire ? Je me hais. Je me rappelle combien Gloire s'est toujours montrée fidèle et tendre envers moi. Je parle de dévotion, quand elle a accepté de risquer sa propre liberté en m'aidant à réaliser mon livre *Dans la peau d'un Chinois*. Elle a sacrifié aussi une demi-année de son existence en me suivant en Inde, pour veiller à ce qu'il ne m'arrive rien quand j'étais « dans la peau d'un intouchable ». Pendant quelques secondes, je revois l'angoisse sur son visage, la première fois qu'elle est venue me repérer dans la gare de Bénarès. Elle ne m'avait pas reconnu parmi les autres mendiants. C'est une image que je n'oublie pas, dont je me souviendrai jusqu'à ma mort, cette petite Chinoise courant sur la passerelle de la gare et de quai en quai, croyant m'avoir perdu.

Elle me l'a dit : avec elle, aucun homme n'a jamais été aussi bon que moi. Je ne l'ai jamais baratinée, ni abusée. Mais je refuse de gaspiller quelques années de mon existence en restant en Chine.

Nos disputes m'épuisent. La vie humaine est si brève. Pourquoi nous détruire ? Peut-être faut-il savoir tirer un trait sur notre passé, et nous séparer ?

Un goût amer me dessèche la bouche. J'ai le pressentiment de commettre une erreur, de me punir, mais je murmure quand même, en preuve d'amour, pour ne pas être un sale égoïste :

– C'est fini. Je te laisse Béatrice. Je rentrerai en France, et tu resteras en Chine. Tu peux reconstruire ta vie.

J'ai dit cela d'une voix blanche. Gloire me dévisage, elle sait que je ne plaisante pas. Elle murmure avec un sourire :

– Merci.

Après une minute de silence, elle reprend :

– Je refuse de te quitter. Je préfère vivre en France, avec toi, que seule en Chine. Je t'aime.

17 décembre.

Une journée ordinaire dans notre vie de Pékinois. Ou presque. Aujourd'hui, c'est au tour des habitants de notre impasse d'aller acheter du charbon, dans l'usine de coke du quartier. Nous nous en occupons avec le carnet de rationnement de P'pa, puis nous sortons faire des courses dans le centre-ville, à Xidan.

Confidence pour confidence, je suis bien content. J'ai réussi à m'acheter des bottes de pluie. Un exploit ! J'ai d'abord visité les grands magasins, l'un après l'autre, en vain. En hiver, la saison sèche à Pékin, ils ne vendent pas ce genre d'articles. Ce n'est que sur le chemin du retour que j'ai trouvé mes bottes, les dernières du rayon chaussures d'un petit supermarché. Elles me serraient un peu, mais je les ai emportées.

Dans chaque magasin, les vendeuses s'étonnaient que je cherche des bottes. Je n'osais leur répondre : « C'est pour aller au petit coin. Les cuisiniers du restaurant, devant notre impasse, confondent leur sexe avec un tuyau d'arrosage. Ils inondent l'entrée des latrines publiques. Chaque fois que j'y vais, je dois sauter entre les flaques d'urine et je mouille quand même mes semelles. Cela me répugne de les toucher en me déchaussant à la maison. »

Maintenant, vous comprenez pourquoi mes bottes me mettent de bonne humeur. Selon une étude commanditée par le Conseil des affaires d'État, seul un cinquième de la population dispose de toilettes propres.

En Chine, les toilettes publiques sont des endroits vraiment sales. On ne juge pas nécessaire de les utiliser avec soin, ni de les nettoyer. Après tout, personne ne vient y casser la croûte. De l'urine, des excréments, du papier crotté, du vomi maculent le carrelage ou la terre battue. Quand un agent des services d'entretien passe, il jette un coup d'œil, balance éventuellement un seau d'eau, puis il continue ainsi sa tournée, le long des rues, de W.-C. en W.-C.

Les toilettes publiques sont gratuites et ne comportent pas de cabinets individuels*. On se soulage dans une salle d'une quinzaine de mètres carrés – une pour chaque sexe –, accroupis en ligne au-dessus d'une fosse commune, des feuillées. Plus rarement, comme chez nous, un panneau de un mètre de hauteur isole chaque personne sur les côtés, mais jamais devant. A propos, cet agencement m'a permis de remarquer que les Chinois ne se déculottent pas comme les Français. Ils ne tombent pas le pantalon jusqu'aux mollets. Au contraire, ils ne le descendent qu'à mi-cuisses. Ils ne dégagent que les fesses et le sexe. Je laisse aux médecins, aux spécialistes d'hygiène publi-

* Parfois, il en existe dans les toilettes payantes, dans les quartiers touristiques ou commerçants. Pas pour l'usage quotidien.

que, le soin de recommander la meilleure technique. Pour ma part, en Chine, je me conduis comme un Chinois, car il gèle dans les latrines.

Un autre détail, une nouveauté à Pékin, dans les toilettes des hommes : des paysans ont installé des bidons dans les rigoles qui servent d'urinoirs. Nous devons y pisser directement, du moins en théorie, car il faut viser juste. D'ailleurs, certains hommes font exprès de manquer leur cible. Sans doute ne veulent-ils pas que leur urine soit recueillie. Alors, celle-ci se répand sur le sol, puisque les rigoles sont remplies par les bidons. Quand ces derniers sont pleins, les paysans les emportent pour fertiliser leurs champs.

P'pa et Tante viennent de rentrer à la maison, après avoir dîné chez les enfants de celle-ci. Je leur explique pourquoi j'ai acheté des bottes de pluie. Tante les a remarquées dans l'entrée et elle m'a aussitôt questionné. Elle croit que j'exagère, sans doute parce que, chez les femmes, il n'y a pas de cuisiniers qui... P'pa prend ma défense :

– C'est vrai. Dans notre quartier, les toilettes des hommes sont très sales. Bon, et si on faisait une petite partie de mah-jong ? Hein ?

Comment refuser son invitation ? Ce jeu de dominos nous passionne tous. Il mélange le hasard et la tactique. Il fait battre le cœur plus vite, car nous parions de l'argent, peu, mais suffisamment pour nous exciter. Et puis, P'pa triche. Cela nous fait rire quand, en cachette, il échange des dominos pour améliorer sa donne. Pris sur le fait, il ne reconnaît jamais sa faute. Il prétend que nous suivons mal la partie. Quel tricheur ! Quel tricheur sympathique !

Ce soir, Gloire et moi, nous avons de la chance et nous gagnons une trentaine de yuans (un jour de salaire moyen). Nous jouons juste pour l'honneur, car nous rendons leur argent à P'pa et Tante. Cela se passe ainsi depuis plusieurs soirs. Nous tuons le temps en jouant aux dominos, et, à la fin, nous redistribuons les gains aux perdants, que ce soit P'pa et Tante, ou Gloire et moi, qui gagnons. Jouer aux dominos est plus palpitant que moisir devant un feuilleton à la télé. Voilà ce que j'aime en Chine : le jeu et la rigolade.

18 décembre.

On m'a trompé.

En France, un ami m'a conseillé de lire Pierre Loti, un écrivain incontournable sur la Chine, selon lui. Je viens de tourner la dernière page du récit de Loti sur la guerre des Boxers, *Les Derniers Jours de Pékin*. Mis à part quelques scènes d'intérêt historique, quelle lecture ennuyeuse ! Et quel mépris pour les Chinois, et même pour tous les hommes qu'ils considèrent d'un rang inférieur au sien ! Sous sa plume, les Chinois puent (« une intolérable odeur de race jaune qui ne peut se définir »), les hommes de troupe occidentaux à son service aussi. Cela me révolte.

Né en 1850, Loti était capitaine de vaisseau dans la marine française. Dans un style prétentieux, sans humour, il semble désireux de faire rêver les lecteurs du début du siècle. Il aligne les clichés. Il disserte sur ce dont il ne perçoit même pas les ombres :

> [La Chine] Cet empire démesuré, où pensent et spéculent quatre ou cinq cents millions de cerveaux tournés au rebours des nôtres et que nous ne déchiffrerons jamais.

Au milieu du livre, voici Loti s'installant dans la Cité interdite. Elle a été envahie par les forces étrangères. Pour communier avec la civilisation chinoise et le décor impérial qui l'entoure, Loti fume de l'opium : « Par degrés, il nous apportera l'extase chinoise. » Et cela marche : « [...] nous n'avions jamais à ce point compris l'art chinois. » Ensuite, pour exhiber son érudition, Loti me barbe avec plusieurs pages de description de mobilier. Il oublie que l'opium n'est pas une drogue chinoise, mais indienne ou proche-orientale. Comment pourrait-elle vraiment faire pénétrer en lui les racines de la civilisation chinoise ?

Son colonialisme, son conformisme, son exotisme de salon ne bénéficient même pas de l'excuse classique qui présenterait Loti comme un écrivain de son temps. Ses contemporains, le père Huc ou Victor Segalen, peignent la Chine avec truculence et poésie, sans images d'Épinal ni exotisme, une Chine que je reconnais, dont les habitants ne sont pas des extraterrestres. Huc et Segalen sonnent juste.

Ils critiquent souvent la civilisation chinoise, ils s'en moquent, et haïssent parfois telle ou telle coutume. Mais le blâme et la haine ne s'accompagnent-ils pas toujours d'un peu de considération ? Pour haïr, il faut commencer par aimer, ou par s'intéresser. L'indifférence ne nourrit pas la haine. Loti, lui, éprouve du dégoût pour la Chine, il la rejette.

Un ami sinologue a comparé mes tribulations « dans la peau d'un Chinois », à celles du père Huc, dans son livre *Souvenirs d'un voyage dans la Tartarie et dans le Tibet**. En 1844, ce missionnaire lazariste français partit à cheval depuis les environs de Pékin. Il atteignit Lhasa, dix-huit mois plus tard, après de multiples aventures. Joyeux candide parlant le chinois, le mandchou, le mongol et un peu de tibétain, il réussit, dans la peau d'un religieux – c'est-à-dire d'un lama pour les autochtones –, à pénétrer les steppes du nord et de l'ouest de la Chine.

Me comparer au brave père Huc, je considère cela comme un compliment. J'espère que mon amour pour la Chine justifiera mes « coups de gueule ». J'ai trop de liens familiaux avec elle, j'exige beaucoup d'elle, je lui pardonne difficilement et je doute de tout, quitte à passer pour un indécrottable sceptique. J'aime trop les Chinois. Je ne peux pas accepter leur misère, ou de me faire le porte-parole des tyrans qui les gouvernent. Je refuse de gober leurs galéjades, comme le fit la députée italienne Maria-Antonietta Macciocchi, la plus célèbre ennemie de la Chine se cachant sous les traits d'une amie. Son best-seller *De la Chine*** ressemble à un roman maoïste de science-fiction plus qu'à un récit de voyage, en 1970, dans un pays ruiné par la Révolution culturelle. Le *Petit Livre rouge* semble procurer à madame la députée les mêmes délires que l'opium chez Pierre Loti. Une séquence me fait rire, et je ne résiste jamais au plaisir de la citer.

A Shanghai, dans une menuiserie « délabrée » qui assemble des caisses de bois :

* Régis-Évariste Huc, *Souvenirs d'un voyage dans la Tartarie et dans le Tibet* (Le Livre de poche, réédition 1962).
** Maria-Antonietta Macciocchi, *De la Chine*, Paris, Le Seuil, 1971 et 1974.

> [...] je [Mme Macciocchi] vais visiter une fabrique de transistors – transistors planaires au silicium – et de circuits intégrés, mise sur pied par les ménagères du quartier [...]. [Elles] s'estimèrent en mesure de produire des transistors de haute qualité [...] et sont désormais aussi à l'aise parmi les machines qu'elles l'étaient devant casseroles* et fourneaux [...] Elles produisent annuellement 160 000 transistors.
>
> [...] Le 2 juin 1969 [explique une « ménagère électronicienne » à Mme Macciocchi], nous avons expérimenté les premiers circuits intégrés avec succès.

En 1969 ! Il y a trente ans, combien de pays savaient produire des circuits intégrés ? En France, nos téléviseurs fonctionnaient encore avec des lampes... Même dans un siècle, sans mépriser la corporation des menuisiers, permettez-moi de douter que l'on sache fabriquer des semi-conducteurs dans les ateliers d'assemblage de caisses de bois.

Deux questions me traversent l'esprit en analysant mon amour de la Chine : que pensent donc les Chinois de moi ? P'pa et Tante m'aiment-ils ?

20 décembre.

Séance de photos sur la Grande Muraille, cette merveille et cette honte de la Chine. Tant d'hommes moururent pour la construire sans qu'elle empêche vraiment les invasions mongoles et mandchoues. De retour à Pékin, en fin d'après-midi, je porte mes films à développer dans le quartier de Xuanwumen. Le laboratoire fait face à la cathédrale de l'Immaculée-Conception. Je décide d'aller m'y renseigner sur l'horaire de la messe de Noël, dans quatre jours.

Je ne suis plus catholique, je ne crois plus, mais j'ai toujours eu envie, par curiosité, d'assister à une messe en Chine. Le gouvernement communiste n'entretient pas de relations diploma-

* Ustensile inconnu en Chine. On utilise des woks, des faitouts et des crêpières sans manche. Peu importe !

tiques avec le Vatican, et, selon la propagande, les quatre millions* de Chinois catholiques ne reconnaissent pas l'autorité du pape. Après les persécutions de croyants pendant la Révolution culturelle, qui donc fréquente à nouveau les églises ? Dans un pays marxiste, la religion n'est-elle pas l'opium du peuple ?

La nuit tombe tôt à Pékin, ne me demandez pas de décrire la cathédrale. Dans la pénombre, je devine qu'elle ressemble à une église comme chaque grande ville de France en possède une, avec clochers et portails. J'ai plus intéressant à raconter. Sur le parvis, j'arrive à lire un panneau qui retrace l'histoire des lieux. Au début du XVIIe siècle, Matteo Ricci, le célèbre jésuite, y a construit une chapelle. Elle a été agrandie en 1650 par Adam Schall, un autre jésuite. La cathédrale, elle, date de 1904, suite à l'incendie de la vieille église, quatre ans plus tôt. Rien ne précise si celle-ci a été brûlée par la foudre ou... par les Boxers, cette secte de nationalistes, adeptes des arts martiaux** et en révolte contre les Blancs, contre les missionnaires avant tout.

Un vieux concierge me conduit au presbytère. Dans un petit bureau, un homme d'une trentaine d'années tape sur un clavier d'ordinateur. Sur la porte, une plaque indique qu'il s'agit de la « Section des relations étrangères ».

– Bienvenue, dit-il en anglais, me serrant la main. Je suis le père Li. Puis-je vous aider ?

Je lui demande l'heure de la messe de Noël et j'apprends que la cathédrale célébrera deux offices. Le premier à dix-sept heures trente et le second à minuit. Il y aura foule, peut-être cinquante mille personnes, à celui de minuit. C'est donc l'office auquel je souhaite assister. Mais, pour empêcher les curieux de gêner les fidèles dans leurs prières, un service d'ordre vérifiera les cartons d'invitation, à l'entrée de la cathédrale. Le père Li ajoute :

– Êtes-vous catholique pratiquant ?

– Oui, dis-je, en m'efforçant de ne pas baisser les yeux.

– Alors, je vais vous obtenir une invitation pour la messe de minuit.

Le père Li se lève, me tend la feuille qu'il vient d'imprimer.

* Estimation officielle. Dix jours plus tard, le père Li m'affirmera que la Chine compte dix millions de catholiques.

** D'où leur surnom dérivé de l'anglais *boxer*, c'est-à-dire un boxeur.

– Lisez ! Voici l'homélie de Noël. Je l'ai écrite pour mon évêque.

Quel commentaire espère-t-il ? Quels mots de bondieuserie ? Je les ai oubliés depuis ma première communion, il y a vingt-cinq ans. Je jette un œil sur le papier, et je le repose sur l'ordinateur. Je prétexte préférer avoir la surprise de l'homélie, le soir de Noël.

– Bien, dit-il avec un sourire. Vous voulez être transporté par l'atmosphère de la messe.

Je lui souris à mon tour.

Le père Li ne porte ni soutane, ni collet, ni croix épinglée quelque part. Je m'en étonne.

– Un prêtre doit s'habiller comme tout le monde, pour rester proche des gens. Il ne faut pas donner une image rétrograde de la religion, comme chez vous, en Europe.

Il s'exprime avec une pointe d'ironie, dessinant dans l'air une soutane avec ses mains. Je savoure la chaleur de sa voix, je l'observe dans son blouson de coton. Il a des dents étincelantes de blancheur, un large front et un nez parfait, qui ne se remarque pas. Tout cela lui donne un air simple, plein de malice et de vigueur. Comme un air de play-boy. Dans la rue, ou sur une photo de mode, j'imaginerais le père Li au bras d'un mannequin. Pourquoi ? Parce que, si j'étais une femme, je crois que ce serait d'un Chinois comme lui que je rêverais.

Pendant une minute, le père Li m'a laissé seul dans son bureau. Il revient en m'offrant un carton d'invitation pour la messe de minuit. Je le remercie, et je sens que la courtoisie m'oblige à bavarder un peu avec lui. Son anglais est cent fois meilleur que mon chinois. Je le félicite.

– J'ai étudié six ans au séminaire de Pékin, puis trois ans en Angleterre et en Belgique, dit-il. J'ai voyagé en France, à Lourdes et à Taizé. Quelle ambiance ! Y êtes-vous allé ?

A Taizé ? Ce village bourguignon où les jeunes catholiques du monde entier se rassemblent en pèlerinage ? Bien sûr que je n'y suis jamais allé. Toutefois, j'approuve le père Li :

– Les rencontres de Taizé sont une grande fête.

– Oui... mais la foi traverse une crise en Europe, reprend-il avec une grimace. Les jeunes ne vont plus à la messe, et personne ne veut plus devenir prêtre. C'est différent en Chine. Le soir de Noël, vous verrez avec quelle ferveur les gens prient. C'est fantastique. Chaque année, soixante mille personnes se convertissent au catholicisme en Chine. Rien qu'à Pékin, nous baptisons six cents adultes.

Il me donne une bourrade et lance :

– Un jour, les Chinois enverront des missionnaires pour reconvertir les Européens !

Mis en confiance par sa plaisanterie, j'ose cette question :

– Les catholiques chinois reconnaissent-ils l'autorité du pape, disons l'autorité spirituelle ?

– Bien sûr.

Il semble vexé, comme si je le prenais pour un barbare. Je reprécise ma pensée :

– Je pensais que les catholiques chinois revendiquaient une indépendance, un peu comme les anglicans.

– Oh ! non ! s'esclaffe-t-il sur un ton où je devine du mépris pour les protestants. Nous sommes des catholiques. L'Église catholique est une et unique. Le reste, c'est de la politique...

Il lève les yeux au ciel, joint les mains et poursuit :

– Prions ! Peut-être que l'année prochaine la Chine reconnaîtra l'État du Vatican, si celui-ci prend des distances avec Taiwan.

– Et vous célébrez la messe comme nous ?

– Bien sûr ! A Rome, j'ai même rencontré le pape. Il m'a invité à servir la messe avec lui, dans sa chapelle. Une expérience inoubliable.

Je n'y comprends rien. Son discours remet à plat la ligne anti-Vatican et indépendantiste, claironnée par le gouvernement, comme par le clergé catholique chinois. Je n'ai jamais lu, ou entendu, aucune dissonance dans les médias. Le père Li m'intrigue. Il travaille dans la cathédrale de la capitale, un poste de premier plan. J'aimerais le rencontrer dans la convivialité d'un dîner, connaître sa vie et sa vison du monde : sur le célibat des prêtres, les droits de l'homme, l'avortement, le Parti communiste, le Printemps de Pékin, ou la modernisation de l'économie.

– Un soir, mon père, si vous êtes libre, je voudrais vous inviter au restaurant. Nous pourrions entretenir notre nouvelle amitié.

– D'accord.

21 décembre.

Neige n'est toujours pas arrivée. Chaque matin, nous téléphonons à Peuple, mais il ne reçoit aucune nouvelle de sa femme. Viendra, viendra pas ? Pour divorcer ?

Ce midi, nous recevons la visite de *Yoyo*, la fille de Tante, la sœur de Maomao. Son prénom signifie « Uranium », ce qui surprend, surtout pour une fille. Ses parents l'ont-ils appelée ainsi en hommage à la bombe atomique chinoise, source de fierté nationale ?

Ma demi-belle-sœur est une petite boulotte de vingt-trois ans. Taillée dans un rideau en velours, sa robe tombe sur ses chevilles, et son visage s'orne du petit nez de hérisson de Tante. Oh, bien sûr ! je ne soutiens pas qu'elle ressemble trait pour trait à ce sympathique mammifère insectivore ! Je plains Yoyo et je n'aime pas trop la regarder. D'ailleurs, nous ne trouvons rien à nous dire. Nous nous saluons :

– Ça va ?

– Ça va. Et toi, ça va ?

– Ça va...

– Il fait froid aujourd'hui, n'est-ce pas ?

– Oui. Es-tu venue en bus ?

Et cætera. Politesse excessive.

Tante, Gloire et moi, nous sommes en train de préparer des raviolis au fenouil pour le déjeuner. C'est un travail fastidieux que d'en farcir une centaine à la main. Bras croisés, Yoyo nous regarde. Une question me brûle les lèvres : « Princesse, tu as attendu deux semaines pour nous rencontrer, et maintenant, pourquoi ne nous aides-tu pas ? »

P'pa, Beauté et Joli Nénuphar détestent Yoyo. Ils nous ont prévenus : si son intelligence manque de vivacité, par compensation, sa fainéantise bat des records. Mlle Yoyo n'aide jamais aux tâches ménagères. Ni à mettre la table ni à faire la vaisselle. Elle attend que d'autres s'en chargent. Je me suis déjà étonné que Tante cuisine pour elle et son frère, chaque soir, comme s'ils étaient manchots, incapables de faire sauter du riz ou bouillir des nouilles. Maintenant, sans la moindre gêne, Tante nous apprend qu'elle lave le linge et les cheveux de sa fille, comme nous le faisons pour notre petite Béatrice.

Beauté et ma nièce Quiétude arrivent en début d'après-midi, après le départ de Yoyo. Je reste papoter une heure, puis je laisse Gloire avec sa sœur, et je sors me dégourdir les jambes.

J'ai eu raison de sortir seul.

Après la tombée de la nuit, devant l'hôtel de la Paix, je suis abordé par une jeune Chinoise. Elle me propose un *karaoke*, puis de passer la soirée en tête à tête, dans une chambre... Cent mètres plus loin, sur le même trottoir, deux types me tirent par les manches. En anglais pidgin, ils m'invitent à pousser la porte d'un pavillon, à jeter un œil à l'intérieur. A les entendre, c'est un bar à putes :

– Venez ! Boire ! Jolies filles tenir compagnie. Et, sir, chanter *karaoke*. Vidéo... avec femmes sans habits, seins à l'air. Amour. Super. Venez ! Nos filles, très très jeunes. Chambres privées. Whisky, cognac. OK !

Ce n'est pas l'existence de la prostitution qui m'intéresse. Dans mon livre *Dans la peau d'un Chinois*, j'ai longuement écrit sur les bordels. Peut-il y avoir du neuf dans l'exercice du plus vieux métier du monde ? Oui, il y a du nouveau. Maintenant, les bars à putes ne se cachent plus. Celui-ci s'est ouvert sur une rue touristique du cœur de Pékin, avec une façade illuminée, pour que chacun lise le nom de l'établissement : « Boss Club ». Je suis les videurs.

J'entre.

J'ai le souffle coupé.

Je pénètre dans un salon, genre salle d'attente de marchand d'art, avec canapés, lumière tamisée rougeâtre, murs tapissés... Du moins c'est ce que je retiens, car aussitôt une dizaine de Chinoises, en décolletés et minijupes, me lancent des œillades. Elles m'invitent à m'asseoir et à boire.

Eh bien ! Je ressors, triplement excité, triplement ébahi. Ouf ! Exprès, je fuis le plus vite possible. Si j'hésitais, je serais capable de rester, de tromper l'amour de Gloire, de verre en verre, de fil en aiguille...

Me revoici devant le Boss Club. La rue réveille de tendres souvenirs. Ici même, il y a quinze ans, je tremblais de peur en sortant de l'hôtel de la Paix, au bras de Lou*. Cette Pékinoise de dix-neuf ans fut mon premier coup de foudre en Chine.

Lou !

Ce prénom signifie « Rosée du matin » en chinois. Lou, ma rosée de Chine ! Lou à croquer, à aimer à en perdre la raison. Elle m'excitait avec sa bouche en forme de cerise, ses petits seins durs et anguleux, sa façon de provoquer en s'habillant en rouge et en jaune dans un univers de costumes Mao. Elle riait de tout, même de ma peur en lui tenant la main dans cette rue. J'avais deux ans de plus qu'elle, mais j'étais un enfant timide.

Je vivais un enfer. Au lieu de me consacrer à mes reportages, je ne pensais qu'à l'embrasser, à baisser son pantalon, « à nous abandonner au jeu des nuages et de la pluie » – la sentir crever les nuages tandis que ma pluie se répandrait sur nous. Je réduisais le programme des visites d'usines et de monuments organisées par la « Section de la propagande du Comité de liaison culturelle avec l'étranger » qui m'avait invité en Chine, comme journaliste. Dans la rue, les gens nous regardaient, Lou et moi. Pour entrer dans l'hôtel, il fallait la cacher. Nous avions l'impression que derrière chaque regard se cachait un policier. S'il devinait que nous nous aimions, Lou serait arrêtée, comme une prostituée. Elle serait condamnée à plusieurs années de rééducation par le travail. Pourtant, je lui faisais prendre ce risque. Quand on est un jeune Blanc, jubilant de l'intérêt que l'on suscite chez les Asiatiques, on ne peut davantage se contrôler que de refuser de sentir la faim trois fois par jour. C'est comme une poussée de sève. Une folie, fou de Lou. En vérité, Lou acceptait le risque, parce que la chose lui plaisait avec un Blanc. Cette fille adorait ça. Je ne la forçais pas.

Une fois de plus, je me rappelle le premier baiser. Avec Lou, cela se passait devant les toilettes du Club international. Un ami pakistanais, fils de diplomate, nous avait présentés dans le restaurant. Au cours du déjeuner, Lou me demanda de lui montrer les toilettes. Un prétexte délicieux. J'avais su le décoder dans une Chine à peine libérée de la Bande des Quatre.

Aujourd'hui, mon souvenir semble plus romantique qu'il y a dix ans, en écrivant *Dans la peau d'un Chinois*. J'étais sec :

* Lu en pinyin (la transcription phonétique du chinois) se prononce Lou.

> J'attends Lou devant la porte, et quand elle sort, je l'enlace nerveusement. Elle me repousse aussitôt en riant. Elle est choquée. Nous faisons trois pas et soudain, c'est elle qui me saute dessus. Elle m'embrasse et déjà elle se rejette en arrière : un Chinois nous épiait du fond du couloir.

Aujourd'hui, si je devais réécrire notre rencontre, je soulignerais les détails plus que l'action. Ils me réchauffent le cœur : comment Lou, maîtresse de la situation, glissa une main sur ma nuque pour rapprocher ma tête ; combien je me sentis sans défense après la rebuffade que je venais d'essuyer... Alors Lou appliqua ses lèvres sur mes lèvres, violant ma bouche, enroulant sa langue dans ma langue. L'instant suivant, elle s'écartait. La peur lui blanchissait la face. Elle me murmura à l'oreille :

– Viens, on nous surveille... Tu embrasses bien.

Avec les années, ma mémoire ne conserve-t-elle que l'essentiel ? Lou, ma rosée d'amour ! Qu'es-tu devenue ? Où vis-tu ? As-tu des enfants ?

A la maison, Beauté a attendu mon retour. Gloire s'inquiétait que je ne revienne pas après la tombée du jour. Je leur parle du Boss Club. Oui ! Un bar à putes, avec pignon sur rue. Beauté me fixe d'un air narquois. Mon excitation m'a-t-elle trompé ? Peut-on passer une minute dans un lieu et s'en faire une idée ? Oui.

– Y en a plein maintenant ! dit-elle. Les filles viennent du Nord-Est*. Elles sont moches. Pfff ! On les surnomme les « filles des trois services » : fumer, boire et coucher avec les hommes. Dans ces bars, on assassine les gogos. Faut pas y aller.

Beauté ne doit pas avoir une haute idée de moi. Du reste, comment sait-elle ce qui se trame dans les alcôves des bars à putes ?

– Y es-tu déjà allée ?

– Oh non ! Mais Vent Fort m'en a parlé. L'an dernier, il tenait un bar à *karaoke*, avec des filles.

– Où ça ? dis-je, surpris.

* La Mandchourie.

– Près du parc Beihai.

Beauté raconte comment les Quatre Modernisations ont transformé la prostitution. Les entraîneuses travaillent avec des téléphones sans fil. Elles peuvent être jointes n'importe où, quand un patron les appelle pour tenir compagnie aux clients, en cas d'affluence. Un bar n'a besoin d'en engager que quelques-unes à temps complet.

On y sert des alcools étrangers, et l'addition est toujours salée, avec des suppléments. Les clients paient, de crainte de se faire casser la figure. Parfois, en sortant, ils vont se plaindre chez les flics. Le patron du bar doit alors verser un pot-de-vin, pour étouffer l'affaire.

– Vent Fort a essayé de baisser les prix, et les autres patrons de bar l'ont menacé. Des gangs le rackettaient également. Au bout de six mois, il a fermé.

Sacré Vent Fort !

22 décembre.

A Pékin, j'aime manger des brochettes de mouton. Les Ouïgours, ces Turcs du Far West chinois, en font cuire sur des barbecues installés le long des rues, à la tombée de la nuit. Ils saupoudrent la viande avec du cumin et du paprika, et l'odeur de grillade m'excite l'appétit. Difficile d'y résister. Et puis, j'aime bavarder avec ces musulmans dont j'ai usurpé l'identité « dans la peau d'un Chinois ». Ensemble, nous souffrons du racisme des Han. Ce point commun suffit pour qu'ils me servent les plus belles brochettes, qu'ils me saluent, la main droite sur le cœur. *Salaam alekum !*

Cela me poursuit. Plusieurs fois par jour, dans les magasins ou au marché paysan, les gens me demandent si je viens du Xinjiang. En général, je leur réponds « non », puis je les laisse deviner. Ils m'étudient de la tête aux pieds, c'est gênant, et ils supposent que je suis russe, à défaut bulgare, polonais, ou roumain. Jamais, même une seule fois, un Chinois n'a soupçonné que je puisse être français, américain ou allemand... c'est-à-dire un Occidental.

Qui suis-je ? Je m'interroge, tel Zhuangzi*, le sage taoïste. Un jour, il rêva qu'il était un papillon, un papillon gai et libre de tout souci. Il se sentit très heureux et oublia qu'il était Zhuangzi. Soudain, il se réveilla. Il ne savait plus s'il était Zhuangzi ayant rêvé qu'il était un papillon, ou s'il était un papillon en train de rêver qu'il était Zhuangzi.

Suis-je Marc Boulet ? Ou suis-je Abdul Karali – ce Chinois blanc que j'incarnais « dans la peau d'un Chinois » – rêvant qu'il avait été et était redevenu français ? Impossible de le savoir, si je n'accepte pas des indices tels que mon passeport et ma fille Béatrice.

Mes métamorphoses ont-elles marqué mes gestes et ma façon de parler, au point que les gens me prennent pour un Ouïgour ? Je ne voudrais pas renaître dans la peau d'Abdul Karali, être chinois. Paradoxalement, je recherche la compagnie des hommes du Xinjiang, un peu comme on aime revenir sur les lieux de son enfance.

Mehmet, un ami ouïgour, tient une boucherie halal à deux pas de chez moi. Ce soir, debout devant son barbecue, je dîne de brochettes. Un Chinois han me lance à nouveau que je viens du Xinjiang. Avec flegme, Mehmet renchérit en disant que je suis son cousin, de passage à Pékin. C'est plausible, nous parlons mandarin avec le même accent, sans les tons. Le Han sourit d'assister à notre réunion de famille. Dépaysé, il nous écoute et se régale d'une dizaine de brochettes.

Pourquoi rentrerais-je à la maison ? Joli Nénuphar, Beauté, P'pa et Tante jouent aux dominos, Gloire regarde la télé avec les enfants. Ce dimanche soir, je traîne un peu en compagnie de Mehmet, je me réchauffe les mains sur le barbecue.

Mehmet possède un visage européen, tout en longueur, avec des cheveux châtains et des yeux noisette, pétillants de malice. Son nez est si pointu que l'un de ses ancêtres a dû frayer avec une fouine. Cet air roublard se lit jusque sur sa barbe : quelques millimètres de poils durs qui dévorent ses joues. Oublie-t-il de se raser chaque matin, comme moi ? Il a également mon âge, et une femme, une Ouïgoure rouquine aux lèvres pulpeuses et à la

* Il vécut vers 369-286 av. J.-C.

poitrine généreuse des Blanches. Ils sont nés à Urumqi, la capitale du Xinjiang. Ils se sont installés à Pékin au début de l'année, avec leurs trois filles, âgées de douze à seize ans. Ils travaillent tous ensemble, tenant aussi une gargote derrière l'échoppe de boucher, et se relaient de huit heures du matin à minuit.

Avant d'immigrer à Pékin, Mehmet a bourlingué. Laissant femme et enfants en Chine, il a profité de l'éclatement de l'Union soviétique, de l'ouverture des républiques turques d'Asie centrale – les populations y parlent des langues cousines du ouïgour. Il a passé la frontière et a vécu deux ans à Tashkent, capitale de l'Ouzbékistan.

– Je possédais un restaurant avec un Ouzbek. Nous ouvrions vingt-quatre heures sur vingt-quatre. On gagnait une fortune. Mais l'anarchie règne là-bas. C'est dangereux, les gens sont armés. Et nous étions rackettés. J'ai dû partir. J'ai perdu trois cent mille dollars américains... Un jour, je retournerai chercher ma part sur la vente du restaurant.

Ses confidences jaillissent dans la lumière vacillante du barbecue, son visage s'estompant entre les nuages de fumée. Mehmet regrette sa vie hors de Chine. Malgré le danger, il se sentait libre là-bas. Il ne souffrait plus du racisme, il ne voyait plus de Han. Ces Chinois aux yeux bridés colonisent les oasis du Xinjiang à la manière dont ils boivent le sang du Tibet. Ils s'attirent la haine, et des sécessionnistes ouïgours et kazakhs organisent révoltes et attentats. Si Mehmet n'est nulle part chez lui, pas plus à Pékin qu'à Urumqi ou Tashkent, il a connu la richesse en Ouzbékistan.

– Et j'avais pris une seconde femme. Elle avait dix-sept ans...

Il ne termine pas sa phrase. Il rêve quelques secondes en plissant les yeux. Je le laisse savourer. Il toussote et crache par terre. J'attends qu'il reprenne l'initiative de se raconter, ne sachant ce qu'il me réserve.

– A Tashkent, déclare-t-il avec gravité, c'est facile de gagner de l'argent. Tout est rationné, et les magasins d'État sont vides. Les commerçants privés importent tout de Chine, de Corée et de Taiwan. On peut faire des affaires.

J'ignore s'il dit vrai. Cela m'indiffère. Ce n'est pas l'Ouzbékistan qui m'intéresse, mais Mehmet, le parcours d'un Chinois ou d'un Ouïgour, au choix.

– J'ai également voyagé. J'ai acheté un passeport ouzbek et j'ai visité l'Allemagne, la Russie, la Syrie, la Bulgarie, l'Azerbaïdjan. Je ne suis pas resté longtemps à Bakou, il y avait la guerre.

D'un geste viril, il se frotte la bouche en balançant la tête. En 1988, je suis passé à Damas. Chaque soir, sur une place du centre-ville, je me régalais de brochettes. Un souvenir à partager avec Mehmet.

– Oh oui ! dit-il, des grandes brochettes, au foie, à la viande ! Pour sûr, en Syrie, ils savent préparer les brochettes.

– Travaillais-tu en Syrie ?

– Je faisais des affaires.

En chinois, *zuo shengyi*, c'est-à-dire « faire des affaires », signifie tout et rien, exactement comme en français. Une dérobade. Je n'insiste pas. Pourquoi obliger Mehmet à mentir s'il ne souhaite pas se confier ? Je suis curieux de savoir comment il s'est déplacé de pays en pays, d'Asie en Europe. Je le lui demande. Il sourit, ma question lui plaît.

– J'ai voyagé en avion et en voiture. En Allemagne, j'ai acheté une Volkswagen d'occasion. Elle avait juste un an. Je l'ai payée six mille dollars. C'est correct comme prix, n'est-ce pas ?

J'approuve d'un signe de tête.

– Eh bien, cette Volkswagen, continue-t-il en remuant les mains avec enthousiasme, je l'ai ramenée par la route jusqu'à Tashkent. Je m'en suis servi pendant un an, puis je suis revenu avec en Chine... Je l'ai revendue trois cent mille yuans à Urumqi.

Il s'interrompt pour faire un calcul mental.

– J'ai réalisé trente mille dollars de bénéfice. Voilà comment j'aime faire des affaires ! C'est que cette Volkswagen était allemande, comprends-tu ? C'est increvable, ça n'a rien à voir avec les voitures fabriquées en Chine.

23 décembre.

Soufflons une journée.

Avec le recul d'une nuit de sommeil, un doute m'envahit à propos des aventures de Mehmet. Je revois sa tête de fouine, ses petits yeux brillants à la lumière du barbecue, ses lèvres pincées.

Comment a-t-il pu perdre trois cent mille dollars, soit un million et demi de francs ? Pour commencer, comment a-t-il réussi à les gagner ? En tenant un restaurant pendant deux ans à Tashkent ? Et le reste : les voyages, sa seconde femme, la Volkswagen ? Se moque-t-il de moi ou souffre-t-il de mythomanie ? Serait-ce un moyen de nier son existence à Pékin ? Pour une poignée de yuans, il travaille derrière un étal de carcasses qui sentent fort, de huit heures du matin à minuit ?

Pourtant, la réalité dépasse parfois l'imagination. Mehmet peut-il tout inventer, comme René Leys, le héros du roman de Victor Segalen ? Ce jeune Belge se prétendait amant de l'impératrice et chef de la police secrète chinoise. Sous son charme, le narrateur et le lecteur gobent des secrets d'alcôves et des récits de conspirations dans le Pékin du début du siècle.

Agacé, je relis l'histoire de Mehmet, telle que je viens de la rapporter. Je crois que je n'y comprendrai rien de plus. Je pose mon stylo. Je laisse à Mehmet le bénéfice du doute. Je lui garde mon amitié.

Au fait, Neige est enfin arrivée hier à Pékin. Elle a téléphoné à Peuple, mais elle ne lui a pas communiqué son adresse, de peur qu'il la harcèle. Elle le recontactera pour nous fixer un rendez-vous. La rencontrerons-nous ? En a-t-elle envie ?

24 décembre.

Certains jours ne comptent pas, et on ne se rappelle rien. D'autres, au contraire, vous occupent à cent à l'heure : on court, on entreprend autant de choses, on vit autant de péripéties qu'en une semaine, comme si on avait pris du retard sur la vie. Cette veille de Noël appartient à la seconde catégorie.

Pour commencer, voilà une semaine, le lundi 16 décembre, un éditorial du *Quotidien du Peuple** a provoqué l'effondrement des Bourses de Shanghai et Shenzhen, les deux marchés nationaux de valeurs mobilières. Ouverts en 1990 et 1991, ils symbolisent

* L'organe du Parti communiste, le plus important journal chinois.

le socialisme à la chinoise, la modernisation de l'économie. Autrefois, Wall Street représentait l'exploitation des travailleurs par les capitalistes.

Depuis le 1er avril dernier, les Bourses de Shanghai et Shenzhen ont respectivement monté de cent vingt et trois cent quarante pour cent. L'article du *Quotidien du Peuple* mettait en garde les vingt et un millions de petits épargnants chinois contre les risques de jouer en Bourse. La voix du Parti les prévenait que le gouvernement n'interviendrait pas pour enrayer un éventuel krach. Aussitôt, le matin même du 16, la panique gagna les actionnaires. Les cours s'effondrèrent de dix pour cent, et les cotations furent automatiquement suspendues grâce à un système informatique antispéculateur.

Depuis une semaine, les actions ont continué de chuter, perdant en moyenne un quart de leur valeur. Tante nous a raconté que son fils, Maomao, se faisait des cheveux blancs. Nous avons également appris que Célébration de l'Orient, le frère de Gloire, s'était disputé avec sa femme : elle avait investi une partie de leurs économies à la Bourse. De plus en plus de gens s'y sont risqués, attirés par la flambée des cours. D'après l'hebdomadaire *Vingt et Unième Siècle* du 18 décembre, à Pékin, avant le krach, le nombre des petits actionnaires augmentait encore chaque jour de deux mille cinq cents personnes.

Nous entrons dans le hall de l'agence de courtage en Bourse de Dongsi. C'est l'heure du déjeuner, mais plusieurs centaines de femmes et d'hommes de tous âges s'y pressent debout. D'autres sont assis sur des rangées de chaises en plastique. Leurs yeux surveillent les chiffres électroniques qui changent de minute en minute sur les tableaux géants des cotations de Shanghai et Shenzhen. Ils attendent, bras croisés ou mains dans les poches. Sans rire, sans pleurer. La plupart des gens ne discutent même pas entre eux. La catastrophe les rend muets. A l'instant, Shenzhen perd encore cinq pour cent, et, dans le fond de la salle, devant les guichets, quelques personnes font la queue pour passer des ordres.

Pour se détendre, les boursiers s'aèrent sur le parking de l'agence. Ils y utilisent aussi leur téléphone portable. Nous sommes sortis fumer une cigarette et nous écoutons une grande Chinoise en manteau de laine pervenche. Elle téléphone à son associé. Leurs actions de Jinan Qinqi ne trouvent pas acquéreur. D'après leur conversation, l'homme au bout du fil s'inquiète. Il a acheté mille titres le jour du krach, pariant sur une reprise des cours. Jinan Qinqi stagne à dix yuans, mais cette valeur cotait presque le double, il y a deux semaines.

Nous essayons de discuter avec les gens autour de nous. Ils nous évitent avec une moue de politesse. Gloire en déduit qu'ils sont gênés de commenter la Bourse en présence d'un étranger. Elle propose de rentrer dans le hall. Elle mènera seule l'enquête, usant de son charme féminin. D'accord.

Une heure plus tard, nous nous retrouvons à la maison. Gloire me raconte. Devant les guichets, elle a sympathisé avec deux hommes : un garçon d'une vingtaine d'années au visage en forme de melon, vêtu d'un jeans râpé, et un employé d'une compagnie sino-israélienne de télécommunications, en manteau de tweed et âgé de dix ou quinze ans de plus. Seule la passion de la Bourse les réunit. Le premier vient ici pour suivre les cours, écouter les rumeurs et conseiller des amis qui ont de l'argent à investir ; le second fait la queue pour passer un ordre. Selon ce dernier, la Bourse a atteint son niveau plancher, il veut racheter des actions. Pendant le krach, il effectuait un voyage d'affaires en Israël. Il n'a pas pu réagir et liquider son portefeuille qui est retombé à sa valeur d'octobre.

– Tant pis ! soupire-t-il. Pour l'instant, j'ai rien perdu, rien gagné... Je vais essayer de profiter de la baisse.

– Oh non, coupe le plus jeune, c'est trop tôt. Faut attendre. La Bourse peut encore chuter.

– Je ne crois pas.

Gloire leur demande ce qu'ils pensent des actions Jinan Qinqi. Sur ce point, ils s'entendent. Cette usine est trop petite : ses actions sont difficiles à revendre. Pour gagner en Bourse, il faut miser sur les locomotives de la cote. Le gros volume de leurs transactions quotidiennes garantit la liquidité de l'investissement.

Cette discussion pourrait se tenir entre deux boursiers à Paris. Je ne suis pas un spécialiste, Gloire non plus, et nous commençons à nous y perdre. Vague à l'âme surtout. Quelle est la différence entre une Bourse socialiste et une Bourse capitaliste ? En cette fin de siècle, socialisme et capitalisme ne seraient-ils plus que deux mots différents pour désigner un même système ? Laissons courir. Faisons la sieste, reposons-nous. Ce soir, nous assisterons à la messe de Noël, et avant, nous dînerons avec Neige et Peuple. Ce matin, elle lui a fixé un rendez-vous, en notre présence et en public. Elle a choisi un restaurant non loin du journal de Peuple.

Dix-neuf heures, nous y sommes. Peuple aussi. Pas Neige. Il se ronge les sangs. A-t-elle changé d'avis ? Ne viendra-t-elle pas de crainte d'être mise en accusation ?

Ravalant sa salive à chaque phrase, Peuple nous supplie de l'aider. A la fin de la semaine, il part en voyage dans le sud de la Chine, et Neige veut l'obliger à divorcer dès demain.

– Surtout ne la blessez pas, répète-t-il. Allez-y en douceur.

Comment jouer les médiateurs entre nos amis ? Comment laver leur linge sale de douze ans d'amour, sans culpabiliser Neige d'être une épouse infidèle ? Je sens peser sur nous le regard de Peuple. Avec ces grosses lunettes de myope et son front dégarni, il me fait encore plus pitié qu'il y a dix jours. J'ai l'impression qu'il risque de fondre en larmes d'un instant à l'autre. Je ne saurais pas le consoler. J'échange quelques mots en français avec Gloire. Nous connaissons Neige : quand elle décide quelque chose, impossible de la faire changer d'idée. A moins que l'Amérique l'ait transformée. Si seulement nous obtenions qu'elle accorde à Peuple un sursis de quelques jours, ils ne pourraient pas déposer leur demande de divorce avant son départ en province. Elle devrait revenir une autre fois en Chine.

Neige arrive peu avant vingt heures, et nous la faisons asseoir à côté de Gloire et face à moi, pour discuter en aparté, si nécessaire.

Comme elle a changé !

Elle m'a serré la main, sans rougir, puis elle a embrassé Gloire, sans pleurer, sans sauter de joie comme en 1989, quand les deux amies s'étaient retrouvées par hasard non loin de la place Tiananmen, pendant le Printemps de Pékin. Sept ans ont passé, et elles ont toutes les deux quitté la Chine, l'une vers l'est, l'autre vers l'ouest. Mais une fuite, est-ce suffisant pour renouer une amitié ? Même au physique, les deux amies ne se ressemblent plus. Gloire a minci et porte des lentilles de contact, alors que les énormes lunettes rondes de Neige surmontent deux joues de la taille d'un hamburger, à croire qu'elle abuse de nourriture fast-food en Amérique. Neige a grossi, les kilos ont effacé ses formes, et dans son pull caca d'oie, elle est devenue une femme transparente, incapable d'attirer le regard d'un homme dans la rue.

Comme elle a changé, bon sang !

Elle qui charabiatait l'anglais, butant sur chaque mot, elle parle ce soir avec la vitesse et l'accent d'une Américaine. Dans sa bouche, les États-Unis sonnent comme le pays le plus beau, le plus fort et le plus intelligent de la planète. Seule la nourriture chinoise lui a manqué pendant un an et demi.

Elle touche une bourse de mille deux cents dollars par mois et partage un deux pièces avec une autre étudiante chinoise. Neige se plaint du manque d'intimité, car sa camarade héberge un petit ami américain. Neige songe à déménager. Peut-être après juin, après avoir obtenu sa maîtrise de sociologie... Alors elle continuera des études de doctorat, elle gagnera plus d'argent et se louera un studio.

Quand rentrera-t-elle en Chine ? Elle ne sait pas. Neige n'est pas une exception. Selon des statistiques officielles, seulement un tiers des étudiants chinois à l'étranger rentrent à la fin de leur scolarité. Si l'on ne considère que les étudiants, comme Neige, qui ne sont pas financés par la Chine, la proportion de retour au pays chute à trois pour cent.

Peuple a gardé le silence depuis le début du repas. Je le regarde froncer les sourcils. Il ôte ses lunettes et les essuie. Il bégaie :

– Neige... tu dois rentrer. La Chine a besoin de gens éduqués comme toi.

Neige hausse les épaules.

– Je ne crois pas. Inutile d'en discuter. Ma décision est prise.

Elle a parlé d'une voix posée. Elle fixe son mari droit dans les yeux. Je la comprends. C'est évident. Pourquoi vivre dans la grisaille chinoise quand elle peut s'installer aux États-Unis ? Neige possède aussi un amant. Quelle rôle joue-t-il ? Je ne me sens pas l'audace de le lui demander devant Peuple. Et puis, ce soir, c'est Noël, une idée me trotte dans la tête. Je ne sais pas, je le devine, quelque chose dans sa sérénité laisse pressentir que Neige a vécu une révélation, un cheminement spirituel en Amérique. Elle possède ce regard illuminé, doucereux de certains dévots chrétiens. Neige croirait-elle en Dieu maintenant ? Elle me répond sans hésiter, toujours avec ce calme qui énonce des évidences :

– Oui. Je crois en Dieu.

– Quel dieu ?

– Disons une puissance surnaturelle qui gouverne le monde.

Pour moi, cela ne signifie pas grand-chose. Je demande :

– Crois-tu dans le christianisme ?

– Pourquoi pas ?

– C'est-à-dire, crois-tu que Jésus-Christ est le fils de Dieu ? Crois-tu dans sa morale ?

– Je... oui, je crois que Jésus exista en tant qu'homme. S'il fut le fils de Dieu, je n'en suis pas sûre. Quant à sa morale, je crois dans la plupart de ses trucs *(sic !)*.

Nouvelle réponse qui signifie peu de chose. Je précise ma pensée, je veux savoir si Neige s'est embrigadée dans un culte :

– Fréquentes-tu une église ?

– Oui, le dimanche, je vais dans un temple protestant. J'aime l'atmosphère qui s'y dégage pendant les offices, la sensation d'être submergée par une puissance surnaturelle. Mais ces derniers mois, je ne suis pas allée prier, je n'avais pas le temps.

Je n'en crois pas mes oreilles. Pourtant Gloire et Peuple ne semblent pas touchés par le discours de Neige. Après trente ans d'éducation maoïste, comment peut-elle se sentir submergée par une puissance irrationnelle ? Comment peut-elle aussi ne pas trouver une minute pour prier ? Sans me laisser le temps de poser ces questions, la voici qui continue avec un sourire :

– En Amérique, je me sens moi-même. J'existe... Je m'occupe de la réinsertion sociale des sidéens et des Noirs. Cela me prend beaucoup de temps. En réunions, en visites sur le terrain, en fêtes.

Nous volons de surprise en surprise. Comment oublier Neige, cette frêle étudiante du Printemps de Pékin de 1989 ? Elle désignait les Africains et les Blancs comme des « fantômes noirs » et des « métèques ». Maintenant, en Amérique, elle les aide. Tant mieux. Bravo ! Bravo ! Mais comment l'être humain peut-il basculer si vite d'un extrême à l'autre ? Que croire ? Je décide de changer de sujet. Je me souviens que nous dînons pour empêcher un divorce. Chacun de nous ne pense qu'à cela, alors que personne n'en parle. Je réunis mon courage et je dis :

– Neige, je te comprends. Mais pourquoi veux-tu divorcer ? Laisse une chance à Peuple. Il pourra te rejoindre aux États-Unis et y étudier. Peut-être que lui aussi ne voudra plus rentrer en Chine...

Peuple ne me laisse pas l'aider, il me coupe :

– Non. C'est impossible. Jamais je n'oublierai la Chine. Elle a besoin de nous.

Quel idiot ! Comment sait-il qu'il ne changera pas ? Ou bien je donne un sens différent à l'existence, un sens trop individualiste, car Gloire soutient Peuple. Nous jouons une comédie sur le thème d'un divorce à la chinoise. Neige et moi, nous sommes Laurel, et eux, ils sont Hardy. Dialogue de sourds.

– C'est vrai, insiste Gloire, la Chine a besoin de ses cerveaux pour se moderniser. Elle nous a nourris et éduqués, nous avons une dette envers elle.

– Justement, réplique Neige, l'Amérique m'a offert la liberté, et là-bas, les sidéens et les Noirs ont besoin de sociologues comme moi.

– Mais..., bafouille Peuple, le sida devient une épidémie en Chine. Nous... nous manquons de spécialistes. La Chine a encore plus besoin de toi. C'est ton pays.

– Et alors ?

– Alors, tu seras toujours une étrangère en Amérique.

– Je ne crois pas. Les gens sont plus ouverts qu'ici.

– En Chine, une brillante carrière t'attend.

– Peuple a raison, ajoute Gloire. En France, je ne suis rien.

– Je ne veux pas vivre ici. Je suis heureuse en Amérique.

Son visage s'est tendu. Neige semble ne plus savoir si elle doit quitter la table ou continuer de se justifier, en vain. Gloire l'a également deviné. Elle caresse la main de Neige :

– La Chine a changé. Elle continuera de changer.

– Oui, dit Peuple, c'est pour cela que je ne pars pas à l'étranger.

Sinon, avec mes qualifications, je trouverai sans problème un travail dans un grand journal en Amérique.

– Toi ? Tu rêves !

Et Neige s'esclaffe.

En proie à ses contradictions, entre le désir de garder sa femme et le rappel de la réalité, c'est-à-dire qu'il ne pourrait être que manœuvre en Amérique, Peuple se tait. Je suis son avocat, et sa fierté complique sa défense. Ne peut-il une seule fois abonder dans le sens de Neige, lui offrir un compromis ? Il regarde sa montre. Le voici qui se lève. Il doit aller téléphoner à son journal.

Profitant de son absence, dans un murmure de femme à femme, j'entends aussitôt Gloire demander à Neige :

– Es-tu sûre de vouloir divorcer ?

– Oui. Je ne l'aime plus.

Mots terribles dans la bouche d'une femme. Neige n'a même pas prononcé le nom de son mari.

– De toute façon, soupire-t-elle, nous ne nous entendons plus depuis longtemps. Nous nous querellions même en public, et il cherchait toujours à m'humilier. Avant mon départ en Amérique, nous avons déjà failli divorcer trois fois.

Elle s'interrompt un instant, baisse les yeux :

– Et puis, il y a aussi des problèmes physiques entre nous...

Elle redresse la tête.

– Notre histoire est sans espoir.

Verdict sans appel.

Il est sans appel, car Neige a terminé sa phrase au moment où Peuple nous rejoignait à table. Elle n'a ni baissé ni monté la voix. Elle ne le déteste pas, elle le méprise. Dans une autre circonstance, je suppose que je prendrais plaisir à dîner avec elle. Ce soir, je ne sais plus de quoi parler. Tiens, si ! Je lui demande :

– Désires-tu refaire du journalisme en Amérique ?

– Non, dit-elle. Quatre ans en Chine, cela me suffit.

Elle sourit et ajoute :

– A Chicago, dans une collection de journaux chinois de la bibliothèque de mon université, un jour, je suis tombée par hasard sur mes articles. Mon Dieu ! Je hais ce que j'ai écrit.

– Pourquoi ?

– J'étais si naïve. Mes articles étaient un ramassis de clichés et de propagande.

En 1989, je me rappelle combien le journalisme la passionnait. Enquêter, décortiquer l'info...

– N'aimes-tu pas ce que tu as écrit parce que tu manquais de liberté ?

– Non. Au début, j'écrivais ce que je ressentais. J'étais excitée par le moindre sujet que me confiait mon rédacteur en chef. Ensuite, durant les deux dernières années, je me suis fatiguée de répéter toujours les mêmes informations sur la modernisation de la Chine, d'utiliser les mêmes schémas d'analyse marxiste. J'éprouvais le besoin d'être originale et je m'autocensurais. Cela tuait mon enthousiasme, alors je bâclais mes papiers. Certains ne furent pas publiés. Quelle importance ? Ce que j'ai écrit n'a jamais eu de valeur.

– En France, nous avons lu un de tes articles. Tu interviewais des hommes d'affaires coréens sur la réapparition d'une vie nocturne à Pékin.

– Ah ? dit-elle. Je ne me rappelle pas avoir écrit sur des Coréens. Ne me dites pas ce que vous en pensez. J'ai écrit tant d'articles, de mièvreries et d'absurdités, je préfère ne pas m'en souvenir.

Comment Neige peut-elle renier son passé en bloc ? Est-ce ainsi que la Chine tue l'intelligence, à petit feu ? Par le culte de la médiocrité et de l'autocensure ? La Chine restera sans voix. Les intellectuels les plus courageux s'exilent à l'étranger comme Neige, ou finissent au cachot comme le dissident Wei Jingsheng*. Peuple, lui, sait se taire et n'en souffre pas. Il s'en satisfait. Rappelons-nous notre première rencontre, il y a dix jours. Rappelons-nous que, selon lui, personne ne possède le droit moral de dire du mal de son patron, c'est-à-dire de l'État en Chine. Être une machine, un légume, voilà la première qualité pour un journaliste. Dans dix ans, Peuple sera-t-il nommé directeur d'un journal ? Une jolie carrière. Rappelons-nous combien Peuple boit. Même ce soir. A demi saoul, il desserre sa cravate. L'envie le démange de se faire mousser après les confessions de Neige.

* Il sera finalement libéré en novembre 1997 et partira aux États-Unis.

– Vous savez pas ? lance-t-il. Ce mois-ci, un quotidien a fait une grosse bêtise. Il a publié à l'envers, gauche-droite, une photo du président Jiang Zemin recevant un chef d'État africain. Du coup, la légende désignait l'Africain comme étant Jiang Zemin. Pourtant, c'est facile de reconnaître qui est noir et qui est blanc !

Il rit.

– Et le mois dernier, la télévision a diffusé un reportage taiwanais sur le dissident Wang Dan. Les techniciens ont mis neuf secondes pour s'en rendre compte et couper la transmission.

Neuf secondes, c'est peu, mais la dictature du Parti n'a pas réussi à supprimer l'erreur humaine ni la négligence. Autant de failles qui pimentent la vie, qui font entendre des voix différentes. Je demande à Peuple s'il a lui-même commis des bavures.

– Oui. Une fois, dans une chronique, j'ai écrit : « Les relations sino-américaines sont trop fragiles pour être rompues. » Bien sûr, à la place de *fragiles*, je pensais écrire *solides*. Pas un correcteur n'a remarqué mon lapsus. C'est mon rédacteur en chef qui s'en est rendu compte, juste avant l'impression, en relisant les épreuves.

Il vide son verre de bière et je le ressers. Si au début du repas il buvait du bout des lèvres devant Neige, il se sent à l'aise maintenant. L'alcool commence à lui rougir la face.

– J'ai un ami qui travaille au service économique d'un hebdomadaire, il n'a pas eu ma chance. Sa coquille a été publiée. Il a écrit : « La Chine ne désire pas adhérer à l'Organisation mondiale du commerce. » La négation* était en trop. La semaine suivante, dans une conférence de presse, des confrères étrangers n'ont pas manqué de demander une explication au porte-parole du gouvernement : « Cette petite phrase signifie-t-elle que la Chine envisage de se refermer ? » Eh bien, ce porte-parole est malin. Vous savez pas ? Il n'a pas critiqué mon confrère. Au contraire, il a utilisé sa faute pour démontrer que la presse était libre. Il a répondu que la Chine n'avait pas changé de politique, et que les

* Le 26 décembre, après-demain, tant cela dissone avec le discours monolithique des médias, je noterai moi-même une coquille semblable dans *China Daily* (le quotidien anglais), à propos des relations sino-africaines : « *It is not likely that the African continent will become...* » Le lendemain, effectivement, un erratum sera publié. Il fallait lire : « *It is likely that the African continent will become...* »

opinions des journalistes n'engageaient qu'eux-mêmes, pas le gouvernement chinois.

Vingt et une heures trente. Les serveuses nettoient les tables vides à côté de nous, le restaurant va fermer. Gloire se lève, d'un air décidé :

– Peuple, nous allons avec Neige nous asseoir à une autre table. Pour discuter de votre divorce. Laisse-nous. Toi, tu restes ici, et tu surveilles nos sacs.

Je sais qu'elle brusque la situation dans l'intérêt de Peuple. Lui-même connaît le franc-parler de ma femme, quand elle ne supporte plus de tourner autour du pot. Il bredouille quelque chose pour nous retenir, mais Gloire a déjà saisi la main de Neige. Elles partent s'installer dans le fond de la salle. Je les rejoins.

Le temps presse. Sans détour, Gloire questionne Neige sur son amant américain.

– Oui, avoue Neige, j'ai un copain en Amérique.

Elle réfléchit un instant et ferme les yeux comme si elle rêvait. Quand elle les rouvre, elle dit :

– Cela fait quatre mois et demi que nous nous fréquentons. Je l'aime beaucoup. Il est si tendre. C'est pour lui que je veux divorcer. Pour lui prouver mon amour.

– Est-ce le seul moyen ? dis-je.

– Je ne me sens pas libre.

Elle baisse la tête et hésite :

– Je... je ne peux pas faire l'amour en tant que femme mariée. Et... je veux le faire avec mon copain. Nous nous aimons.

Gloire me fixe, nous restons sans argument.

– J'en ai marre de Peuple, soupire Neige.

– Pourtant tu l'as aimé, dit Gloire. A l'université, vous étiez inséparables.

– Je me suis trompée, réplique Neige d'un ton froid.

– Regarde-moi dans les yeux. Tu connais à peine cet Américain. Es-tu sûre que tu seras plus heureuse avec lui qu'avec Peuple ?

– J'en suis sûre.

– Ne peux-tu redonner une chance à Peuple ? Attendre un peu avant de divorcer ? Il en souffrira.

– Peuple m'a tant humiliée.

– Redonne-lui une chance. Une fois le divorce prononcé, tu ne pourras pas revenir en arrière.

– C'est ce que je désire. Voilà pourquoi je suis revenue en Chine. Uniquement pour cela... Beaucoup de gens m'ont parlé comme vous, de réfléchir avant de divorcer. Mais je n'aime plus Peuple.

Elle l'a dit en faisant une grimace. Je devine qu'au-delà du mépris Peuple, ce nain myope et prétentieux, notre ami, son amour de jeunesse, la dégoûte. Je tente une dernière fois de le sauver :

– Je suis un Blanc, comme ton copain américain. Je crois savoir comment il te voit. Alors je vais te parler avec mon cœur. Ne divorce pas. Rentre à Chicago. Considère-toi libre et fais l'amour avec lui. Jouis, bon sang ! Et après, seulement après, prends ta décision. Pendant ce temps, Peuple sait à quoi s'en tenir. Il aura le loisir de se retourner, et, qui sait, de chercher une autre femme. Personne ne souffrira.

Quand j'ai prononcé le mot jouir, Neige a baissé les yeux. Elle les relève :

– Je ne peux pas. Nous flirtons avec mon copain, c'est tout. Je suis une Chinoise, je me sentirai salie de faire l'amour en étant mariée. Je manquerais d'honnêteté.

Que de contradictions ! Elle rejette la Chine et elle se revendique chinoise. Sa différence ! Mais les divorces et l'adultère sont fréquents en Chine !

Et puis, une épouse « honnête » est-ce une femme qui ne divorce pas, malgré le manque d'amour, rêvant peut-être d'un autre homme dans son lit ? Est-ce une femme qui ne trompe pas son mari en cachette, mais au grand jour ? Est-ce une Neige qui flirte à l'étranger sans oser la chose : se faire pénétrer ? Elle triche avec nous et avec elle-même. La pudeur et la fidélité ne sont pas l'apanage des Chinoises, ni des confucianistes. Les Américaines, les chrétiennes ne sont pas des putains. Pour qui prend-elle les Blancs ? Le discours de Neige sous-tend un racisme plus sournois que celui au premier degré qu'elle nourrissait autrefois. Dans deux ou trois ans, Neige sera docteur en sociologie, une intellectuelle américaine, aussi sûr que je ne serai pas évêque. De quoi s'inquiéter !

Exploser de colère n'arrangerait pas les affaires de Peuple. Il vient de nous rejoindre. Gloire demande une dernière fois à Neige de ne pas divorcer. Celle-ci sourit sans répondre. Advienne que pourra ! Peuple nous remercie. A son retour de voyage, il nous rencontrera, nous saurons s'ils ont divorcé.

Nous sortons du restaurant, puis nous montons dans un taxi, laissant Neige et Peuple décider de leur destin.

La journée m'a épuisé, mais je dois filer à la messe de minuit. Nous roulons vers la cathédrale de Xuanwumen, dans Pékin désert. Le soir de Noël est une nuit ordinaire pour la majorité des Chinois.

A mi-chemin, je dépose Gloire près de chez nous. Elle retrouvera Béatrice et la mettra au lit. Son grand-père l'a gardée à la maison, car elle couve un rhume.

Malgré la nuit, malgré le froid, des milliers de Chinois font la queue devant la cathédrale. Un service d'ordre de jeunes chrétiens nous fait avancer et vérifie nos cartons d'invitation. Aussitôt dans l'église, les fidèles se bousculent pour tremper les doigts dans les bénitiers, avant de faire leur signe de croix. Que de monde ! Sous la nef centrale, soutenue par des colonnes de marbre, tous les bancs sont occupés, et sous les arcades latérales, dans les allées, les fidèles se serrent debout, comme dans un concert de rock.

Mon ami, le père Li, me confirmera plus tard que cinquante mille Chinois assistent bien à cette messe. Je ne distingue que, de-ci de-là, la tête blonde ou châtain d'un étranger. Je reste debout, à l'arrière, je ne peux pas avancer.

Me hissant sur la pointe des pieds, j'aperçois le chœur, l'autel et trois tableaux de Jésus, suspendus dans l'abside. A droite, je devine des guirlandes lumineuses et une crèche de Noël d'où s'élèvent des voix de femmes. Elles chantent des cantiques.

La messe commence à vingt-trois heures trente. C'est parti pour une heure de prières. L'évêque de Pékin, monseigneur Fu, un petit Chinois d'une soixantaine d'années, remonte l'allée centrale, crosse à la main, mitre sur la tête. Des enfants de chœur en aube le précèdent, et le père Li et un autre prêtre ferment la procession. Derrière moi, à un balcon, une chorale donne le rythme, comme dans toutes les cathédrales ce soir.

Je l'avoue, je suis déçu. La cérémonie se déroule en chinois, mais selon les mêmes prières catholiques que partout dans le monde. Et l'assistance y répond avec les mêmes *amen*. Elle se lève, ou s'assied, aux mêmes moments clés, quand le prêtre l'indique. « Notre Père qui êtes aux cieux... » bla-bla-bla... Et des milliers de Chinois exécutent un signe de croix.

Alleluia !

J'ignore ce que j'espérais. Peut-être de l'exotisme ? Un évêque en costume Mao ? Non. Et pourtant, ce conformisme surprend. Regardez, devant le confessionnal, au milieu de la galerie ouest, les Chinois viennent s'agenouiller l'un derrière l'autre pour obtenir le pardon de leurs péchés. Ceux-là croient au Paradis et à l'Enfer, à la Résurrection, à l'amour du prochain. Cela est étrange, parce que cela se déroule en Chine communiste, parce qu'ils vénèrent un dieu blanc.

Je me trompe. Je suis fatigué, j'invente de la bizarrerie par défaut. Bouddha, non plus, n'était pas un homme de ce pays, mais un prince hindou. Pourtant, les Chinois travestis en bonzes ne choquent personne, comme si le bouddhisme était devenu une religion indigène. Dans cent ans, avec le brassage des populations, les Chinois qui prient la Vierge Marie ou sainte Thérèse ne choqueront sans doute plus.

Chut ! Écoutons monseigneur Fu lire son homélie de Noël, en chinois, puis en anglais.

> Chers frères et chers sœurs, chers amis,
>
> En cette occasion spéciale de fin d'année, nous nous réunissons pour célébrer Noël avec nos cœurs sincères et solides et nos merveilleux espoirs dans l'Enfant saint. Sa venue apporte la grâce du salut pour toute l'humanité...
>
> ... Mes amis, par une vie ignoble, ne retombez pas dans votre ancienne bassesse. Pensez à la Tête, pensez au Corps qui vous constituent. Souvencz-vous quc vous avez été sauvés du pouvoir des ténèbres, et avez été transportés vers la lumière de Dieu, le royaume de Dieu... En commettant des péchés, ne devenons pas des esclaves du diable. Car nous avons été rachetés par le prix du sang du Christ...

Style lourd, truffé d'adjectifs. Il ne diffère guère de celui de la propagande communiste. Je m'ennuie à mourir. Je pense à Gloire, à Béatrice au chaud dans notre lit. Voici l'interlude de la quête. Deux laïcs passent dans la foule, tendant une épuisette au bout d'une perche. Les billets de dix et cinquante yuans y pleuvent.

Sautons quelques prières et la bénédiction de l'évêque : le voici célébrant l'eucharistie. Il boit du vin et mange son hostie. J'ai décidé de communier. Pour goûter les hosties chinoises. Si je m'interdisais cette curiosité, demain je le regretterai. Même si je suis un mécréant, après tout, ma conscience n'a de comptes à rendre qu'à Dieu – s'il existe. Je suis venu enquêter, alors je rassemble mon courage. Une queue se forme dans l'allée centrale pour aller communier. Je m'y glisse.

Ce n'est pas une queue ordinaire. Elle est longue et il faut montrer patte blanche, comme si les hosties étaient rationnées. Au milieu de la queue, trois gaillards du service d'ordre nous interrogent pour renvoyer les non-croyants, les curieux. Ils vérifient si nous possédons un nom de baptême, ce prénom chrétien que les Chinois doivent adopter en se convertissant au catholicisme. Quand vient mon tour, ils ne me demandent rien. Je suis un étranger. Je ressemble au Christ qu'ils vénèrent, n'est-ce pas suffisant ?

Un jeune homme a réussi à franchir le barrage, mais il a conservé son bonnet sur la tête. Juste avant qu'il ne communie, quelqu'un le rappelle à l'ordre et lui ordonne de se décoiffer. Il obéit, sans honte, sans rougir.

Communier avec un chapeau ! Cela signifie-t-il que les catholiques chinois ne suivent pas de catéchisme, que l'Église recrute à tour de bras et baptise n'importe qui ? La Chine reste-t-elle une page blanche sur laquelle tout peut s'écrire, comme disait Mao ?

En approchant du chœur, une inquiétude m'envahit. J'ai oublié ce que je dois répondre au prêtre avant qu'il ne dépose une hostie sur ma langue. Est-ce « *alleluia* » ? « *amen* » ? « merci » ?

Deux prêtres distribuent la communion. Je choisis d'avancer vers mon ami, le père Li. Il me présente l'hostie en prononçant en anglais : « Le corps du Christ. » Je marmonne un truc inintelligible et il me place la rondelle dans la bouche. J'ai réussi. Je me sauve sur le côté.

Ce que je mange n'est pas un régal. Les hosties pékinoises n'ont ni un goût de canard laqué, ni un goût de sauce de soja, mais, comme en France, celui d'une fine gaufrette en papier.

La communion se poursuit une dizaine de minutes, puis l'évêque clôture la messe et repart en procession par l'allée centrale, comme il est venu.

Une heure du matin. Je suis si fatigué, après plus d'une heure de messe debout. La journée n'est pas finie. La semaine dernière, le père Li m'a prié de venir le retrouver dans sa chambre, après l'office. Je dois y aller, j'y vais.

La pièce mesure une quinzaine de mètres carrés. Elle est meublée d'un lit simple, d'une armoire en bois blanc, d'un bureau et de chaises où sont assises quatre jeunes Chinoises. Elles attendent le père Li, qui est encore en train de dîner avec l'évêque. Elles m'invitent à rester.

Elles portent le costume bleu des cheminots et parlent avec l'accent paysan du Shandong, province au sud-est de Pékin. Elles sont laides. Leur teint blafard et des joues boutonneuses révèlent une alimentation médiocre, peut-être la pauvreté. Elles gloussent, gênées et excitées de rencontrer un Blanc. Chaque fois qu'elles me demandent quelque chose, mon prénom, mon âge ou ma nationalité, elles se cachent aussitôt la bouche avec la main, comme si elles venaient de lâcher une bêtise.

Deux d'entre elles sont déjà baptisées. Leurs parents et leurs grands-parents sont catholiques. Elles ont entraîné leurs collègues de travail à la messe de Noël, pour les convertir. Celles-ci veulent rencontrer le père Li, lui poser des questions sur la foi.

Il arrive après une dizaine de minutes. Et tout de suite, il nous serre entre ses bras. Il aime les visites. Il nous offre des clémentines et du thé. Il nous montre une photo de lui, célébrant la messe avec le pape, dans la chapelle pontificale, au Vatican. Il a reçu la communion des mains du Saint-Père. A l'entendre, cela semble le meilleur souvenir de sa vie.

Un gros Chinois entre dans la pièce. Je l'ai remarqué devant la cathédrale, il dirigeait le service d'ordre

– Es-tu français ? me lance-t-il, à bout de souffle.

– Oui.

– Mince ! Une Chinoise, avec un manteau rouge et un bébé dans les bras, vient de frapper à la porte du presbytère. Elle cherchait son mari, un Français. Je lui ai dit que tout le public était sorti de la messe, et elle est repartie. Soudain, je me suis rappelé de toi, que le père Li avait un ami étranger. J'ai couru dans la rue pour rattraper la Chinoise, mais elle avait disparu. Excuse-moi.

Mon sang bout. Cette Chinoise, était-ce Gloire ? Elle possède un anorak rouge. Pourquoi serait-elle venue avec Béatrice ? Son rhume a-t-il empiré ?

Je propose au père Li de nous revoir dans quelques jours. Je me lève. Je pars. Je hèle un taxi.

Je ne sais pas où je dois chercher Gloire. Nuit de folie. Le monde m'étouffe. La vie m'échappe. Où sont Gloire et Béatrice ? En fuite ? En danger ? Avec la police aux trousses ? Et pourquoi ?

Je n'en ai aucune idée. Mais en Chine, l'habitude des flics n'est-elle pas de malmener les gens, puis de fournir une accusation ou une autre, pour justifier leur arbitraire ?

Je me calme. Le gros du service d'ordre s'est sans doute trompé. Gloire et Béatrice doivent m'attendre au lit, chez nous. J'y vais.

Toutes les lampes de la maison sont allumées, mais les pièces sont vides. Sur la table de l'entrée, je découvre ce mot :

> *J'ai emmené Béatrice à l'hôpital des Enfants. Rejoins-nous aussi vite que tu peux.*

Deux heures du matin, nouveau taxi, nouvelle traversée de Pékin. Le chauffeur fonce sur des boulevards déserts, vers un hôpital dont je ne connais que le nom. A quelle distance se trouve-t-il ? Combien de temps devrai-je attendre avant de savoir ce qui se passe ? J'imagine les pires hypothèses. Béatrice est-elle blessée ? Encore en vie ?

Enfin l'hôpital des Enfants ! Une cour noire et déserte. Je saute du taxi, je paie et je traverse une salle d'attente sans lumière. Cachés sous des manteaux terreux, des paysans dorment sur les bancs. Je cours vers les urgences.

J'y suis. J'aperçois Gloire, puis Béatrice, en maillot de corps, allongée sur une table d'auscultation.

– Papa ! s'écrie-t-elle en me voyant.

Gloire m'explique que notre enfant s'étouffait à la maison. Le rhume avait gagné ses bronches. Gloire a pris peur.

Un docteur vient de prescrire des médicaments. Tout ira bien.

28 décembre.

Hier soir, en l'absence de Tante, P'pa nous a remis trois mille yuans pour les déposer sur son compte d'épargne. Cette somme représente trois mois de salaire et de pension de retraite. Il n'a pas le temps d'aller lui-même à la banque. Il nous a demandé de nous y rendre à sa place, car il n'a confiance dans aucune autre personne de la famille. C'est flatteur pour nous, mais révèle qu'il craint d'être dépouillé par ses autres enfants, sa femme, Maomao ou Yoyo. Il veut leur cacher qu'il possède de l'argent. Il économise pour payer les frais d'hôpital, au cas où il tomberait malade. La sécurité sociale de son unité de travail ne les rembourse pas à cent pour cent.

P'pa a raison. Comment pourrait-il se plaindre, s'il confiait cet argent à son fils Célébration de l'Orient, et que celui-ci l'utilise en prétextant un besoin urgent ? Il a raison, car ni Gloire ni moi ne nourrissons le projet de le voler. Nous en mourrions de honte.

Comme promis, nous déposons son pécule sous son nom, dans une agence de la Banque Industrielle de Chine. Nous le plaçons pour un an à 7,47 %, soit un point de moins que le taux d'inflation. Une arnaque.

Ensuite, dans un magasin d'État, nous échangeons la bouteille de butane de notre cuisine. Elle n'est pas vide, mais chaque année P'pa n'a le droit qu'à huit bouteilles, plus quatre autres à prix majoré. Il lui reste des coupons dans son livret de rationnement. L'an prochain, dans quatre jours, ils ne seront plus valables. Autant en profiter et acheter une bouteille neuve.

Son livret de rationnement ! Je le feuillette, drôle de littérature de crise. Il contient de la pub pour une marque allemande de chauffe-eau. Tout est bon pour faire de l'argent dans la Chine des Quatre Modernisations. Avant-hier, dans le *Quotidien du soir de Pékin*, Gloire a lu qu'à Shanghai les billets de certaines lignes d'autobus comportaient des réclames en couleurs pour des cimetières et des entreprises de croque-morts.

Depuis cette année, ce livret de butane coûte trente-cinq yuans, une journée de salaire moyen. Les Pékinois paient pour être rationnés ! Officiellement, cette somme couvre l'entretien des consignes, mais celle que nous venons de rapporter à la maison fuit. Le gaz empeste notre cuisine. En rentrant le soir, P'pa ne s'étonne pas. La fois précédente, la bouteille fuyait également. Demain, il la changera. Une formalité. Voilà le quotidien d'un Pékinois, une routine qui ne le choque pas.

Tante me demande à combien de bouteilles de butane un Français a droit chaque année. Quand je lui réponds que, depuis la Seconde Guerre mondiale, pour quoi que ce soit, les tickets de rationnement ont disparu en France, alors elle s'étonne, elle doute de moi. Comment puis-je lui prouver que je ne mens pas ? Comment imagine-t-elle la richesse de l'Occident ?

J'oubliais : cet après-midi, nous avons acheté des billets de train pour partir le 1er janvier à Qufu, la ville natale de Confucius. Ce sage chinois vécut il y a deux mille cinq cents ans. Il a pétri la civilisation chinoise. Sur le chemin du retour de Qufu, nous nous arrêterons à la campagne, nous rendrons visite à la grand-mère maternelle de Gloire. Je l'aime bien, elle m'a toujours accueilli à bras ouverts.

29 décembre.

Certains jours, j'ai l'impression que les Chinois nous voient, Gloire et moi, comme des oncles d'Amérique, que notre famille ne pense qu'à nous dépouiller et qu'elle me méprise en tant qu'étranger. Mais le lendemain, ou le surlendemain, ils nous prouvent leur gentillesse, leur fraternité. Cet après-midi, nous sommes allés au zoo de Pékin, avec Tante, Joli Nénuphar et Mignonne. Nous avons regardé les éléphants, les pandas, les tigres, les singes... et nous avons ri avec nos enfants. Nous avons tous passé un dimanche inoubliable. Je crois que je les aime et qu'ils m'aiment.

Après cette longue promenade, nous retrouvons P'pa, Beauté et sa fille dans notre maison. Joli Nénuphar souffre du pied droit et elle ôte sa chaussette. Une plaie suinte sur son cou-de-pied. Joli Nénuphar nous explique qu'elle s'est ébouillantée la semaine dernière. Depuis, la brûlure ne se cicatrise pas. Chacun regarde à son tour, c'est très vilain. Du pus a ramolli les croûtes, et le frottement de la chaussure a creusé un cratère sanguinolent de la taille d'une pièce de cinq francs. P'pa, Tante, Beauté et Gloire sortent de la chambre, ils ne peuvent rien faire pour Joli Nénuphar. Je suppose aussi qu'ils ne supportent plus de voir sa blessure.

– J'ai emporté un antiseptique de France, dis-je à ma belle-sœur, je vais nettoyer ta plaie, puis j'y mettrai un peu de poudre antibiotique.

– Non, merci Marc, refuse-t-elle en écartant son pied alors que je m'accroupis pour l'examiner.

– Laisse-moi faire. Je ne suis pas médecin, mais je peux essayer de te soigner.

– Non. Tu ne peux pas toucher mon pied.

– Pourquoi ? Tu ne te laves jamais ? dis-je en prenant son talon.

– Bien sûr que si. Mais c'est quand même sale.

– Laisse-moi faire.

Je gratte, j'ôte les croûtes avec un coton et un canif, et je désinfecte la plaie. Je la saupoudre en vidant le contenu d'une gélule d'antibiotique, puis je la recouvre d'un pansement. Le plaisir d'être soignée illumine de tendresse le visage de ma belle-sœur.

– Même mon mari, Fidel Prosper, ne touche pas ma blessure. Tu es si gentil.

Je la fixe dans les yeux. Je ne la panse pas par gentillesse ni dans l'espoir d'une reconnaissance. Non. Sincèrement.

Quitte à me diminuer, je souhaite m'expliquer : Joli Nénuphar souffrait et je savais comment la soulager. N'était-ce pas mon devoir de le faire ? Cela n'a rien à voir avec le désir d'être bon. Si Joli Nénuphar n'avait pas elle-même évoqué le dégoût que son pied devait m'inspirer, je n'y aurais jamais pensé. Ne formonsnous pas une famille ? C'est pourquoi je n'aime pas qu'elle appelle ses sœurs, pour leur raconter ma fausse prouesse. Elle me remercie de nouveau et s'excuse même de m'avoir coupé l'appétit. Beauté insiste :

– N'as-tu pas eu envie de vomir en soignant Joli Nénuphar ? Pourras-tu manger ce soir ?

Je réponds en souriant :

– Cela m'a fait plaisir de m'occuper de notre grande sœur. Venez, vous verrez, j'ai très faim. P'pa et Tante nous attendent à table.

Je profite de ce que la famille est réunie pour demander : « Qui est Li Suli ? » Accroché dans les autobus et les stations d'essence de Pékin, ce slogan m'a intrigué :

Étudions Li Suli.
Essayons d'offrir un service de première classe !

– Li Suli ? C'est une receveuse de bus, dit Tante sans hésiter. Sa gentillesse l'a fait remarquer. Elle a été nommée « héros du travail ».

– Quel âge a-t-elle ?

– Une trentaine d'années.

Curieux de savoir à quoi ressemble un héros du travail, je demande si Li Suli est mignonne. Beauté hausse les épaules.

– Non. Elle est laide. Et elle ne s'habille pas du tout à la mode.

– Toute cette histoire sur Li Suli, c'est de la propagande, ricane Joli Nénuphar. Elle ne travaille plus dans les bus, sauf pour les photographes, quand un dirigeant effectue une tournée d'inspection.

– Oui, approuve Tante. Et elle habite dans un appartement de quatre pièces qui appartenait à Wang Baosen*, le vice-maire de Pékin, celui qui s'est suicidé, le compère de Chen Xitong.

Elles exagèrent. Au moins à propos du physique de Li Suli. Fin janvier, je verrai une photo d'elle. C'est une receveuse coquette, très maquillée et portant un joli collier de perles. Reste

* Cf. p. 88.

que Li Suli me fait penser à tous ces héros du travail – autant de zéros du travail car ils passent beaucoup de temps en réunions et à poser pour les photographes. Leurs portraits décorent l'entrée des usines pour stimuler les ouvriers. Le Chinois modèle le plus célèbre s'appelle Lei Feng. Ce sergent de l'Armée populaire de Libération mourut à l'âge de vingt-deux ans, en 1962. Il réunissait à lui seul toutes les qualités d'un communiste idéal. Il étudiait pendant ses loisirs la pensée Mao Zedong, il travaillait dur, il secourait la veuve et l'orphelin, il économisait les matières premières, il partageait le peu qu'il possédait avec autrui... Inconnu de son vivant, il devint l'objet d'un culte national à sa mort dans un accident banal. Plus de trente ans après, il continue d'être vénéré.

Comme toutes les dictatures, la Chine simplifie le monde. Elle n'a pas inventé le stakhanovisme, mais elle a la manie des modèles. Aujourd'hui, le paradis fiscal de Shenzhen, par où nous sommes arrivés de Hong Kong, symbolise le socialisme à la chinoise et les Quatre Modernisations. Pendant la Révolution culturelle, c'était Dazhai dont l'agriculture devait suivre l'exemple. Que d'articles de journaux, que de pages de livres, que de conférences furent consacrés à ce village aride, au sud-ouest de Pékin ! Ce kibboutz rouge battait des records de production de céréales. Il nivelait les montagnes et posait des kilomètres de canaux d'irrigation.

Je le jure, toute la Chine vibrait en entendant le nom de Dazhai. Tout le monde le connaissait, sauf les fous et les nourrissons, et encore ! Ce n'était pas seulement un laboratoire du collectivisme à l'extrême. Dazhai prouvait que l'étude de la pensée Mao et le génie des classes travailleuses – comptant sur leurs propres forces – pouvaient moderniser l'économie en quelques années.

Après Qufu, la ville de Confucius, après notre séjour dans la ferme de la grand-mère de Gloire, cela me plairait d'effectuer un crochet par Dazhai. Avec le recul du passé, je verrais ce qu'il reste de son enrichissement légendaire, je jugerais de la valeur des modèles. Mon retour en Chine m'emmènerait de Shenzhen à Dazhai, d'un paradis chinois à un autre, à vingt ans d'intervalle. Ce parallèle m'excite. Gloire elle aussi est excitée.

Nous irons à Dazhai.

30 décembre.

Ce soir, j'invite le père Li à dîner. Il a choisi un petit restaurant privé, derrière la cathédrale. Gloire et Béatrice nous accompagnent.

En montrant le menu au père Li, je découvre qu'il n'a pas l'habitude de manger en ville. Il n'a aucune idée de la manière de choisir quelques plats qui s'harmoniseront et seront partagés à la chinoise par les convives. Il ne sait même pas ce que sont des calamars ou du porc à la sauce aigre-douce. Mène-t-il une vie d'ascète dans son presbytère ?

– Prenez ce qui vous plaît, me dit-il. J'aime tout. Hum...

Il s'interrompt un instant, il hésite avec le sourire candide d'un gosse qui sortirait pour la première fois au restaurant et qui ne penserait qu'aux gâteaux à apéritif :

– Pouvez-vous... réclamer une assiette de cacahuètes sucrées ?

J'en commande avec cinq autres plats, puis, étonné par la frugalité de mon ami, je lui demande combien il gagne en tant que prêtre.

– J'ai été ordonné, dit-il, mais, pour l'instant, je ne suis que diacre. L'Église me donne cinquante yuans par mois, et je suis nourri et logé au presbytère. Chaque matin, je donne aussi des cours de littérature dans une université. Mais je fais cela bénévolement, pour promouvoir l'image des catholiques. Dans six mois, je posséderai tous les attributs d'un prêtre, tels que le droit de confesser les fidèles. Alors je gagnerai trois cents yuans par mois.

Cinquante yuans équivalent à trente francs. Gloire s'étonne :

– Cinquante yuans par mois ! Ce n'est même pas le prix d'un pull. Comment faites-vous pour acheter des habits ?

– Je n'ai pas besoin d'en acheter. Les paroissiens m'en offrent.

– Et l'évêque de Pékin, dis-je à moitié incrédule alors que la Chine ne pense qu'à s'enrichir, quel est son salaire ?

– Je crois qu'il reçoit six cents yuans* par mois.

– Est-ce l'État qui le paie ?

* Soit quatre cents francs, environ les trois quarts du salaire moyen à Pékin.

– Bien sûr que non, répond-il en fronçant les sourcils. L'Église nous paie grâce aux offrandes, au denier du culte.

Cela contredit encore mes *a priori*, mes lectures à propos de la sujétion de l'Église catholique au gouvernement chinois.

– Au moins, dis-je, l'entretien des bâtiments religieux est assuré par l'État.

– Non. L'Église doit se subvenir à elle-même. A Pékin, heureusement, quelques immeubles lui appartiennent dans les quartiers est. Elle perçoit chaque année quatre millions de yuans de loyers. Autrefois, l'Église possédait beaucoup de biens, mais l'État les a confisqués. Il n'en a rendu qu'une partie, après la réforme de l'économie et l'ouverture du pays.

Je me risque à demander :

– Recevez-vous des subventions du Vatican ? Au moins pour les grosses réparations, ou les constructions d'églises ?

– Parfois, nous recevons des dons de l'étranger. Mais jamais du Vatican.

– Jamais ?

– Enfin... si c'est le cas, c'est par des intermédiaires.

En attendant la nourriture, nous bavardons. Ce n'est pas une interview entre un prêtre chinois et un journaliste occidental. Le père Li ne m'a pas demandé ma profession et il parle à cœur ouvert. En retour, cela me donne confiance. Je peux lui poser les questions qui me préoccupent, même les plus naïves :

– Existe-t-il des prêtres communistes en Chine ?

– Oh non ! éclate-t-il en riant.

– Pourtant j'ai lu, je crois, que, pendant la Révolution culturelle, des prêtres soutenaient le Parti communiste.

Je viens de le contredire. Il me reprend en gardant le sourire :

– Dans tous les systèmes, des gens sont utilisés comme des marionnettes. Pourquoi pas des prêtres ?

J'apprécie sa lucidité. La serveuse dresse la nourriture au centre de notre table, et elle remplit nos verres de bière.

Gloire lève le sien, prête à porter le premier toast. Je lui coupe la parole. Ne sommes-nous pas censés être catholiques et pratiquants ? Nous devons coller à ce mensonge.

– Père Li, dis-je, pouvez-vous bénir notre repas ?

– D'accord.

Au quart de tour, le voici qui commence à prier pour nous, pour ce dîner dont Dieu nous régale... Je ne prête pas attention mot pour mot à ce qu'il récite, mais, comme lui, je joins les mains. Dans mon dos, je sens les serveuses et les autres clients du restaurant en train de nous épier. Pensent-ils que nous sommes fous ? Je suis gêné, surtout que le père Li fait durer sa bénédiction plusieurs minutes. Ça y est. Il a fini. Nous pouvons boire et manger. Et nous continuons de discuter.

Le père Li appartient à une ancienne famille catholique du Hebei*. Son grand-père a été converti par un missionnaire polonais, et son frère est également prêtre. Pendant la Révolution culturelle, ont-ils souffert de leur foi ? Le père Li ne baisse toujours pas les yeux. Aucune de mes indiscrétions ne semble l'incommoder.

– Oui. Ma famille a beaucoup souffert d'être catholique. D'abord, en 1937, les Japonais ont tué mon grand-père. Puis, pendant la Révolution culturelle, des gardes rouges ont battu à mort ma grand-mère, et mon père a été mis en prison, juste après ma naissance. C'est le passé. Nous avons surmonté cette épreuve en ne reniant jamais notre foi.

Le passé ! N'en garde-t-il aucune rancœur ?

– Il ne le faut pas. En 1978, après la chute de la Bande des Quatre, à l'heure de punir les gardes rouges qui avaient commis des violences, mon père n'a pas dénoncé le responsable qui avait dirigé le lynchage de ma grand-mère.

– Pourquoi ?

– La vengeance est un péché, répond-il avec calme. A quoi sert-elle, sinon à attiser la haine ? Mon père est catholique. Par amour des hommes, il a pardonné. Il a déclaré aux policiers qu'il ne connaissait pas le meurtrier de sa mère.

Son père a menti. Triple faute. Il s'est opposé à la justice populaire, il a manqué au respect confucianiste des ancêtres en protégeant le bourreau de sa mère, et, surtout, le mensonge est un péché pour les catholiques. Je néglige les deux premières fautes, je ne m'étonne que de la dernière devant le père Li. Qu'en pense-t-il ?

* La province qui ceinture Pékin et Tianjin.

– Le mensonge, répond-il, n'est pas un péché quand il s'agit de sauver un homme. Si mon père avait dénoncé ce garde rouge, il aurait été condamné à mort. Même un criminel a droit au pardon, au repentir.

Il s'interrompt, boit une gorgée de bière et continue :

– Chaque Nouvel An chinois, pour remercier mon père de lui avoir épargné la vie, ce garde rouge vient avec sa famille lui rendre hommage à genoux.

– Que pensez-vous des événements de juin 1989, sur la place Tiananmen ?

J'utilise le mot neutre *événements*, plutôt que *massacre* ou *contre-révolution*. Je ne veux pas influencer sa réponse.

– C'est une catastrophe. A l'époque, j'étudiais dans la banlieue de Pékin, je n'étais pas sur la place Tiananmen. Je crois que le sang coula à flots. Quelle horreur ! Les étudiants exprimaient de justes revendications, mais ils furent manipulés.

Sa réponse ressasse un lieu commun. Il profite de mon silence pour manger. La politique ne semble guère le concerner. Inutile de perdre notre temps à supputer les chances de démocratisation de la Chine. Je me souviens qu'en allant au restaurant, quand il m'a demandé ce que j'avais fait durant la journée, je m'étais réjoui d'avoir relu quelques essais de l'écrivain révolutionnaire Lu Xun. Le père Li a fait la grimace, ajoutant : « C'est un auteur ennuyeux. » Jamais je n'avais envisagé que l'humour à froid, les coups de colère et le style parlé de Lu Xun, rompant avec les longueurs et les métaphores du chinois classique, puissent susciter l'ennui.

De quoi débattre ?

En sortant de la messe de Noël, j'ai vu des fidèles remplir des bouteilles vides de Coca dans des bénitiers de la taille de tonneaux. Cela m'a fait penser aux pèlerins hindous à Bénarès : ils remportent des bouteilles d'eau du Gange, pour purifier leur maison ou quelqu'un, pour célébrer des rites. Assoiffés de Dieu comme des hindous, certains catholiques de Pékin buvaient aussi l'eau bénite, à pleines gorgées, à l'aide d'un cruchon, et ils se lavaient le visage au-dessus des bénitiers. Quelle surprise pour qui sait combien les Chinois redoutent de tomber malades en consommant de l'eau froide non bouillie, même en été ! Justement, l'eau bénite chinoise serait-elle bouillie ?

– Non, dit le père Li. L'eau des bénitiers, c'est de l'eau du robinet.

Il me regarde en se mordillant les lèvres.

– Beaucoup de catholiques chinois, reprend-il, ne possèdent pas une connaissance approfondie de la religion. Ils considèrent l'eau bénite comme une eau magique. Ils pensent qu'elle guérit les maladies ou chasse les mauvais esprits de leur maison.

– Mon père, en mettant à disposition des fidèles des tonneaux d'eau bénite, n'encouragez-vous pas ces pratiques ?

– C'est un problème. Les Chinois sont très superstitieux. Les prêtres doivent les comprendre et prendre le temps de les éduquer, petit à petit. Il ne faut pas brusquer les gens qui viennent à nous.

Cela rappelle la fameuse querelle du XVIIIe siècle sur le culte à Confucius et aux ancêtres. Pour faciliter les conversions au catholicisme, les missionnaires jésuites laissaient les Chinois pratiquer leurs rites traditionnels. Le Vatican finit par condamner cette tolérance. En représailles, le gouvernement chinois interdit la propagation du catholicisme.

De nos jours, de nouvelles querelles peuvent exister. Le pape condamne l'avortement, mais le pouvoir communiste oblige les femmes à avorter, quand elles attendent un second enfant. Les Chinoises catholiques désobéissent-elles ? A qui ? J'ose, j'interroge le père Li :

– Que conseilleriez-vous à une femme qui doit se faire avorter ?

Son sourire s'efface.

– Avec la contraception, cela ne doit plus se produire de tomber enceinte sans le désirer.

– Mais cela arrive. Que conseilleriez-vous alors ?

Il soupire et se gratte un sourcil, l'air énervé. Il me répond en détachant chaque syllabe :

– Je dirais à cette femme : « Cela dépend de vous. Ce n'est pas à l'Église de vous dire s'il faut avorter ou garder cet enfant. Priez, et l'amour de Dieu vous guidera pour prendre la meilleure décision. Selon votre conscience. Ce n'est pas l'Église qui vous punira. Dieu seul vous jugera. »

Le ton du père Li a monté. Insinue-t-il qu'il désapprouve l'avortement ? Ne peut-il avouer qu'il s'oppose à la politique de « un couple, un enfant » ? Je me sens gêné de le torturer, je gâche la convivialité de notre repas, mais je veux savoir :

– Excusez-moi, mon père, je ne suis pas sûr de vous comprendre. Si j'étais une catholique en détresse, contrainte d'avorter, il me semble que j'attendrais un conseil plus pratique de votre part.

– La solution naît de la prière. Je dirais à cette femme de bien réfléchir. Ce n'est pas à l'Église de décider pour elle ni de la punir... De toute façon, je n'ai rencontré cette situation qu'à la campagne. Là-bas, il existe des moyens pour échapper à un avortement forcé.

Fait-il allusion à des pots-de-vin, ou à la possibilité de confier son enfant en adoption ? Ou encore, suggère-t-il qu'à la campagne, où le flicage est moins serré qu'en ville, une femme peut se cacher en attendant l'accouchement, puis revenir chez elle après la naissance de l'enfant ? Dans certains districts, la règle de « un couple, un enfant » ne serait même plus appliquée. Quand le premier enfant est une fille, le gouvernement ferme les yeux sur une seconde naissance. Il laisse aux paysans une chance d'avoir un héritier mâle qui reprendra la ferme familiale.

Le père Li écarquille les yeux, il croise les bras, sur la défensive. Je n'insiste pas. Je le préfère quand il sourit, avec son air de play-boy. Il est beau. Que pense-t-il du célibat des prêtres ?

– C'est un choix difficile. Mais un prêtre doit rester célibataire. Pour se consacrer à ses fidèles, il ne doit pas être perturbé par des problèmes de famille, ou de cœur.

– Pourquoi est-ce un choix difficile ? En souffrez-vous ?

– Eh bien..., hésite-t-il, quand j'étais adolescent, les filles ne m'intéressaient pas... Mais maintenant... Avec l'âge, la solitude me pèse. Parfois, des femmes catholiques me font des propositions de mariage.

Il apprécie cette discussion. Il sirote une gorgée de bière et continue de lui-même :

– Quand j'étudiais en Europe, j'ai rencontré une Suissesse. Elle s'appelait Marie. Une femme étonnante. Elle était belle, intelligente et catholique. Nous sommes devenus amis. Et un jour, elle a déclaré qu'elle m'aimait. Elle voulait que je l'épouse. Elle m'a téléphoné à Noël pour me redemander en mariage. Je ne pouvais ni accepter ni abandonner ma mission de prêtre.

Il parle en baissant la voix, avec des regrets.

– Avez-vous hésité ?

– Oui. Je pouvais rester en Europe. Marie possédait une maison. Nous aurions fondé une famille chrétienne, nous aurions vécu heureux. J'ai prié et je suis rentré en Chine. J'aime ma vocation. J'ai senti que Dieu me rappelait pour évangéliser mon pays.

– Marie vous manque-t-elle ?

– Oui... Alors, je prie, et Dieu me donne la force de surmonter ma solitude. Dieu n'abandonne jamais ses enfants. Priez pour moi, s'il vous plaît.

– Dans l'Église anglicane, des femmes sont ordonnées prêtres. N'est-ce pas un progrès ? Vous pourriez former un couple de prêtres avec Marie.

Je n'attendais pas cette réaction : le père Li éclate de rire.

– Êtes-vous sérieux ? Les femmes ne doivent pas être prêtres.

Je me tais. A trop parler, je finirai par révéler que je suis un hérétique.

– Combien de temps restez-vous en Chine ? dit le père Li.

– Encore deux mois.

– Je vous conseille d'aller dans le village de Donglü, près de Baoding*. La Vierge Marie y est apparue pendant la guerre des Boxers. Une grande église vient d'y être construite. C'est un lieu saint du catholicisme en Chine. Il faut le visiter.

31 décembre.

Nous avons deux voleurs dans notre famille.

Est-ce normal en Chine ? En tout cas, ce n'est pas un avantage, et P'pa nous met en garde. Il est dix-neuf heures. Nous sommes en train de dîner chez Tante, dans l'appartement où vivent ses enfants.

A Pékin, le 1er janvier est chômé pour les salariés, mais la

* A une centaine de kilomètres au sud de Pékin.

Saint-Sylvestre n'est pas réveillonnée jusqu'à minuit. Ce n'est pas une vraie fête. Le changement d'année est juste une occasion pour partager un repas amélioré en famille, aux heures habituelles. Ainsi, Tante nous a-t-elle invités ce soir. Demain, nous prendrons le train pour Qufu, la ville de Confucius. Nous expliquons à Tante et à P'pa qu'au retour nous nous arrêterons chez la grand-mère maternelle de Gloire. Elle a quatre-vingt-trois ans et vit dans sa ferme avec son fils (l'oncle de Gloire), sa bru et leurs deux fils d'une vingtaine d'années. Je me réjouis d'avance de les revoir. Chacune de nos visites est l'occasion de rire, boire, manger.

– Faites attention à Printemps Sacré, c'est un voleur, coupe P'pa.

Il secoue la tête, comme s'il détestait les mots qui sortent de sa bouche, obligé néanmoins de nous prévenir, nous, ses enfants.

Printemps Sacré est le fils aîné de l'oncle de Gloire. En 1991, après le décès de M'man, il logeait chez P'pa, avec nous. Il y est resté deux ans. Il cherchait du travail à Pékin. Il ne voulait pas devenir agriculteur comme son père. C'était un garçon végétarien, assez timide. Un instant, nous nous regardons, stupéfaits. Gloire dit :

– P'pa, en es-tu sûr ?

– Oui. Printemps Sacré m'a volé un livret d'épargne et six cents yuans en billets. A ta sœur Beauté, il a également pris mille yuans. Elle cachait ses économies chez moi pour que Vent Fort ne les parie pas au mah-jong.

Autrefois, P'pa laissait son argent dans une armoire, sous des habits. Toute la famille le savait. Mais P'pa a toujours été étourdi et il oublie où il range ses affaires. Il a peut-être égaré son argent. Il y a trois jours, avant de nous envoyer changer la consigne de butane, il a cherché pendant une demi-heure son livret de rationnement. Accuse-t-il Printemps Sacré sans preuve ?

– Le jour où l'argent a disparu, dit P'pa, Printemps Sacré est resté seul à la maison.

– Lui as-tu demandé une explication ?

– Il a prétendu qu'il n'avait touché à rien.

Il pointe l'index, avec un air convaincu, et ajoute :

– Ce ne peut être que lui, même si je ne possède aucune preuve.

Heureusement, à la banque, il n'a pas réussi à utiliser mon livret d'épargne. Il l'a jeté dans la rue, et on me l'a rapporté.

– Et Beauté, dis-je, s'est-elle plainte à Printemps Sacré ?

– Non. Si cette histoire s'était ébruitée, elle serait arrivée aux oreilles de Vent Fort. Il aurait compris que Beauté possédait de l'argent en cachette. D'ailleurs, elle n'est pas en position de réclamer quoi que ce soit. Quelques mois plus tôt, Vent Fort m'a également volé mille yuans.

– Toujours dans ton armoire ? demande Gloire, l'air énervé.

– Oui.

– Pourquoi laisses-tu traîner l'argent au lieu de le déposer à la banque ? Tu n'es pas riche.

P'pa hausse les épaules en reniflant plusieurs fois. Mal à l'aise, il ne répond pas.

– Alors, dis-je, avez-vous renvoyé Printemps Sacré chez son père ?

– Non. Je suis son oncle. Je ne voulais pas le chasser. Nous avons continué de vivre comme avant, jusqu'à ce qu'il se décide à partir de lui-même.

Tante prend la parole. Printemps Sacré n'appartient pas à sa famille.

– C'est un petit voyou, lance-t-elle. Il est descendu à Canton faire du marché noir. Puis, à son retour à Pékin, la police l'a arrêté pour vol. Son père est venu le chercher. Il a promis de le surveiller. Printemps Sacré se battait également dans la rue.

P'pa hoche la tête.

– De toute façon, dit-il à demi-voix, dans chaque génération de la famille He*, il y a toujours eu un voleur. Si je vous raconte cela, c'est uniquement pour vous avertir. Faites attention à vos affaires.

En quelques minutes, notre joie de revoir la grand-mère de Gloire se transforme en peur de pénétrer dans une maison de voleurs. Isolés dans cette ferme, à dix kilomètres d'une ville, y serons-nous dépouillés ? Nous sommes si riches par rapport à un paysan chinois. Comment ne pas exciter la convoitise, avec notre

* Le patronyme de la mère de Gloire.

caméscope et notre appareil photo ? Comment rentrerons-nous en France si Printemps Sacré dérobe nos billets d'avion ?

Nous décidons de prendre ce risque. Même si P'pa n'a pas l'habitude de médire sans raison, nous regretterions de nous laisser influencer à propos de Printemps Sacré. Son père et sa grand-mère sont les seules personnes qui n'ont jamais critiqué notre mariage. Ils ne m'ont jamais regardé avec des yeux racistes, ni fait sentir qu'ils attendaient des cadeaux de moi.

P'pa insiste. Il parle de Prospérité du Pays, un autre oncle de Gloire, paysan dans les environs de Pékin :

– En tout cas, je veux vous prévenir. La semaine dernière, Prospérité du Pays a reçu la visite de Printemps Sacré. Il l'a chassé. Il ne l'a même pas laissé franchir le seuil de la maison. Méfiez-vous, ne faites pas comme moi ! Printemps Sacré est un voleur.

1er janvier 1997.

Vingt heures cinquante-huit.

Le train numéro 161, à destination de Shanghai, s'ébranle en gare de Pékin. Nous voyagerons toute la nuit en couchettes dures, et demain à l'aube, à plus de six cents kilomètres vers le sud, nous descendrons à Yanzhou. Nous prendrons ensuite un bus pour rejoindre Qufu.

Pourquoi y aller ? Quitte à me répéter, je veux sentir dans sa ville natale le regain d'intérêt des Chinois pour Confucius, après sa mise à l'index pendant la Révolution culturelle. Fait-il l'objet de pèlerinages comme le président Mao à Shaoshan ? Ce néo-confucianisme a permis, par exemple, à une eau-de-vie de sorgho, l'« Alcool familial du palais de Confucius », de devenir la liqueur la plus à la mode en Chine*, toutes classes sociales confondues. Sans que je les questionne, passant d'une discussion à l'autre, P'pa, le père Li ou Peuple m'ont vanté son parfum pour accompagner un bon repas. Les spots publicitaires sur l'« Alcool fami-

* Les célèbres Maotai et Wuliangye coûtent trop cher pour être populaires : environ trois cents yuans la bouteille d'un demi-litre.

lial du palais de Confucius » se succèdent à la télévision*. Inconnu il y a cinq ans, et d'un prix abordable de dix-huit yuans (une demi-journée de salaire à Pékin), tous les magasins en vendent. Ses bouteilles de terre cuite décorent les appuis de fenêtre dans notre impasse.

Béatrice vient de s'endormir sur la banquette. Gloire profite de ce moment de calme pour me lire la presse des deux derniers jours. Nous n'avons pas eu le temps de la découvrir à la maison. Au tournant de l'année, les journalistes du monde entier réfléchissent au passé et à l'avenir, ils élisent des héros. Pourquoi la presse chinoise ne le ferait-elle pas ?

Hier, à la une du *Quotidien du Peuple*, journal de référence qui, comme son nom le cache, n'est pas populaire, un article dressait le bilan de l'économie chinoise. J'épargne au lecteur la langue de bois, la succession de chiffres, d'adjectifs et d'adverbes, du style : « Les résultats relativement idéaux sur les diverses mesures politiques de macrogestion... » En résumé, tout baigne : après la surchauffe du début des années quatre-vingt-dix, l'économie a atterri en douceur en 1996, avec une croissance du produit national brut de 9,7 %, une inflation de 8,3 % et un revenu annuel moyen par habitant de 4 380 yuans (2 800 francs) dans les villes et de 1 900 yuans (1 200 francs) à la campagne.

Je le note.

Gloire continue de parcourir la première page. La rédaction du *Quotidien du Peuple* a sélectionné dix événements majeurs en 1996, en « essayant de refléter essentiellement la principale mélodie du développement économique et social du pays tout entier ».

Ainsi se trouvent en première place, par ordre chronologique : « Les manœuvres, en mars, des forces terrestres, navales et aériennes dans le détroit de Taiwan. Elles démontrent que notre armée possède la détermination, le moyen et la capacité de préserver la réunification de la mère patrie. » Quelques lignes plus bas, Gloire lit en cinquième position : « Le 26 septembre, le

* Dans un mois, pour les fêtes du Nouvel An chinois, des pubs télé lanceront l'« Alcool de la famille de Cao Xueqin ». N'importe quoi ! Cao Xueqin est l'auteur du *Rêve du pavillon rouge*, le fameux roman psychologique du XVIIIe siècle. Cela rappelle les noms pompeux attribués à des champagnes bas de gamme en France.

secrétaire général Jiang Zemin a inspecté le *Quotidien du Peuple*. Il y a prononcé un important discours sur les médias. »

Nous sourions. Nous nous rappelons que Peuple, notre ami journaliste, a mentionné cette visite, organisée par le pouvoir dans le cadre d'une campagne de séduction de la presse. Le personnel du journal était si angoissé, si occupé à préparer l'accueil du numéro un chinois, que les imprimeurs ont tiré deux fois la une, recto verso, en première et deuxième page. Avant que l'erreur ne soit corrigée, des exemplaires ont été mis en circulation. Selon Peuple, ils coûteraient mille yuans l'unité au marché noir.

Seul un jeune homme occidental partage notre compartiment de six couchettes superposées, trois par trois. C'est un routard, je pense. Il porte un jeans troué et a monté son gros sac à dos sur le porte-bagages. Assis en face de nous, il nous observe depuis un quart d'heure.

– Vous parlez chinois ? finit-il par nous demander.

Il a une vingtaine d'années, et un bonnet coiffe ses longs cheveux blonds. Il est étudiant en médecine à Tel-Aviv et jouit de la double nationalité israélo-sud-africaine. Il a atterri à New Delhi, puis est remonté, par le Népal, jusqu'au Tibet. En six semaines, il a traversé la Chine : Lhasa, Chengdu, Guilin et Pékin. Il aime ce pays. Nous aussi. Mais pour lui, cela tient plus de la révélation que d'un long apprentissage. Son visage s'illumine quand il parle des Chinois. Selon lui, leur civilisation surpasse celle des Occidentaux. De rencontrer un touriste, d'entendre les clichés grâce auxquels il argumente ses idées, cela m'amuse. Il soutient que les Chinois sont un peuple de bosseurs et possèdent une intelligence supérieure. Sous-entend-il que toutes les races humaines ne naissent pas avec la même qualité de chromosomes ? Ce soir, après un mois et demi sans contact avec l'Occident, je tolère ce discours. Il me flatte. La moitié de ma famille n'est-elle pas chinoise ?

Si, à vingt et un ans, je suis tombé en extase devant la sensualité des femmes asiatiques, notre jeune Israélien garde comme plus belle image de son voyage celle des vieillards qui pratiquent le *taiji quan*, la boxe chinoise, à l'aube, dans les jardins publics.

– En Israël, ce sont les jeunes qui font du *taiji quan*. Mais pas en Chine, insiste-t-il, ils sont trop feignants. Comme c'est beau de voir les vieux Chinois accomplir leurs mouvements de gymnastique dans la brume du petit matin ! En Chine, les vieux sont formidables. Ils savent se maintenir en forme et s'occuper. Dans les parcs, on les voit jouer aux échecs, aux cartes.

A l'entendre, j'imagine des armées de vieux se levant avant le soleil, pour aller jouer les acrobates sur des pelouses gelées – nous sommes en hiver. Non seulement je ne connais personne dans mon entourage qui pratique le *taiji quan* ou joue aux cartes dans les parcs, mais encore Tante ricane sur les hurluberlus de son âge qui, dans les rues, dansent en groupe des thèmes folkloriques pour se maintenir en forme. En Chine, la passion des vieux et des jeunes, ce sont les dominos, du crépuscule à l'aube, et pour parier de l'argent. Je les approuve, je connais le mah-jong : c'est un jeu qui mêle la chance, la réflexion et l'audace. Rien que le bruit des dominos, qu'on mélange et abat avec des cris de bluff, captive l'attention. C'est plus excitant que de se geler les miches dehors. J'ai envie de tester l'esprit critique de notre compagnon de voyage. Je dis :

– En Chine, comme ailleurs, les vieux se lèvent plus tôt que les jeunes parce qu'ils dorment mal. Ce n'est pas une affaire de courage. Et puis, il y a tant de monde dans ce pays, donc tant de personnes âgées. Cela ne signifie rien de voir une centaine de retraités faire de la gymnastique. Crois-moi, la plupart préfère jouer aux dominos toute la nuit, en riant, fumant et sirotant du thé. Pour les touristes étrangers, la forêt cache la montagne. Cela ne signifie pas que la montagne a disparu.

Notre compagnon me dévisage. Est-il à court d'arguments ? Une demi-minute s'écoule et un sourire éclaire son visage.

– La nourriture chinoise, déclare-t-il, est la meilleure du monde. Chaque jour, je me régale dans les restaurants. Même dans les gargotes.

Il se nourrit dans les restaurants, bien sûr ! Peut-il juger de la cuisine d'un pays à travers celle de ses restaurants ? Surtout chez un peuple du tiers-monde, n'est-ce pas ? Je m'apprête à le lui demander, quand, soudain, les lumières du wagon s'éteignent. Dans les haut-parleurs, une voix de femme a miaulé qu'il était l'heure de dormir, puis elle a conclu : « Bonne nuit, chers voyageurs. » C'est le moment de nous allonger sur nos couchettes. Nous obéissons, notre discussion s'arrête.

Demain matin, à six heures trente, nous serons réveillés par la même voix, presque au clairon, avec une musique de guinguette à plein volume. Suivra le bulletin d'informations de la radio nationale. Nous apprendrons la date du jour – c'est-à-dire la fuite du temps –, puis les progrès de la Chine sur la voie du socialisme : où s'est rendu hier le secrétaire général Jiang Zemin, combien de tonnes d'acier ont été produites, et cætera, pas grand-chose au bout du compte, pas de quoi nous réveiller en sursaut.

2 janvier.

Qufu. Le début d'après-midi, après le déjeuner. Nuages et éclaircies.

C'est trop fort ! Pour visiter le palais de Confucius, le monument le plus célèbre de la ville, les étrangers doivent payer double prix.

La double tarification est de règle en Chine : sur la Grande Muraille, dans la Cité interdite... et jusque dans les musées de province. Un minimum de décence exigerait que cette discrimination raciale ne s'applique pas pour les sites concernant Confucius. Le sage enseignait, il y a deux mille cinq cents ans : « Entre les Quatre Mers [c'est-à-dire le monde], tous les hommes sont frères. » Et aussi : « Mon enseignement est destiné à tous, sans distinctions. »

J'hésite. Dois-je tricher, me faire passer pour un Chinois du Xinjiang ? Ou dois-je payer double prix, me soumettre dans la tradition confucéenne, quitte à cautionner une pratique immorale dans l'idéal du sage ? Je ne sais pas. Je prie Gloire d'acheter nos billets, elle décidera elle-même.

Pour connaître la conduite à adopter, je devrais relire les *Analectes* de Confucius, son évangile. Sans être un sinologue, je bénéficie de traductions en français* et en anglais. La langue classique de ce livre de vingt petits chapitres est si absconse que

* Notamment celle d'Anne Cheng, Paris, Le Seuil, 1981.

je ne connais pas un Chinois qui l'ait lu du début à la fin. Les gens ne savent pas précisément ce que Confucius prêcha. Cela excuse sans doute que l'on réclame double prix aux étrangers pour visiter son palais. A part une marque de liqueur, que reste-t-il du sage ? Quelques temples ? Un culte comme à un dieu ? Un idéal de conservatisme fossilisé qui prône l'obéissance, le népotisme et le machisme ? De quoi haïr la boutique du vieux Confucius !

Mais que reste-t-il de Jésus en France ? Des églises bien sûr, des cérémonies de baptême et de mariage en blanc, des croix sur les tombes. Dans la vie quotidienne, n'avons-nous pas oublié l'essentiel : l'amour du prochain, le message de Dieu qui envoya sur terre son fils unique pour sauver les hommes ? De même, en Inde, les villes possèdent des rues Mahatma Gandhi, appelées le plus souvent en abrégé « rues M.G. », tant le nom de Gandhi ne signifie plus grand-chose. Que reste-t-il de la « Grande âme » hindoue, de sa philosophie de non-violence ? Chaque année, des émeutes sanglantes opposent les castes entre elles, et les hindous aux musulmans.

Confucius était un humaniste. Il préconisait la vertu et l'éducation comme deux principes permettant de régler les rapports entre les hommes. *Xue*, c'est-à-dire « étudier », est le premier mot de son évangile. Ce sage n'était pas un conservateur, dans le sens d'un penseur hostile aux évolutions. Il vivait à une époque de chaos, dite des « Printemps et Automnes ». Il cherchait une voie de salut, de paix et de bonheur pour l'humanité. Idéaliste, il recommandait de retrouver les valeurs morales du (pseudo ?) âge d'or de l'Antiquité, ce qui justifiait le culte aux ancêtres.

Comme art de gouverner – un pays ou une famille –, Confucius louait la tolérance et l'honnêteté, afin de donner l'exemple, de transformer le peuple et les criminels, plutôt que de les punir. Devant le modèle du souverain vertueux, les sujets ne pourraient qu'obéir. L'avant-dernière maxime de son évangile cite les « Quatre Défauts de l'homme de bien » :

> Condamner à mort au lieu d'instruire, c'est de la tyrannie.
> Exiger qu'un travail soit fait sans donner de préavis, c'est de l'oppression.

> Être lent à émettre des ordres et prompt à exiger leur exécution, c'est de l'arbitraire.
> Donner à quelqu'un son dû tout en le faisant avec avarice, c'est de la mesquinerie de petit employé.

Contrairement à une idée reçue, en Chine comme en Occident, le respect des traditions, le devoir de soumission et la piété filiale ne sont que des détails dans la pensée de Confucius, dépourvus de sens hors de l'idéal fondamental de vertu et d'éducation. Ils l'ont travesti au point de le remplacer tout entier au fil des millénaires. Que d'empereurs et de mandarins se réclamèrent du « Sage Suprême » ! Mais combien furent honnêtes ? Si le fils ne doit pas dénoncer à la justice son père quand il a commis un délit, ce n'est pas du fait d'un esclavage sous l'autorité patriarcale, mais naturellement, par amour, parce que le père et le fils sont faits de la même chair. Confucius appelle cela la probité. La probité de l'amour...

Gloire vient d'acheter des billets chinois pour entrer dans le palais de Confucius. Je n'ai plus le temps de jouer à citer tel et tel aphorisme pour démontrer que le confucianisme n'a emprunté que son nom au sage. Et puis, si, je n'y résiste pas. Combien a-t-on reproché à Confucius son sexisme, et d'avoir asservi la femme chinoise pendant des millénaires ! Mais notre humaniste ne parle jamais du sexe féminin, de son rôle dans la société – certainement pas d'en faire la propriété d'un père, puis d'un mari –, sauf une fois dans le chapitre dix-sept :

> Les femmes et les gens médiocres sont les moins faciles à traiter : de trop près, ils se croient tout permis ; de trop loin, ils vous en gardent rancune.

Sans la replacer dans le contexte social d'il y a deux mille cinq cents ans, cette maxime est-elle suffisante pour accuser Confucius de phallocratie, comme s'il vivait de nos jours ?

Nous pénétrons dans son palais.

En réalité, il y a méprise. Une fois de plus. Le palais de Confucius ne tient de lui que son nom. Le sage n'y a jamais vécu. Confucius était bien trop pauvre pour habiter un palais. Contemporain de Bouddha, à l'opposé de celui-ci, il naquit dans une famille modeste, et sa vie fut plutôt celle d'un « raté ». Il aspirait à conseiller les princes et courait d'État en État, d'échec en échec, car tout le monde refusait ses services. Il se découragea sur la fin de sa longue existence de soixante-douze ans. Il se retira dans sa ville natale et enseigna la morale à quelques disciples. Ce n'est que plus de trois cents ans après sa mort, sous la dynastie des Han, que sa philosophie devint une doctrine d'État. Les empereurs distribuèrent de grandes terres à ses descendants, pour qu'ils en tirent des revenus et qu'ils puissent se consacrer au culte de leur ancêtre, sans avoir besoin de travailler. Ils furent également anoblis, au point de constituer la première famille aristocratique de Chine, puisqu'elle conserva ses titres et ses privilèges de dynastie en dynastie.

L'héritier mâle aîné du clan, le duc de chaque génération de cet arbre généalogique ininterrompu sur trois millénaires, vivait avec sa famille dans le palais dit « de Confucius ». Sa construction débuta sous la dynastie des Song (Xe-XIIIe siècle), mais, suite à des incendies et d'innombrables agrandissements, l'origine des bâtiments où nous pénétrons s'échelonne du XVIe au XIXe siècle.

Occupant une surface de seize hectares, quatre cent soixante-trois pièces, pavillons, tours et pagodes s'alignent sur un axe sud-nord, à l'image de la Cité interdite, la résidence des empereurs à Pékin. Nous traversons des halls d'audience et de cérémonies, puis nous nous glissons sous des portails et nous nous faufilons derrière des murs-écrans, vers les appartements intérieurs. Autrefois, même les porteurs d'eau n'étaient pas autorisés à y pénétrer. Nous découvrons la grande pagode où vivait le soixante-dix-septième héritier de Confucius, avant qu'il ne s'enfuie à Taiwan en 1948, pour échapper à la révolution maoïste.

Comme il est difficile de se représenter la splendeur passée du palais ! Les boiseries laquées sont devenues autant de fenêtres et de colonnes écaillées, sans couleur. Les charpentes en arceaux sont piquées par les vers, et, sur plusieurs toitures, le chiendent pousse dru.

Comme en urbanisme ou en littérature, cinquante ans de pouvoir communiste ont laissé leur empreinte iconoclaste dans ce palais. Malgré leur architecture extérieure traditionnelle, certaines pièces ont été transformées en latrines ou en bureaux. Elles sont interdites de visite. Au travers des vitres cassées et des brèches dans les murs, je peux voir comment elles ont été grossièrement carrelées en blanc et équipées de portes en métal. Elles sont à l'abandon aujourd'hui.

Je m'étonne que ce complexe n'ait pas été rasé, tant le président Mao, à la fin de sa vie, s'acharna à critiquer Confucius, comme si celui-ci lui faisait de l'ombre. Détruire quatre cent soixante-trois pièces, cela réclamait-il trop d'efforts de la part des gardes rouges ? Dans l'aile ouest, là où les descendants de Confucius étudiaient, recevaient des invités et récitaient de la poésie, l'école locale du Parti communiste squatte un pavillon : une salle de classe ordinaire désormais, avec ses bancs et son tableau noir.

En ces années de Quatre Modernisations et de néo-confucianisme, le gouvernement retape de-ci de-là les bâtiments. Tiens ! Voici enfin un groupe de touristes. Oui, venez touristes chinois ! Flânez, méditez dans ce palais. Venez cracher par terre, écraser vos mégots et jeter vos boîtes vides de Coca-Cola. Approchez et faites-vous immortaliser en photo. Clic clac, merci Kodak ! On prononce *Keda* en chinois, mais peu importe ! Surtout, chers touristes, n'oubliez pas d'acheter un billet d'entrée. Le vieux palais a besoin de vos dons pour ne pas tomber en ruine. La restauration de ce monument, dédié à un penseur appartenant au patrimoine culturel de l'humanité, risquerait de ruiner le budget du gouvernement. Il vaut mieux couvrir la Chine de gratte-ciel et d'hôtels de luxe, toujours et toujours plus, n'est-ce pas ?

Ces touristes se promènent par couples. Une vingtaine au total. Les hommes en complet sombre, les femmes en veste et jupe ou pantalon rouges, la couleur du mariage. Ils sont donc en voyage de noces. Une lune de mélasse collective. Chez Confucius !

Il y a vingt-cinq ans, pendant la Révolution culturelle, je suppose qu'ils n'auraient pas eu envie de venir ici. Les Chinois rêvaient de visiter Shaoshan, ce village natal du président Mao, où les pèlerins affluent de nouveau. L'ambiance à Qufu diffère de celle à Shaoshan. Alors que plusieurs soldats surveillent la ferme des Mao, aucun uniforme ne monte la garde ici. Shaoshan provoque le recueillement, le souvenir et la larme à l'œil ; chez les « Confucius », les couples déambulent le nez en l'air, en riant, en flirtant, comme sur la Grande Muraille. A l'opposé de l'empereur rouge dont le système de dictature imprègne l'existence quotidienne des Chinois, les vieilles pierres et les livres poussiéreux en langue classique ne semblent pas les toucher dans leur chair.

Nous sortons du palais et filons vers le temple dédié au culte de Confucius, à côté. C'est également un ensemble architectural : quatre cent soixante-six pavillons, pagodes, halls, chambres et autels sont disséminés dans un parc d'une vingtaine d'hectares. Là aussi, nous ne croisons qu'une poignée de touristes. Devant le bâtiment principal, faute de clients, quatre vendeurs de souvenirs – deux femmes et deux hommes d'une quarantaine d'années – jouent aux cartes. Si Confucius les regarde d'outre-tombe, il doit s'arracher sa longue barbe de sage chinois de désespoir.

Les joueurs lancent un coucou à Béatrice. Nous nous approchons. Je demande :

– Qui gagne ? Combien ?

Ils éclatent de rire. En plaisantant, je les gronde :

– Faut pas parier de l'argent dans un temple de Confucius. Ce n'est pas bien. Faut lire les *Analectes*.

– On les a lus et relus ! s'exclame une des joueuses. Maintenant, on se repose.

Nous terminons notre visite par un musée. Des peintures y représentent Confucius comme un obèse au visage menaçant et couvert de poils.

Nous rentrons à notre hôtel. Nouvelle surprise dans le hall de réception. Un panneau fait de la réclame pour louer les chambres à l'heure. Sommes-nous dans une maison de passe ? L'hôtel Queli, le palace de Qufu, possède trois étoiles et appartient à l'État. Construit en 1984 sous l'ère des Quatre Modernisations, ses jardins, ses bassins, ses pavillons aux toits concaves s'harmonisent avec le paysage du palais et le temple de Confucius qui le jouxtent. L'hôtel Queli plonge les résidents dans une ambiance confucéenne. Ses boutiques vendent calligraphies et peintures, le restaurant prépare les spécialités que mangeait la famille du sage, et une troupe de danseurs et de musiciens exécute chaque soir un répertoire traditionnel. Alors, telle une cerise sur le gâteau, après la chère et le spectacle, si vous rencontrez une amie, vous êtes invité à louer une chambre pour jouer une heure au jeu des nuages et de la pluie. Imaginons un bordel dans une pension catholique de Lourdes, ou un bar à La Mecque, pour délasser les pèlerins après la prière... Je rappelle que les relations sexuelles en dehors du mariage sont illégales en Chine.

Je ne reproche rien, je constate. Même à Qufu, que reste-t-il de Confucius, de sa droiture ? Il partage un point commun avec Socrate : ce sont ses disciples qui ont écrit son évangile. Remaniée, nourrie de versions contradictoires, l'édition actuelle date de sept cents ans après sa mort. Cette synthèse n'offre que la vision la moins falsifiée du sage, la plus primitive, peu après sa déification et la création des légendes qui cautionnent l'ordre social. Comment ne pas pardonner aux Chinois qui lui font dire tout et n'importe quoi ?

3 janvier.

L'histoire de Qufu se perd dans la nuit des temps. L'Empereur Jaune et Shennong, deux empereurs légendaires du néolithique, y auraient installé leur capitale, plusieurs millénaires avant la naissance de Confucius. Le centre de cette bourgade conserve une architecture traditionnelle, si rare en Chine populaire. Dans les rues bordées d'arbres, des chevaux tirent des charrettes-taxis drapées comme des palanquins.

Qufu compte six cent mille habitants. Le quart d'entre eux portent le nom de famille de Confucius : *Kong*. Ils prétendent descendre de lui, plus ou moins directement. Pour enterrer tout ce monde, il existe un cimetière, un parc de deux cents hectares construit autour de la tombe du sage.

Seuls les Kong peuvent y être inhumés, après incinération. La concession coûte environ deux cents yuans, nous explique le cyclo-pousse qui nous transporte de tumulus de terre en sépulture de pierre des descendants célèbres.

– Autrefois, avant la mort du Premier ministre Zhou Enlai*, continue-t-il, nous enterrions les cadavres, comme ailleurs.

* En 1976, Zhou Enlai montra l'exemple aux Chinois de se faire incinérer, afin que la terre soit réservée à l'agriculture.

Je lui demande son âge pour mieux évaluer son témoignage. Il n'a que trente-sept ans. Comme moi. En mai 1968, à Paris, j'avais huit ans. Je ne me rappelle que la fermeture de mon école, la grève des métros, et qu'il fallait marcher. Notre cyclo-pousse peut-il se souvenir comment se déroulaient les enterrements, avant et pendant la Révolution culturelle ?

– Mes parents m'ont raconté, tout le monde est au courant.

– Alors ?

– Je vous l'ai dit, on enterrait les cadavres...

– Même pendant la Révolution culturelle ?

– Non. Pendant ces années de troubles, il était interdit de se faire enterrer ici. Mais la nuit, des gens prenaient tout de même ce risque. Maintenant, quand quelqu'un meurt, on profite de la nouvelle tombe pour ramener les restes des personnes inhumées ailleurs.

Selon lui, des gardes rouges, venus de l'université Qinghua de Pékin, ont renversé quelques pierres tombales. La population et le gouvernement réussirent à les empêcher de tout saccager. Le cimetière, comme le palais et le temple de Confucius, était déjà classé « monument historique sous la protection de l'État ».

Le tour du cimetière se termine. Nous n'avons pas vu la sépulture de Confucius. Existe-t-elle encore ? Dans quel état ?

Oui, elle existe bien.

Le cyclo-pousse nous laisse à l'ombre de vieux pins qui penchent. Confucius repose là, à côté des tombes de son fils Kong Li et de son petit-fils Kong Ji. L'agencement funéraire s'appelle : « Porter le fils et tenir le petit-fils. »

La dernière demeure de Confucius consiste en un tertre de trois mètres de haut, envahi par les herbes. Une stèle et une urne en pierre trônent devant. Nous sommes les seuls touristes. Il n'y a personne d'autre, sauf deux vieilles femmes qui vendent des bâtons d'encens. Gloire refuse de leur acheter de l'encens pour le faire brûler dans l'urne de Confucius, en priant celui-ci tel un dieu.

– Cela ne sert à rien, ajoute-t-elle.

La femme la plus âgée la regarde en écarquillant les yeux. Puis elle se baisse et caresse les cheveux de Béatrice :

– Tu te trompes, dit-elle à Gloire, d'un ton grave. Si tu pries Confucius, ta fille ira étudier à l'université.

Gloire la remercie poliment et me demande de prendre une photo de la tombe. Elle veut un souvenir, elle m'avoue sa tristesse. Sans être confucianiste, elle ne comprend pas pourquoi les lieux sont déserts. Cette tombe est celle de l'un des hommes les plus illustres de l'humanité. De quel prophète, de quel roi, mis à part les pharaons, possédons-nous une aussi lointaine sépulture ? Pourtant, la tombe de Confucius n'attire pas la foule, et le gouvernement ne la décore même pas. L'entretien se limite à désherber le dallage autour de l'urne, sans le rejointoyer. Deux mille cinq cents ans d'histoire ! Comme si cela ne comptait pas, comme si les Chinois ne vénéraient pas le passé dans les pierres. Seul un groupe de cinq touristes nous rejoindra avant la fin de notre visite.

De retour en ville, nous cherchons une fois de plus à comprendre comment les gens se souviennent de Confucius. Puisque les musées ne révèlent rien, flânons le long des rues. Voilà par où nous devions commencer, en faisant notre marché ! Si les *Analectes* ne garnissent pas les rayons des magasins, ceux-ci proposent toute une épicerie fine portant le nom de Confucius* : du thé, des cigarettes, de l'huile de sésame, des loukoums, des sucreries aux cacahuètes, des jujubes séchés, de la bière et, bien sûr, de l'« Alcool familial du palais de Confucius ».

Nous décidons de visiter la distillerie qui fabrique cette liqueur. Elle est située dans un faubourg sud. C'est une véritable usine, la plus grande de Qufu. Sa production annuelle de trente-cinq mille tonnes d'alcool fait d'elle la deuxième** distillerie de Chine. Elle emploie trois mille personnes. Des gardes en uniforme surveillent la grille d'entrée.

N'osant chasser l'« ami étranger » que je suis, un planton nous conduit dans le bureau du vice-directeur. Il est absent. Son secrétaire nous fait asseoir, servir du thé et offrir à chacun deux bouteilles d'alcool, pour les emporter en France. M. Sun, c'est son nom, est un grand Chinois d'une quarantaine d'années. Il n'est

* Tel un label qui certifierait de « qualité extra ».
** Après celle de Wuliangye, la célèbre liqueur du Sichuan.

pas antipathique mais n'arrête pas de répondre au téléphone ; puis il reçoit en rendez-vous le représentant d'une imprimerie d'emballages de bouteilles. Il n'a pas encore eu le loisir de répondre à notre demande.

Craignant qu'il ne nous oublie, Gloire le relance quand l'imprimeur quitte le bureau. Avec un large sourire, M. Sun nous offre une cigarette et nous prie de reboire un peu de thé. Gloire n'ose insister. Je me sens tout aussi impuissant, incapable de protester. La lenteur bureaucratique chinoise et la tradition des convenances, qui veulent que l'on sirote du thé avant toute discussion, m'ont appris qu'il ne fallait pas trop brusquer les événements. Le meilleur des résultats peut sortir parfois d'une attente. M. Sun passe encore deux coups de fil, puis il se tourne vers nous.

– Vous désirez visiter notre usine. Allons-y !

Nous pénétrons sous un hangar où du sorgho fermente dans de gigantesques châssis. L'air empeste le *qu*. Cette odeur de levain et de pieds caractérise les alcools blancs chinois. Elle m'écœurait autrefois. J'ai appris à l'apprécier. Elle seule sait révéler la délicatesse de la cuisine chinoise : le croquant d'un mets, sa douceur aigre, son piquant... A l'autre extrémité du hangar, un alambic géant crache des nuages de vapeur. Un filet d'alcool s'écoule dans une jarre. Je ne sais plus trop ce que j'espérais découvrir au cours de cette visite, mais une idée me trotte dans la tête. Je demande à M. Sun :

– Quel rapport existe-t-il entre Confucius et votre alcool ?

– Notre usine a été construite dans les années cinquante, sur le site de la petite distillerie du palais de Confucius. Nous exploitons son savoir-faire et produisons le même alcool que celui qui était servi à la table des descendants de Confucius.

A présent, M. Sun nous montre les ateliers d'embouteillages. Tout est automatisé. En bout de chaîne, des ouvrières en blouse blanche emballent chaque bouteille dans un carton. Une machine le scelle ensuite avec un autocollant.

– Regardez ! dit M. Sun. Un hologramme de notre marque est imprimé sur cet adhésif. Il prouve que cette bouteille sort bien de notre usine. Nous souffrons beaucoup de la contrefaçon. C'est la rançon de notre succès commercial. Un de nos vice-directeurs ne s'occupe que de la lutte contre les distilleries clandestines.

Elles inondent le marché de faux « Alcool familial du palais de Confucius ».

Après Confucius trahi et oublié, voici Confucius contrefait !

4 janvier.

En route chez Mémé, la grand-mère de Gloire ! Elle habite à quatre cents kilomètres vers le nord. Cela promet un long et pénible voyage sur les routes chinoises.

Voilà le programme : nous prendrons un car pour Dezhou, la patrie du poulet braisé, nous y passerons la nuit, et, demain, nous continuerons jusqu'à la ferme de Mémé.

Après avoir traversé Tainan, la ville natale de Jiang Qing*, puis longé le mont Tai, l'un des cinq pics sacrés de la civilisation chinoise, notre car se jette sur un pont flottant qui franchit le fleuve Jaune. Le long de la route, des jeunes filles trop maquillées hèlent les camions. Elles attirent les chauffeurs dans leurs gargotes-bordels de campagne.

En réalité, toute cette diversité finit par lasser. Depuis des heures, nous mangeons la poussière de la route mal asphaltée et nous grelottons de froid sur des sièges défoncés. Je me sens d'humeur cafardeuse. Vingt fois, Gloire me demande à quoi je pense. Je n'ose pas lui répondre : « Au gris. »

Le brouillard du petit matin ne se lève pas. Tout semble terne, le mont Tai comme les façades des lupanars. Les routes chinoises emplissent l'âme de désolation. Des tas d'ordures jonchent les bas-côtés, et des maisons décrépites, aux toits affaissés, s'alignent à l'infini. Souvent, aux fenêtres, des cartons et du papier journal remplacent les vitres. Nous traversons des villes dont seul le nom diffère. Elles sont bâties selon le même quadrillage de rues, et plantées des mêmes HLM. Parfois, un immeuble carrelé de faïence se dresse au bord de la route : il semble moins laid.

J'écris *moins laid*. Pourtant, tout est très laid. N'est-ce pas déjà suffisant ? La Chine est un pays extrême. Il faudrait inventer un vocabulaire extrême pour la raconter. Il faudrait supprimer les

* La veuve de Mao, l'héroïne de la Bande des Quatre.

comparatifs et les superlatifs qui adoucissent la réalité. Tout est extrême. Il faudrait orthographier en un seul mot *moinslaid*, comme un état, ne pas laisser supposer que *moins laid* se rapproche de la beauté. Il faudrait écrire *plusneuf*, car tout est neuf en Chine Nouvelle, même quand on a l'impression de voir des ruines. *Plus neuf* avec un espace contredit la logique, il implique que ce qui est neuf ne vient pas d'être terminé. Quelque chose est neuf ou ne l'est pas, point final. Il faudrait écrire *ces toilettes sont moinssales*, ou *ce flic est pluscorrompu*, ou *ce leader est moinsautoritaire*, *plusaimé*, ou encore *ce Chinois est moinsbon vivant*. De même, *mei you*, c'est-à-dire *il n'y en a pas* (de telles et telles choses...) – expression courante dans les magasins des pays communistes –, ne doit pas être entendu dans le sens littéral. Nous sommes dans une société extrême, y compris dans les relations entre les individus. *Mei you* dans la bouche d'un vendeur d'un commerce d'État peut signifier : « Il y en a mais je n'ai pas envie d'aller t'en chercher. »

Seize heures. Il commence à neiger. Je déteste la neige quand elle ne tombe pas sur des montagnes. Très vite, elle fond en gadoue, et le froid pique le visage et les mains. Notre autocar roule au pas. Nous sommes encore à cinquante kilomètres de Dezhou.

La tempête de neige se calme, et le car reprend de la vitesse. Soudain, il freine, car, devant nous, une file de camions a ralenti. Sur l'accotement, gît une fillette d'une quinzaine d'années, le visage enfoncé dans la neige. Son vélo est couché près d'elle. A-t-elle dérapé sur le verglas, ou une voiture l'a-t-elle renversée ? Elle ne bouge pas, elle semble sans vie, et aucun véhicule ne s'arrête. Pour sûr, tous les camions, toutes les autos la voient. Ils réduisent leur vitesse pour mieux la regarder, mais aucun ne se gare pour la secourir, la mettre au chaud sous une couverture. Dans notre car, le chauffeur et les passagers se demandent si elle est déjà morte. Quand nous l'avons dépassée, le chauffeur réaccélère. Plus personne ne parle de cette jeune fille.

Je suis bouleversé. Cette indifférence pour la vie d'autrui me rappelle les risques encourus par les piétons à Pékin. « Pousse-toi ou je t'écrase » sert de code de la route, y compris aux feux rouges qui sont souvent ignorés. En pratique, le piéton doit céder le passage aux vélos et aux voitures ; les cyclistes eux-mêmes doivent se ranger de côté si un véhicule à moteur leur coupe la route, en tournant à droite par exemple. Si jamais un accident se produit, le plus petit a tort. Pour un peu, il s'excuserait d'avoir entravé la marche d'un personnage plus important que lui, car, en Chine, la taille et le prix d'une automobile reflètent parfaitement la stature sociale de son utilisateur. Les limousines transportent les hommes d'affaires et les cadres du régime. Elles roulent à toute allure, comme si la modernisation du pays dépendait de leurs pointes de vitesse.

La veille de Noël, devant chez nous, j'ai assisté à un accrochage exemplaire. Un side-car déboîta pour éviter une voiture qui lui faisait une queue de poisson. Il poussa et culbuta un cycliste dans le caniveau. Tandis que ce dernier se relevait, le motard l'insulta, au lieu de s'excuser :

– *Cao ni made !* je baise ta mère ! Regarde comment tu conduis !

Combien de fois ai-je manqué de me faire renverser sur un passage clouté en Chine ? Chaque jour, plusieurs fois ! La vie humaine n'a guère de valeur. Dans les stades, après un procès expéditif, les juges ne font-ils pas fusiller les escrocs et les petits dealers, comme on détruirait des mauvaises herbes ?

Nous arrivons à Dezhou après le coucher du soleil. Dix centimètres de neige recouvrent les trottoirs. Fatigués et frigorifiés, nous entrons dans le premier hôtel en face de la gare. Nous demandons la chambre la plus chère, dans l'espoir d'y jouir d'un peu de confort. La réceptionniste nous assure qu'elle est chauffée.

C'est vrai. Les deux radiateurs de chauffage central sont à peine tièdes, ils maintiennent la pièce entre cinq et dix degrés. Un chauffage froid ! En Chine, c'est possible. La réceptionniste n'a pas menti en promettant du chauffage. Elle possède juste une conception différente de la chaleur, que je situe aux alentours de vingt degrés. J'aurais dû traduire en français que notre chambre serait *moinsfroide*, en un seul mot, pour ne pas laisser supposer que la température commencerait à y être agréable. De même, j'aurais dû écrire que nous louions la chambre la *moinsbon mar-*

ché et la *moinsinconfortable*, à quatre-vingts yuans, soit cinquante francs, avec toilettes bouchées et baignoire sans eau.

Tant pis ! Couchons-nous et blottissons-nous sous la couette ! Demain, mon cafard fondra avec la neige. La météo annonce du beau temps. En hiver, j'aime ce soleil sans un nuage du nord de la Chine.

5 janvier.

Combien d'enfants naissent en Chine chaque minute ? J'ai fait le calcul : environ vingt et un millions viennent au monde chaque année, soit quarante par minute. Compte tenu de la mortalité, la population chinoise a augmenté en 1996 de treize millions de personnes*.

Nous sommes dans le train. Dans une heure, nous descendrons à une petite gare. Nous y prendrons un autocar pour rejoindre le village de Mémé. Ce détour me réjouit. Aucun voyageur en Chine ne devrait oublier de visiter la campagne. Il ne s'agit pas, comme dans d'autres pays, de plonger dans les racines de la civilisation, même si l'histoire de la Chine peut se résumer à celle de la mise en valeur d'un continent par un peuple de laboureurs, issu du bassin du fleuve Jaune. Le retour à la terre nous immerge dans le quotidien le plus banal. Sur le milliard deux cent vingt-quatre millions de Chinois, soixante et onze pour cent sont paysans. Ce 5 janvier, toutes les deux secondes – moins que le temps de l'écrire –, à chaque soubresaut du train, un petit paysan naît. Si un étranger, pressé par le temps et curieux d'appréhender la réalité, ne pouvait que visiter Pékin ou séjourner dans un village, il ne devrait pas hésiter. Voilà pourquoi je suis content : j'ai la chance de posséder de la famille à la campagne, je peux y aller sans guide et ne pas me contenter d'ombres chinoises.

En début d'après-midi, le car nous laisse le long de la nationale de Pékin, devant un chemin de terre. Il mène chez Mémé, au « Village des He ». Huit cents personnes y vivent, et les trois

* A titre de comparaison, les Pays-Bas comptent environ quinze millions d'habitants.

quarts d'entre elles portent le nom de famille He. Une tribu qui s'unit, se marie avec celles des villages voisins des Zhang, des Li, des Wang...

Perdu à cinq cents mètres de la grand-route, au milieu des champs enneigés, le Village des He est l'un des plus pauvres de la région. Il n'existe ni rivière pour irriguer les cultures, ni forêt, ni industrie pour développer l'économie. Le chemin de terre fend en deux cette agglomération d'une centaine de fermes en briques, et les poules et les cochons fouillent les tas d'ordures et de débris végétaux. D'autres porcs sont enfermés dans des enclos de pisé qui descendent sur des fosses de latrines à ciel ouvert. Rien n'a changé depuis 1989, l'année de notre dernière visite. Je me rappelle comment les cochons s'y précipitaient pour se nourrir d'excréments, quand un homme venait se soulager. Rien de spécial, c'était l'engraissement traditionnel des porcs.

Je remarque d'immenses piles de briques le long des maisons. Témoignent-elles d'un enrichissement de la population, d'une intense activité de construction et de rénovation ? Au centre du village, sur un mât, quatre haut-parleurs signalent que nous sommes bien en Chine populaire. Ils servent à diffuser les messages du gouvernement. En ce moment, ils se taisent, et le chemin est désert. Si le soleil brille, la neige ne fond pas dans les ornières.

Toutes les maisons se ressemblent avec leurs porches en torchis, qui cachent les cours et les pièces d'habitation. Ni fleurs ni crépi n'égayent les façades. La terre colorie en marron le chemin et chaque pan de mur. Elle compose un décor sans âge, où les gens vivent comme il y a mille ans. Seuls quelques câbles électriques, tendus en l'air, confirment que nous vivons au XXe siècle.

Gloire ne reconnaît pas la maison de Mémé. Moi non plus. Nous entrons pour nous renseigner dans une petite remise, l'unique épicerie à des kilomètres à la ronde, tenue par une Mme He, bien sûr. Derrière une planche faisant office de comptoir, cette paysanne aux cheveux à la garçonne vend du sel, de l'huile, du savon, des bougies, des saucisses. Dans la boutique, on peut aussi boire une mesure d'alcool de sorgho, tirée à la louche d'une jarre. Suis-je le premier Blanc à pénétrer chez Mme He ? Un frisson d'angoisse me serre la gorge. Je ne souhaite pas me faire remarquer dans ce village interdit aux étrangers ; ma présence pourrait être signalée aux flics.

Mme He ne me dévisage pas, comme si elle était au courant de mon mariage avec la petite fille de Mémé. J'appartiens à la tribu. Elle répond à Gloire :

– Ta grand-mère, tu l'sais pas ?... Elle habite dans une nouvelle maison. A gauche, dans la première allée en sortant.

Notre famille a déménagé ! Quitter la ferme ancestrale pour en reconstruire une sur un autre emplacement n'est pas une décision courante chez les paysans. Que s'est-il passé ? Notre famille s'est-elle appauvrie ou enrichie ? Suivant les indications de Mme He, nous atteignons un portail en bois massif. Nous hésitons, puis nous le poussons.

Un tas de planches encombre le passage. Devant nous, peint en noir et blanc, l'idéogramme *fu* du bonheur décore un paravent en briques. Sommes-nous chez Mémé ? Nous nous glissons dans une cour jonchée de détritus, de gravats, de bouts de ferraille, de vieux papiers. Trois poules grattent et picorent le sable dans de petits nuages de poussière. Sur le côté, un appentis abrite d'autres tas de planches et un tracteur. Il y a huit ans, notre famille ne disposait d'aucune machine pour labourer les champs. Elle utilisait un mulet et une charrue.

Au fond de la cour se dresse un bâtiment d'un étage, avec cinq fenêtres. Elles éclairent sans doute une pièce chacune, alors que l'ancienne maison de Mémé ne comptait que deux chambres et une cuisine. Une quinzaine de sacs de maïs sont empilés sous la véranda, et de dos, portant une veste de coton terreuse, un homme coupe du bois sur une scie électrique. Il se retourne. C'est l'oncle de Gloire ! Un immense sourire orne son visage. Il soulève Béatrice dans ses bras et nous invite à l'intérieur de la maison.

Un réfrigérateur, une machine à laver et un réchaud à gaz meublent la salle d'entrée : notre famille n'en possédait pas, il y a huit ans. Je n'ai pas le temps de m'étonner, Mémé nous appelle dans la pièce à côté. Assise dans un fauteuil tout troué, elle regarde la télé. L'image est en couleurs, une autre nouveauté. A présent, voici notre tante et nos deux cousins qui accourent. Pas d'embrassades, comme toujours en Chine, mais les uns et les autres nous bombardent de questions. Ils exultent de nous revoir et de rencontrer Béatrice.

Allons à l'essentiel. A quatre-vingt-trois ans, sans prendre de médicaments, sans consulter de docteur, Mémé affirme qu'elle se porte à merveille. Son dos est voûté, elle marche avec une canne, et son visage est creusé de rides, mais elle n'a pas perdu sa lucidité. Ne nous laissant pas nous inquiéter davantage de sa santé, elle demande à Gloire :

– Ta mère, comment va-t-elle ?

De crainte de la tuer de chagrin, personne ne lui a annoncé, il y a six ans, le décès de M'man, sa fille. Gloire interroge son oncle du regard pour s'assurer que Mémé ne sait toujours rien.

– Ma mère..., bredouille-t-elle, elle souffre des poumons, comme d'habitude.

– Dis-lui de venir me rendre visite.

– Elle voudrait bien, mais sa maladie ne lui permet pas de voyager.

Mémé observe sa petite-fille en silence.

– Tu ne me dis pas la vérité, reprend-elle. Ta mère est morte.

Cette phrase résonne dans la pièce. Mémé se doute-t-elle de quelque chose ? Personne ne parle et Gloire baisse les yeux.

– Ta mère est morte, n'est-ce pas ?

Gloire relève la tête. Elle me fixe en attendant un conseil. Mentir semble l'effrayer. Je plisse les yeux pour l'y encourager.

– Non, dit-elle. Non. Ma mère n'est pas morte. Elle est malade. Très malade.

Et elle fond en larmes avant de s'enfuir dans la chambre du fond. Quand elle revient, consolée par son oncle, je suis en train de détendre l'atmosphère. Pour bouleverser un peu les traditions, je demande à Béatrice d'embrasser son arrière-grand-mère, puis notre tante et nos deux cousins. Éclats de rire.

Comme nos cousins ont grandi ! Ils sont devenus des adultes. Printemps Sacré, ce voleur contre lequel P'pa nous a mis en garde, porte un costume occidental. Drôle de tenue pour un paysan. Je vois un téléphone portable accroché à sa ceinture. Quelle richesse !

– J'ai besoin de pouvoir être joint à tout moment, explique-t-il. Je suis décorateur en ville. Je travaille avec les hôtels, les restaurants, les dancings. J'engage des équipes d'ouvriers pour réaliser chaque chantier.

J'ai oublié de le préciser, tant c'est évident : la ferme de notre oncle, comme toutes les autres du village, ne possède pas le téléphone.

– Je loue une maison en ville, continue Printemps Sacré, mais en ce moment, j'habite ici. Ma femme vient de mettre au monde un fils. Il y a deux semaines.

Printemps Sacré, marié et père ! Quelle information ! Elle nous touche plus que l'emménagement de notre famille dans une nouvelle maison, elle nous intéresse bien plus que l'achat d'un tracteur, d'une scie électrique, d'un frigo, d'une machine à laver... Et tant pis si Printemps Sacré est un voleur, nous l'aimons bien. Aussitôt, Gloire et moi pensons à faire un cadeau à son fils, ce petit cousin de Béatrice.

La situation mérite que je m'attarde un peu. Seule Gloire peut voir le bébé et sa mère, et leur donner nos cent yuans. Pourquoi ? Parce que je suis un homme. C'est une évidence pour un Chinois.

La jeune maman fait *zuoyuezi* : elle s'alite un mois. Une tradition. Pendant ce mois qui suit l'accouchement, chaque femme doit rester au lit pour récupérer et ne pas s'exposer à des maladies, à des coups de froid, dans son état de faiblesse présumée. Elle ne doit pas se laver et elle mange le plus possible, des œufs et des bouillies surtout, comme si grossir était un signe de vitalité. J'ai détaillé ce régime dans mon livre *Le Ventre de la Chine*. Je rappellerai, pour ce qui me concerne à présent, que la morale interdit aux hommes, à l'exception du mari, de rendre visite à la jeune mère alitée, même pour entrevoir le bébé. Ainsi, pendant notre séjour chez Mémé, je ne les rencontrerai jamais. Ils resteront cloîtrés dans la chambre à gauche de l'entrée, à l'opposé de celle où nous sommes en train de bavarder.

Comme nous ne resterons pas en Chine, par dérogation, Oncle me propose de glisser ma tête dans la chambre, pour voir le nouveau-né. Je refuse. Si jamais le petit enfant tombe malade, on pensera que ma curiosité a attiré la poisse sur lui. Les paysans sont très superstitieux.

Justement, le bébé a pleuré toute la nuit. En ce moment, deux guérisseuses lui rendent visite. Tante les rejoint. Une dizaine de minutes plus tard, elles ressortent ensemble de la chambre, et Gloire y pénètre à son tour, avec Printemps Sacré.

Tante sourit. Le petit héritier mâle ne pleure plus. Les guérisseuses ont fait tourner un bol de millet trois fois au-dessus de sa tête. Elles ont prononcé des incantations dans une langue inconnue. Combien Tante a-t-elle payé pour cette supercherie ?

– Rien du tout. Ce sont des voisines.

Pourquoi ne pas avoir montré le bébé à un médecin ? Est-ce pour économiser le prix d'une consultation ? Je ne le crois pas. Un enfant mâle est un trésor. Lui seul prolonge l'arbre généalogique d'une famille, car les filles ne comptent pas. J'imagine un réflexe : on fait d'abord appel au guérisseur, on suit la coutume. Ensuite, en cas d'échec, on pensera au docteur, à la science. L'expérience contre la raison. D'ailleurs les médecins, tous des fonctionnaires, ne se déplacent pas à domicile. Ils consultent dans des dispensaires, en ville, à une dizaine de kilomètres. Il y a souvent une file d'attente. Je demande à mon oncle si les femmes continuent d'accoucher au village, chez elles.

– Non, répond-il. Maintenant, elles accouchent à l'hôpital.

– Cela coûte-t-il cher ?

– Bien sûr.

Je sais que les paysans ne bénéficient d'aucune sécurité sociale. Mon oncle se frotte les lèvres, avec un air malin. Il dit :

– La femme de Printemps Sacré est resté huit jours à la maternité. Nous devions payer huit cents yuans*, mais nous n'en avons donné que la moitié. Printemps Sacré a un ami qui travaille à l'hôpital. Celui-ci a facturé notre solde sur le compte d'un autre malade.

La combine une fois de plus ! La *hou men*, la « porte de derrière » ! Elle permet de survivre sous la dictature et la misère.

Deux jeunes femmes viennent d'entrer. Elles sont vêtues d'anoraks, à la manière des citadines. Ce sont des activistes des services du planning familial. Tante les emmène voir Printemps Sacré dans la chambre.

Hier, il a déclaré la naissance du bébé. Ces femmes ne perdent pas de temps. Mon oncle suppose qu'elles veulent imposer à sa

* Plusieurs mois de revenus pour un paysan.

bru et à son fils de choisir une méthode contraceptive. Ils n'ont plus le droit de procréer. « Un couple, un enfant », telle est la loi. Et encore ! Il faut respecter certaines conditions. Gloire et moi, lors de notre retour chez P'pa en 1991, nous avons reçu un matin la visite de deux vieilles femmes du Comité des habitants du quartier*. Elles s'inquiétaient de savoir si nous utilisions un moyen de contraception. Nous ne figurions pas dans le planning des couples autorisés à faire un enfant. De quoi rire, ne sommes-nous pas français ?

A Pékin, la politique d'« un couple, un enfant » est appliquée à la lettre. L'est-elle aussi dans le Village des He ? Le père Li a sous-entendu qu'il existait des moyens d'échapper à un avortement forcé à la campagne.

– Il y a une tolérance, dit Mémé. Si le premier enfant est une fille, le couple peut retenter sa chance, pour avoir un garçon.

Les vieux agriculteurs ne touchent pas de pension de retraite. Selon la tradition, l'héritier mâle reprend la ferme de ses parents. Il s'occupe d'eux jusqu'à leur mort. Au contraire, une fille part vivre chez son mari, avec ses beaux-parents.

– Et si une seconde fille naît ? dis-je.

– Alors, c'est fini.

– Que se passe-t-il si une autre grossesse survient ?

Mémé balance la tête et déchire un bout de papier à lettres. Elle s'y roule une cigarette en tirant un peu de tabac de sa poche de veste. Elle fume à son âge et n'a pas perdu un soupçon de raison. Soufflant une longue bouffée, elle lâche comme si elle avait mûri sa réponse :

– C'est pas digne d'une vie d'homme, ce qui se passe. Une voisine, qui a déjà quatre enfants, a été obligée d'avorter au cours de son huitième mois de grossesse. Une fois sorti de son ventre, le fœtus pleurait comme un bébé. C'est un meurtre. Maintenant, une autre voisine qui a deux filles, attend un troisième enfant. Malgré les pressions du gouvernement, elle veut le garder, elle espère que ce sera un garçon.

– Que risque-t-elle ?

* Ce sont toujours des vieillards, surtout des femmes, qui dirigent cet organe de surveillance dans les grandes villes, montant la garde à l'entrée des rues.

– Une amende pour commencer. Ainsi, cette famille a entreposé du bois chez nous, pour qu'il ne soit pas saisi. Le gouvernement peut aussi raser leur maison. C'est une sale histoire.

Je me souviens qu'en 1982 Qian Xinzhong, le président de la Commission d'État pour le planning familial, affirmait que la population chinoise ne dépasserait pas 1,2 milliard d'habitants avant la fin du siècle. Pour y parvenir, il parlait de créer un système de retraite pour les paysans. Il ne serait plus nécessaire d'avoir un descendant mâle pour s'assurer une vieillesse confortable. Je m'en souviens, car je ne croyais pas M. Qian. C'était trop beau pour être vrai.

J'ai eu raison. Double échec : le régime de pensions qui existe dans les villes n'a pas été généralisé à la campagne, et le mille deux cents millionième Chinois est né le 15 février 1995, avec cinq ans d'avance. Faute de réussir sa politique d'un enfant par couple, le gouvernement ferme les yeux. Je n'ai fait qu'effleurer cette information en dînant avec le père Li, je craignais de généraliser. En discutant avec des paysans à Shaoshan et à Qufu, j'ai constaté, comme chez Mémé, qu'une seconde naissance était tolérée, quand le premier enfant d'un couple était une fille.

Le surpeuplement de la Chine soulève d'innombrables problèmes : du chômage à la difficulté de trouver un logement. Plus inquiétant encore, chaque jour vingt mille Chinois célèbrent leur soixantième anniversaire. Dans une cinquantaine d'années, les vieillards représenteront trente pour cent de la population. A cause de la politique d'un, voire deux enfants par couple, ces quatre cents millions de personnes âgées ne pourront toutes être prises en charge par les actifs sans créer de déséquilibre économique.

Mémé allume un feu de brindilles dans le foyer de son *kang**. Plus qu'un lit, le *kang* est une petite scène de cabaret où l'on mange, fume, bavarde, plaisante et se querelle. C'est le cœur de chaque chambre à la campagne.

A genoux, le visage contre terre, Mémé tousse en soufflant

* Lit de terre sous lequel court une conduite de cheminée, afin de le chauffer dans la masse.

pour attiser les flammes. Je propose de l'aider. Notre oncle me retient :

– Laisse-la. Ça l'occupe. Elle aime allumer son feu.

A regret, je me rassois sur le *kang*. Gloire m'y rejoint. Elle vient de sortir de la chambre du nouveau-né. Un bébé déjà joufflu. Quand est-il né exactement ? Notre oncle hésite un instant. Il ne connaît la date que dans le calendrier chinois, en fonction de la lune. Nous l'aidons. Aujourd'hui, nous sommes le dimanche 5 janvier : cela signifie que son petit-fils est né le 23 décembre, il y a treize jours. Cinquante ans de communisme n'ont donc pas réussi à balayer l'ancienne manière de compter le temps.

Mémé s'allonge sur le *kang*, face à nous, et elle déballe le paquet de gâteaux que nous lui avons apporté. Elle en offre un à Béatrice.

– Son père, d'où vient-il ? demande-t-elle à Gloire en parlant de moi, d'une voix douce, sans mépris. Du Nord ou du Sud ?

Elle me dévisage comme si elle réalisait que j'étais différent. Lors de nos précédents séjours, combien de fois lui avons-nous déjà dit que j'étais français ? Je suppose qu'elle ne s'en souvient pas, parce que la France ne représente rien pour elle. Elle n'a jamais été à l'école et n'a jamais voyagé plus loin que Pékin, à trois cents kilomètres vers le nord. Lui expliquer que je suis européen ne la renseignerait pas davantage. Où se trouve l'Europe ? demanderait-elle. Si l'Orient commence en Turquie, et si les Chinois vivent en Extrême-Orient, à l'inverse je dois être un Extrême-Occidental.

– Marc vient de l'Ouest, répond Gloire. De France.

– Oh ! Est-ce loin ?

En chinois, France se prononce *faguo*, « le pays de la loi », un joli nom.

– Oui, c'est loin. Environ dix mille kilomètres.

– Oh !

Elle mange un morceau de gâteau, puis reprend avec un sourire, caressant la tête de Béatrice :

– Son père est beau. Il est blanc et gros.

Je me retiens de pouffer de rire. Gloire aussi. Je pèse soixante-cinq kilos pour un mètre soixante-quinze. Est-ce être gras dans ce village ? Est-ce un signe de beauté ? Mémé fait mon éloge comme elle vanterait les qualités d'un porc ou d'un bœuf, sur un marché aux bestiaux. J'aime sa candeur. Je me sens à l'aise avec elle. Je ne sais pourquoi, mon regard tombe sur ses pieds, des petons boursouflés parce qu'ils ont été bandés autrefois. En 1949, année de la fondation de la République populaire de Chine, Mémé avait mon âge. Ses yeux ont vu les nationalistes, puis les communistes au pouvoir, et tant de révolutions, de guerres et de famines. Comment lui reprocher que la géographie ne l'intéresse pas ? Quelle importance ? Nous sommes tous des êtres humains, ici ou ailleurs. Ne soyons pas non plus prétentieux. L'Occident étale la même ignorance sur la Chine que la Chine sur l'Occident.

En France, sous la marque Tchaé*, Lipton vient de lancer une gamme de thés chinois en sachets : « thé vert à la menthe impériale », « au pamplemousse pagode »... Soupçonnant une supercherie sous ces appellations ronflantes, j'ai lu le baratin imprimé sur les boîtes. Cela mérite d'être cité en entier :

> Tout est venu de Chine. Un jour de l'an 2737 av. J.-C., l'empereur Chen Nung découvrit le thé vert. Selon la légende, il était assis à l'ombre du théier d'où quelques feuilles tombèrent dans la tasse. Il la but et se sentit envahi d'un grand bien-être.
>
> « Le thé éveille les humeurs et les pensées sages. Il rafraîchit le corps et apaise l'esprit. Si vous êtes abattu, le thé vous rendra la force. » (Empereur Chen Nung.)
>
> Né de cette tradition millénaire, Lipton a créé pour vous TCHAÉ, la nouvelle gamme de thés verts aux saveurs fraîches et naturelles. Sélectionnées en Chine, ses grandes feuilles associées à la fraîcheur tonique des feuilles de menthe donnent une saveur vivifiante et orientale.
>
> Avec Tchaé de Lipton, dégustez les secrets de l'Orient pour repartir en toute sérénité.

Pour commencer, les Chinois ne boivent pas de thé en sachets. Ils préfèrent aussi les bourgeons aux grandes feuilles. Quand ils parfument le thé, comme à Pékin, ils utilisent du jasmin ou des chrysanthèmes. Jamais de la menthe. Lipton confond Pékin et Alger. Pas plus doué que Mémé en géographie ! Quant à la tradition millénaire du thé, Shennong** l'inventa-t-il ? Mon œil !

* Prononciation approximative de *cha ye*, c'est-à-dire « feuilles de thé » en mandarin.
** Transcription phonétique plus courante et plus moderne de *Chen Nung*.

Ce souverain n'est qu'un mythe. Lipton ne peut-il nous faire rêver aux prétendus secrets de l'Orient, nous pousser à la consommation, en racontant la vraie histoire du thé ?

Tonique médicinal à l'origine, le thé n'est devenu populaire que sous la dynastie des Tang (618-907), avec l'expansion en Chine du bouddhisme. Les moines en buvaient à longueur de journée, pour ne pas s'assoupir pendant leurs prières. Ils influencèrent les citadins, et des maisons de thé s'ouvrirent. Les procédés de torréfaction qui produisent ce que l'on appelle le « thé vert », et dont se réclame Lipton, eux, ne datent que de la dynastie des Ming (1368-1644), pas même un millénaire.

Merci, Lipton.

Gloire discute avec notre oncle. La famille a déménagé en 1995. L'ancienne ferme tombait en ruine. Pourtant, notre oncle l'avait construite de ses mains, il y a moins de trente ans. En Chine, quand un homme monte sa maison, il sait que les murs ne tiendront pas une éternité. Les briques sont en terre crue ou peu cuite. Alors, il n'entretient pas le gros œuvre. Il préfère reconstruire, au même endroit si possible, et en plus vaste, à cause de la famille qui s'agrandit. La nouvelle habitation de notre oncle commence déjà à se lézarder. Pourra-t-il y vivre jusqu'à sa mort ? Il y a une heure, en allant aux toilettes situées dans la cour, j'ai même remarqué des tuiles soulevées sur le toit. Ce ne serait pas difficile de les remettre en place. Notre oncle ne le fera pas. Bientôt, il pleuvra dans la maison. La charpente pourrira...

A propos des toilettes – un trou de vingt centimètres de profondeur creusé sous un cabanon –, j'y ai vu deux rats détaler devant mes pas. En sortant, j'en ai repéré d'autres, par bandes de trois ou quatre, autour du tracteur et des tas de planches. Ils pullulent, à croire que notre oncle en fait l'élevage. Ou bien, il s'en fout : de la vermine comme de la décrépitude de sa « *plusnouvelle-moinsvieille* » maison. Depuis notre arrivée, je n'ai pas aperçu le chat et le chien galeux qu'il possédait en 1989. Pourquoi n'attrapent-ils pas les rats ?

– Le chat et le chien sont crevés, dit notre oncle. Ils ont mangé de la mort-aux-rats.

– Pourquoi n'en reprenez-vous pas ?

– On voudrait bien, mais il n'y en a plus dans le village. Ils ont tous bouffé du grain empoisonné. C'est une belle cochonnerie qui ne sert pas à grand-chose. Les rats sont trop malins, on en tue quelques-uns avec, et, ensuite, ils n'y touchent plus. Que faire ? Y a rien de mieux, sauf un chat ou un chien.

Balançant la tête d'un air compatissant, je revois comment notre tante affamait ce chat et ce chien galeux. Elle les nourrissait avec un demi-bol de bouillie chaque jour, juste pour qu'ils ne crèvent pas et qu'ils remplissent leur mission de gardiens et de destructeurs de vermines.

Je demande à notre oncle s'il élève encore des cochons. Je n'ai pas vu de porcherie attenante aux toilettes. Il en existait une dans l'ancienne ferme.

– Je n'ai plus de cochons, dit notre oncle. L'élevage du bétail ne rapporte pas assez... C'est pareil pour le coton. Je vais arrêter d'en planter, car les insectes attaquent les fleurs. Cette année, je ne sèmerai que du blé, du millet et du maïs. C'est ce qui rapporte le plus.

– Cultivez-vous encore du sorgho* ?

– Non. Personne ne veut plus en manger.

Je suis intrigué de savoir comment il s'occupe en hiver. Je lui pose la question.

– Je fabrique des meubles en bois, répond-il. Je les vends au marché : trente-cinq yuans la chaise, cent yuans la table.

La famille s'est enrichie sous l'ère des Quatre Modernisations. La libéralisation de l'économie et la réforme agraire lui ont enfin apporté un début de confort : un tracteur, un frigo, une machine à laver... et surtout, l'électricité toute la journée. Elle n'a pas été coupée de l'après-midi. Il y a huit ans, le courant n'était distribué que pendant quelques heures, après le coucher du soleil, mais pas tous les soirs. Souvent nous dînions à la bougie.

L'eau courante arrive aussi dans la cour : une fois par semaine. Pour un Français, cela semble une galère ; pour un paysan du village aride des He, c'est un progrès. Plus besoin d'aller tirer des seaux d'eau au puits communal. Chaque mardi, le gouver-

* Céréale résistante à la chaleur, mais peu savoureuse. Autrefois, elle était très cultivée dans la région du Village des He.

nement alimente les robinets, et tous les foyers remplissent leur citerne. Une révolution ! Bien sûr, les sceptiques me rétorqueront : « A quoi sert une machine à laver sans l'eau courante à volonté ? »

Je le sais.

Je l'ai demandé à Tante.

Cela sert à essorer, pardi ! C'est mieux que rien. J'ai envie de me pincer pour être sûr que je ne rêve pas. En huit ans, notre famille est passée du Moyen Age à la société de consommation. Comment a-t-elle fait pour se payer le réfrigérateur, la machine à laver, la scie électrique, le tracteur, le réchaud à butane, la télévision en couleurs, et se construire en plus une nouvelle maison ? Le téléviseur, à lui seul, doit coûter plus d'une année de travail.

– Le réfrigérateur et le réchaud, répond mon oncle sans la moindre gêne, nous ne les avons pas achetés. C'est un cadeau des parents de notre bru. Pour son mariage. Ils sont riches, ils possèdent des vergers de pommiers et de poiriers.

Je suis surpris. En Chine, c'est le gendre qui paie une dot* à ses beaux-parents. Cela les dédommage d'avoir nourri et éduqué leur fille, puisque, une fois mariée, celle-ci devient la propriété de la famille de son époux, corps et âme. En cas de mort précoce de celui-ci, elle doit continuer à vivre avec ses beaux-parents, et s'en occuper comme le ferait une bonne. Il y a cent cinquante ans, dans son *Voyage dans la Tartarie et dans le Tibet*, le père Huc écrivait à propos du mariage chez les Tartares, nomades dont les femmes étaient moins asservies que celles des Han :

> Le mari qui répudie sa femme n'a pas même besoin d'un prétexte, pour justifier sa conduite. Il la fait conduire, sans aucune formalité, chez ses premiers parents, et se contente de leur dire qu'il n'en veut plus [...] Le mari en est tout bonnement pour les bœufs, les moutons et les chevaux qu'il a été obligé de donner pour les cadeaux de noce. Les parents de la femme répudiée ne trouvent rien à redire à ce que l'on renvoie leur fille. Ils la font rentrer dans leur famille, jusqu'à ce que quelque autre la demande en mariage. Dans ce cas, ils se réjouissent même quel-

* Au moins deux mille yuans dans le Village des He, soit mille trois cents francs. Le revenu moyen d'un paysan est de mille neuf cents yuans par an (cf. p. 156).

quefois du nouveau profit qu'ils vont faire. Ils pourront en effet vendre deux fois la même marchandise.

De nos jours, les paysans continuent de suivre ce principe : une femme, cela s'achète. Téléviseurs et machines à laver remplacent bœufs et moutons.

Dans le cas de Printemps Sacré, m'explique Mémé, ses beaux-parents n'ont pas réclamé de dot. Sa femme insistait pour se marier avec lui. Elle était assez riche pour se choisir un homme qui lui plaise.

Printemps Sacré, bel homme ? Beauté, ma coquette belle-sœur, se moquait de lui, avec son hâle et ses traits grossiers de paysan. Gloire me signale que tout est relatif. A Pékin, Printemps Sacré passe pour un plouc ; dans le Village des He, lui qui a travaillé dans la capitale devient un dandy en costume occidental.

D'accord.

Avant de connaître sa femme, Printemps Sacré a été présenté à d'autres partis. Trop chers. Pour conclure le mariage, les parents de l'une de ces jeunes paysannes demandaient à notre oncle d'offrir sa nouvelle maison.

– Comment pouvions-nous la donner ? s'exclame Mémé. Où aurions-nous habité ? Heureusement, nous avons rencontré cette famille qui possède des vergers. Des gens bien.

Pour les parents qui cèdent leur fille en mariage, la mode dans la région, le nec plus ultra, consiste à réclamer les « six fois six », c'est-à-dire six choses en six exemplaires : six téléviseurs, six lits, six couettes... sans oublier quelques milliers de yuans en cash. Rien que pour montrer leur fille, avant toute discussion arbitrée par une entremetteuse, ils exigent que la famille du prétendant paie neuf cent quatre-vingt-dix-neuf yuans. Pourquoi cette somme particulière ? Parce que c'est un chiffre porte-bonheur, selon Mémé.

– L'an prochain, continue Mémé, nous construirons une maison pour Tigre Sacré. Il pourra se marier et vivre là-bas avec sa femme.

Tigre Sacré est le frère cadet de Printemps Sacré. Agé de vingt-trois ans, il travaille la terre avec notre oncle. Nous continuons de bavarder, la nuit tombe, et Tante prépare le dîner. A table ! Une fois de plus, s'étale devant nos yeux la preuve que la famille s'est enrichie.

Tante a cuisiné un sauté de céleri au porc, un autre de tiges d'ail, et elle a découpé un poulet froid. Elle n'attendait pas notre visite, mais son réfrigérateur est rempli de viande et de légumes, conservés pêle-mêle certes, sans emballage et sans hygiène. Autrefois, hiver comme été, les trois repas quotidiens se composaient de rutabagas en saumure, de pain et de bouillie. La famille ne s'offrait qu'une ou deux fois par mois des légumes verts. Elle ne consommait jamais de riz, elle n'était pas assez riche pour en acheter. Cette céréale ne pousse pas dans la région. Ce soir, Tante a fait cuire du riz, en sus des pains à la vapeur et d'une bouillie de millet. Elle mange aussi du poulet. Elle n'est plus végétarienne.

– Je me suis habituée à la viande, dit-elle.

Tante et Mémé viennent de s'attabler, alors que nous dînons depuis plus d'une heure. *Nous*, cela inclut l'oncle, les cousins, Gloire et moi. Comme un homme, Gloire boit de l'alcool. Mi-chinoise, mi-française, elle ne choque pas. En revanche, selon la tradition, Tante et Mémé ont dû patienter que nous arrêtions de trinquer avant de nous rejoindre. Elles mangent nos restes.

Mal à l'aise, Gloire et moi les avions priées de nous accompagner dès le début du repas. Elles avaient refusé. Tante avait rougi. Elle semblait gênée à l'idée de s'asseoir avec des hommes en train de s'enivrer. Elle s'est retirée dans la chambre de sa bru, et Mémé a attendu en regardant la télé.

Nous n'avons pas insisté. Existence cruelle de la paysanne chinoise. Tante a cuisiné, mais elle mange les restes refroidis. Ensuite, elle fera la vaisselle dans la cour, par une température en dessous de zéro.

6 janvier.

La nuit dernière, nous nous sommes gelés dans la chambre de Tigre Sacré. Il nous l'a prêtée, mais elle n'est pas chauffée, et son lit double à l'occidentale n'est pas traversé comme un *kang* par une cheminée en dessous. Nous avons dormi tous les trois habillés, avec nos pantalons et nos pulls, blottis l'un contre l'autre.

Ce matin, nous sommes allés au marché qui se tient deux fois par mois dans un village à trois kilomètres. A travers champs, nous avons marché deux heures aller et retour dans la neige. Nos chaussures chinoises en coton ont été trempées. Ce n'est pas facile de vivre chez Mémé en hiver.

Pourtant, je me sens milliardaire.

Au marché, tout coûtait moitié prix qu'à Pékin : l'équivalent de deux francs français une bouteille d'un demi-litre d'eau-de-vie, ou de soixante centimes un paquet de cigarettes avec filtre, ou encore de trois francs un pyjama pour Béatrice. Presque rien ! De même, notre oncle a acheté deux mille yuans (mille trois cents francs) l'emplacement où il a construit sa nouvelle ferme. A vue d'œil, cette parcelle mesure dix ares. Cela permet de se représenter le pouvoir d'achat des mille neuf cents yuans de revenu annuel, officiel et moyen, par habitant à la campagne. Par comparaison, en France, dans un village, dix ares de terrain à bâtir coûteraient environ cinquante mille francs, moins d'une année de travail. Avec ce pactole, ici, je pourrais acquérir quarante fois plus de terre.

Voilà une idée. Plutôt que de sous-vivre à Paris comme un pauvre, je devrais m'installer dans le Village des He, vivre de mes droits d'auteur français comme si j'avais gagné au loto. Pouvoir dépenser sans compter, quel rêve !

De retour à la ferme, nous déjeunons en famille, puis notre oncle nous emmène voir la seule construction ancienne – *plus-vieille* – du village : un porche en pierre à l'entrée d'une ruelle. Il est dédié à une veuve dont le mari possédait un ami eunuque dans la Cité interdite, sous la dynastie des Qing. Cette femme ne s'est jamais remariée. Son « calvaire de chasteté » lui a permis de s'inscrire dans l'histoire locale. Drôle de destin.

Nous passons le reste de l'après-midi dans la cour, au soleil. Nous regardons notre oncle scier des planches et assembler une table. Accroupies à côté, Mémé et Béatrice décortiquent des fleurs de coton à l'aide d'un marteau. Elles semblent jouer, elles m'amusent. Je ne me lasse pas de les observer. Je ferme les yeux un moment, puis je les rouvre : Mémé et Béatrice continuent de s'entraider, riant ou se chamaillant pour tenir le marteau. Quatre-vingts ans les séparent, mais je retrouve chez Béa, ma métisse, le petit nez épaté, le sourire malicieux et la candeur de Mémé. Je lui souhaite de vivre aussi longtemps, aussi heureuse que son arrière-grand-mère.

7 janvier.

Hier, à la télé, la météo annonçait une température de moins douze degrés dans la région. Ce chiffre ne bat aucun record, mais la maison n'est pas chauffée, en dehors de la chambre de Mémé*, avec son *kang* et son petit poêle au coke.

Toute la nuit, dans notre lit, nous grelottons de froid. Nous ne pouvons nous allonger immobiles. Nous bougeons sans cesse, comme pour réchauffer les draps, ou nous blottir tous les trois, de plus en plus serrés. Vain espoir. Cela est même désagréable de nous toucher, de nous frotter avec nos pieds et nos mains glacés. Impossible de trouver le sommeil. En me levant à l'aube, je constate qu'il gèle dans la chambre. Nos brosses à dents sont dures, couvertes de givre. Dans la cuisine, la vaisselle de la veille n'a pas séché, la glace colle les assiettes et les bols entre eux.

Nous prenons le petit déjeuner, puis Tigre Sacré nous emmène nous recueillir devant le tumulus du grand-père de Gloire, à la sortie du village. Il est décédé il y a vingt-cinq ans. Ensuite, nous rentrons. Aucun marché ne se tient dans les villages alentour. Que faire ? Nous ne pouvons regarder Oncle dans la cour. Il fait trop froid. Oncle ne travaille pas. Il nous laisse avec Mémé et tue le temps en promenant Béatrice chez les voisins.

Quel ennui ! Faut-il se croiser les bras et attendre le dégel, le printemps ? Ici, le thermomètre stationne en dessous de zéro de décembre à février, sans périodes de redoux comme en France. Le vent de Sibérie souffle en rafales, chargé du sable qu'il a volé en Mongolie.

* La chambre de la bru qui suit le *zuoyuezi*, et où je n'entre pas, est, selon Gloire, également chauffée.

L'expression « se croiser les bras » ne convient pas. Il fait trop froid pour rester immobile plus de deux minutes à un endroit, car des fourmillements vous brûlent les pieds et les mains.

Vais-je continuer à prendre ces notes ? Le mouvement du stylo ne suffit pas à me réchauffer le bout des doigts. Ils s'engourdissent, je ne parviens plus à former des lettres. Je range mon carnet. Je m'installe sur une chaise, devant le poêle de Mémé, et j'allonge mes pieds.

Emmitouflés dans leur manteau, mes cousins regardent la télévision : une chorale militaire est en train de s'époumoner. Le programme suivant rediffuse une série de kung-fu. Chouettes divertissements ! Nous grillons cigarette sur cigarette, histoire de nous réchauffer au moins les poumons.

Pffff... ce que je m'ennuie ! Je pourrais compter les secondes, les minutes, les heures. Rallumons une cigarette.

Je crois que, même milliardaire, je ne pourrais vivre dans le Village des He. Il n'y a rien dans ce trou perdu : ni bois où se promener, ni rivière où pêcher, ni cinéma, ni bibliothèque... Je m'imagine condamné – pour je ne sais quel crime – à l'exil à perpétuité chez Mémé. Peut-être préférerais-je mourir ? Je suppose que j'exagère, mais à l'instant, une telle existence me paraît au-dessus de mes forces. Sans plaisir, pourquoi vivre ? Pourtant, mes cousins gardent le sourire. Ils ne se plaignent ni de l'ennui, ni du froid, ni de la faim.

Bon sang, j'ai faim. A manger tout cru un poulet avec ses plumes. L'ennui concentre ma pensée sur mon estomac, comme lorsque je mendiais à Bénarès, « dans la peau d'un intouchable ». J'attends un repas. Je n'attends que cela. Dans l'espoir de précipiter cet événement, Gloire et moi, nous aidons Tante à rouler et à farcir les raviolis du déjeuner. Ensuite, nous nous régalons à table, et, de nouveau, nous consommons cigarettes et télé, tout l'après-midi.

Le soir, pendant le dîner, nous buvons de l'alcool. Cela rend gai. Dans la région, l'eau-de-vie de sorgho est réputée, elle titre soixante-cinq degrés. J'en ai acheté deux bouteilles pour trinquer avec notre oncle, et Gloire a cuisiné des dés de porc aux cacahuètes et aux piments, en plus des plats préparés par Tante.

L'alcool de sorgho et les dés de porc aux cacahuètes et aux

piments s'harmonisent bien. J'ai toujours raffolé de ce mélange, je ne connais rien de meilleur pour exciter l'appétit. Notre oncle doit penser comme moi. Il pousse à manger et à boire. Il porte toast sur toast : « A nos retrouvailles ! A votre mariage ! A mon petit-fils ! A P'pa !... »

Voilà trois jours que nous sommes arrivés à la ferme. L'ivresse aidant, les langues se délient. Notre oncle parle de P'pa. Il dit à Gloire, avec douceur :

– Ta mère est morte trop jeune. Ton père devait se remarier. Quand un homme vieillit, il ne peut rester sans une femme pour s'occuper de lui. Comment est-elle... ta belle-mère ?

– Elle a dix ans de moins que P'pa, dit Gloire en s'efforçant de prendre un ton détaché. Elle est gentille avec lui. Elle lui fait de la bonne cuisine, et, tous les deux, ils ont la passion du mah-jong. Ils y jouent tous les soirs, avec des amis. P'pa est heureux, je crois. N'avez-vous jamais rencontré ma belle-mère ?

– Non. Je n'oserais pas aller la voir à Pékin. Tu comprends, cela me gênerait de voir ton père avec une autre femme que ta mère. Mais, pour sûr, il a eu raison de se remarier.

Gloire baisse les yeux. Notre oncle ressert une tournée d'alcool.

– Allez. Cul sec !

Nous l'imitons. L'eau-de-vie nous brûle la gorge, elle nous chauffe le visage. Ce sont des sensations délicieuses, ce soir.

– Oncle, murmure Gloire. P'pa nous a obligés de donner trois mille yuans à ma belle-mère.

Notre oncle nous regarde en écarquillant les yeux.

– Trois mille yuans ! répète-t-il. C'est beaucoup.

– Je sais. Nous ne pouvions pas refuser. Nous aurions fait perdre la face à P'pa.

– Gloire, tu as eu raison d'obéir à ton père. Faut lui faire plaisir. Si cette femme est gentille, c'est le principal.

Gloire respire à pleins poumons. Je devine sa pensée. Elle hésite, comme si les mots la blessaient :

– En échange des trois mille yuans, cette femme m'a donné une bague en or. Je préférerais qu'elle ne me fasse pas de cadeau.

– Cette femme sait se conduire, dit notre oncle.

– Je ne sais que penser. Cette femme n'est pas méchante, mais ma mère me manque. Elle ne la remplacera jamais.

Et comme lors de notre arrivée à la ferme, Gloire éclate en sanglots.

– N'en parlons plus, murmure-t-elle en essuyant ses yeux avec un mouchoir.

Notre oncle reverse à boire, et, cette fois, il porte un toast en mon honneur.

– Cul sec ! Pour Marc !... C'est un bon mari, ajoute-t-il en regardant Gloire. J'en suis sûr.

Que répondre ? Notre oncle n'est pas homme à finasser ni à faire des compliments gratuits. Il dit toujours ce qu'il pense, au moment où il le pense. Il a sans doute trop bu. Gloire aussi. Moi aussi. Je me sens rougir.

– Marc est un étranger, poursuit-il. Tant pis ! En tout cas, c'est le meilleur gendre de ton père. Les deux autres ne valent rien du tout. Fidel Prosper est un pique-assiette et Vent Fort un voyou. Qu'en pense ton père ?

– Je suppose qu'il aime Marc. Oui, c'est le gendre qu'il préfère. Il a confiance en lui.

Gloire doit se rappeler que P'pa nous a confié ses économies, pour les déposer à la banque.

– Je pense comme ton père. Je ne suis qu'un pauvre paysan, mais j'aime la droiture.

Et il me pointe du doigt, d'un air presque menaçant :

– Promets que tu seras toujours bon avec Gloire !

Je le fais, puis, rougissant de plus en plus sous les compliments et l'effet de l'alcool, je prétexte une envie d'aller aux toilettes pour me rafraîchir dans la cour.

Avec une cruche, je tire un peu d'eau de la citerne et je m'asperge le visage. L'eau glacée me réveille quelques secondes. Dans le noir, de tous côtés, j'entends des rats courir et couiner. Ma présence doit les déranger. Je suis encerclé. Ils sont des dizaines. Au moins, eux, ils ne craignent pas le froid. Moi, je tremble. Je fonce me réfugier dans la maison.

L'alcool rend mélancolique. Notre oncle est en train de raconter à Gloire combien ses parents étaient pauvres avant qu'elle ne vienne au monde. C'est la première fois que je l'entends nous parler du passé. Cela m'intéresse. Malgré l'ivresse qui me tourne la tête, je fais un effort pour me rappeler chacune de ses paroles : comment il considérait M'man et P'pa autrefois. Le récit se situe entre 1963 et 1965, juste après la naissance de Beauté, après la famine qui succéda au Grand Bond en Avant. Notre oncle était venu en visite à Pékin.

– Ta mère et ton père, dit-il à Gloire, étaient plus pauvres que nous autres à la campagne. Ils avaient trois enfants, et ta mère souffrait déjà de la tuberculose. Oh, je m'en souviens, j'avais honte pour ton père. Il était habillé comme un clochard, avec des habits déchirés. Je le voyais partir le matin au travail. Il emportait juste deux *mantou** pour son déjeuner. Il n'avait même pas de légumes saumurés.

– C'est vrai, soupire Gloire, nous sommes si riches maintenant. Dans les années soixante-dix, mes parents étaient trop pauvres pour me payer la cantine au lycée.

Je pense à P'pa. A cette heure, il doit jouer aux dominos. Son existence me donne le vertige. Comment sa bonhomie a-t-elle pu s'affirmer en traversant la guerre sino-japonaise, la révolution maoïste, le mouvement des Cent Fleurs, le Grand Bond en Avant, la famine, la Révolution culturelle, les Quatre Modernisations, le veuvage ? Il a tout vécu sans perdre goût à la vie. P'pa est une encyclopédie vivante, et, à présent, il s'entraîne aux dominos, comme un champion.

8 janvier.

Tante Grâce habite en ville, à une dizaine de kilomètres du Village des He. Nous prenons un car pour aller lui rendre visite, pendant sa pause déjeuner, entre les classes du matin et de l'après-midi. Elle est institutrice. L'intellectuelle de la famille.

Agée d'une quarantaine d'années, tante Grâce est la sœur cadette de M'man. A vingt ans, à la fin de la Révolution culturelle, elle est entrée au Parti communiste et a été nommée au gouvernement d'une commune populaire (groupement de villages

* Un *mantou* est un petit pain cuit à la vapeur. Il pèse une centaine de grammes.

à l'époque). C'était la mode de parachuter de jeunes femmes à des postes de responsabilité. Après la chute de la Bande des Quatre, tante Grâce a été mise à l'écart du pouvoir. Elle s'est reclassée comme institutrice.

J'ai toujours entendu Gloire et ses sœurs lui reprocher de manquer de franchise et d'être une ambitieuse, une politicarde. Moi, je l'aime bien. Le sourire de cette grosse femme me met en confiance. Je l'ai rencontrée en 1987 et en 1989. Elle possède un corps en forme de quille et les joues rondes d'un poupon, qui devraient la faire surnommer tante Grasse. Je m'amuse, je m'excuse, je ne cherche pas à être méchant, d'ailleurs le jeu de mots ne fonctionne pas en chinois.

Tante Grâce n'a pas changé. Pas une ride ne la vieillit.

Printemps Sacré l'a prévenue de notre visite, et elle nous attend dans la cour de récréation. Des gosses y jouent au ballon, au pied du drapeau rouge à cinq étoiles de la République populaire de Chine. Il claque sous les rafales du vent de Sibérie.

Nous suivons tante Grâce le long de baraquements rectangulaires et blanchâtres qui ressemblent à ceux d'un camp de concentration. Ce sont les salles de classe. Par-derrière, dans un petit pavillon en briques d'un étage, tante Grâce dispose d'un logement de fonction : une chambre de dix mètres carrés. L'eau et les toilettes se trouvent au fond de la cour de récréation, à une centaine de mètres.

En 1989, tante Grâce habitait un deux pièces à l'extérieur de l'école, mais les loyers ont flambé avec la croissance de l'économie chinoise. Son salaire d'institutrice de trois cents yuans par mois n'a pas suivi. *Idem* pour celui de son mari. Il est forgeron dans une usine à l'autre bout de la ville. Il part à l'aube et rentre à la nuit tombée. Il gagne deux cents yuans, la moitié du revenu moyen d'un citadin. Ils ont dû déménager, comme si les Quatre Modernisations les avaient oubliés, puis appauvris. Ici, ils ne paient que un yuan* de loyer mensuel. A la retraite de tante Grâce, ils ne pourront conserver ce bouge. Ils devront quitter la ville. Ils se réfugieront dans le village natal du mari de tante

* Soixante-cinq centimes français !

Grâce. Peut-être devront-ils cohabiter avec un frère, ou des neveux... dans la misérable ferme de famille.

Par la force des choses, tout est arrangé avec génie dans ces dix mètres carrés, où le couple vit avec deux enfants, nos cousins. Ils viennent de rentrer pour déjeuner : une fille et un garçon de dix et six ans. Au fond de la pièce, contre le mur, un lit double est installé. A la tête de celui-ci, un autre lit – d'une seule place – est coincé perpendiculairement, comme s'il avait été fabriqué sur mesure. Les lits servent aussi de sièges pour s'asseoir à la table qui occupe le centre du logement. Derrière la porte d'entrée, un poêle au coke tout rouillé nous enfume. J'éprouve de la gêne en sachant que quatre personnes habitent ici. Je n'aurais peut-être pas dû venir déranger tante Grâce. Je m'aperçois d'ailleurs que la pudeur m'a fait taire certains détails dans ma description. Sur les murs mangés par le salpêtre, plus crottés, plus humides que ceux d'une étable, des torchons et des habits sales pendent. Une armoire, une commode et un garde-manger en bois meublent le reste du décor. Là, à présent, vous pouvez nous imaginer en réunion de famille. Serrés coude à coude, nous mangeons les nouilles que tante Grâce vient de faire bouillir sur le poêle.

Un diplôme punaisé au-dessus de la commode m'attire l'œil. Il ne date que de l'été dernier, il est déjà jauni. Je le lis. Corail, notre cousine, a été consacrée « élève possédant les trois qualités : la santé, la réussite dans les études et l'ardeur au travail ».

Est-ce une blague ? Ou plutôt un talisman, accroché pour conjurer le sort ? Corail souffre d'une malformation du cœur. Elle peut mourir d'un jour à l'autre. Le gouvernement a ainsi autorisé tante Grâce à avoir un second enfant.

Corail a subi une opération des valves cardiaques. Depuis, elle mène une vie normale. Pour combien de temps ? Mémé nous a raconté que, chaque matin, Corail consomme un œuf dur, mariné et cuit dans son urine. Un guérisseur lui a prescrit ce remède de longévité. J'observe ma cousine. C'est une fillette enrobée. Elle mange les nouilles avec appétit. Elle en redemande un bol. Quelle angoisse pour des parents de savoir que demain leur enfant peut s'éteindre ! Quelle détresse quand on ne possède même pas les moyens de lui offrir un peu de confort !

J'ai écrit que Corail et son frère étaient rentrés pour déjeuner.

Ils venaient de *leur* école. Je répète : *leur* école, car celle de tante Grâce est surchargée. Elle n'a pas pu les y inscrire, même en y travaillant et en y habitant. Ils fréquentent un établissement distant de dix minutes à pied. Ils effectuent l'aller et retour deux fois par jour. Est-ce une conséquence de la surpopulation chinoise ? Ou est-ce juste un signe que cette ville manque d'écoles ? Je demande à Corail :

– Combien d'élèves êtes-vous dans ta classe ?

– Nous sommes soixante-dix.

Elle le dit sans s'arrêter de manger, comme si le chiffre lui semblait normal.

– La classe est-elle chauffée ?

– Y a un petit poêle, mais cela ne suffit pas. Le matin, nous avons les doigts gelés, la maîtresse ne nous fait pas écrire.

Corail garde une voix neutre, elle ne se plaint pas.

– Savez-vous ? dit tante Grâce avec fierté... Corail a été nommée chef des Jeunes Pionniers de sa classe.

Les Jeunes Pionniers sont en quelque sorte les louveteaux du maoïsme. Ce mouvement constitue l'organisation révolutionnaire des écoliers. Aujourd'hui, la majorité des petits Chinois en fait partie, un peu comme en France tous les enfants sont vaccinés par le BCG. Appartenir aux Jeunes Pionniers n'est plus une distinction, à moins d'être un chef, comme Corail. Sa voie est-elle tracée ? Adulte, deviendra-t-elle membre du Parti communiste, à l'image de sa mère ? Je demande à tante Grâce :

– Êtes-vous toujours communiste ?

– Oui, répond-elle mollement.

– Assistez-vous à des réunions ?

– Oui, deux fois par mois. C'est du temps perdu. Une corvée.

– Pourquoi ?

– Ces réunions ne servent à rien. On écoute un responsable nous réciter de la propagande, et on se contente d'approuver.

– Croyez-vous encore au communisme ?

– Bien sûr que non. J'ai envie de démissionner du Parti. Mais cela m'attirerait des ennuis. Ce serait considéré comme une critique du gouvernement.

Tante Grâce est piégée. Sa vie se résume à une succession d'échecs ou de reculs, parce qu'elle a flirté avec la politique du temps de la Bande des Quatre. Pendant ce temps, les autres Chinois s'enrichissent sous les Quatre Modernisations. Elle se lève, s'approche de Béatrice et lui glisse un billet de dix yuans dans la main. Un présent !

J'ordonne à Béatrice de remercier tante Grâce et de lui rendre son argent. Comment pourrions-nous accepter dix yuans, presque une journée de son salaire ? Je me sens de plus en plus mal à l'aise dans cette pièce de dix mètres carrés. Je fais un calcul : trois cents yuans, le salaire mensuel de tante Grâce, ne paient qu'une nuit dans l'hôtel trois étoiles où nous habitions à Qufu, la ville de Confucius. Pourtant, en louant trois cents yuans (deux cents francs) une chambre pour trois personnes, je n'avais pas le sentiment d'être riche ni de gaspiller de l'argent. J'aurais honte d'avouer cette dépense à tante Grâce. En ajoutant la paie de son mari à la sienne, elle dispose de quinze yuans (dix francs) par jour pour vivre à quatre : c'est juste le prix d'un kilo de porc maigre, ou de cinq kilos de riz, ou d'une chemise. Mangent-ils tous les jours à satiété ?

Sans doute moins qu'il y a huit ans.

9 janvier.

Ce matin, nous sommes partis de chez Mémé. Nous sommes montés dans le train express qui relie Shanghai à Taiyuan, la capitale du Shanxi. Nous descendrons en chemin à Yangquan. Demain, nous prendrons un autocar pour Dazhai, ce paradis agricole des années soixante et soixante-dix, dont toute la Chine devait suivre l'exemple.

J'ai attrapé la grippe. Les symptômes ne trompent pas : courbatures, diarrhée, nez bouché et migraine qui martèle mon crâne. Malgré le froid, la fièvre me trempe le dos de sueur. Je me sens vidé, sans force. Si seulement je n'avais pas prévu de visiter Dazhai, je ne me sentirai pas obligé de nous y entraîner. Nous rentrerions à Pékin, chez P'pa, au chaud. Nous pourrions nous laver, manger à notre appétit et jouer aux dominos.

Pourquoi allons-nous à Dazhai ? Pour voir un pseudo-paradis ? Un modèle de plus ? Quand nous en reviendrons, nous en serons au même point. Bien sûr, nous aurons appris quelques informations et nous aurons approfondi notre connaissance de la Chine. Et alors ? A quoi cela nous avancera-t-il, sinon à retarder de nouveaux voyages – autant de galères ? Il faut toujours enquêter, toujours, parce que l'on n'arrive jamais à tout comprendre. De nouveaux doutes chassent les nouvelles conclusions.

C'est la première fois que je m'aventure dans le Shanxi, le pays de la houille et des mines de fer. A l'ouest de Shijiazhuang*, le train serpente sur la plus ancienne** ligne électrifiée à double voie de Chine : un axe stratégique pour transporter les matières premières.

Je feuillette notre atlas de poche. Il signale les records de température du Shanxi : – 44,8° C et + 42° C. En l'espace de quelques kilomètres, des montagnes ont coiffé l'immense plaine du fleuve Jaune. Nous franchissons une frontière. De la Terre à la Lune. Tout change, notre voyage bascule dans une autre Chine. Sans soleil, sans arbres, sans neige. Agrippées sur les terrasses jaunes et caillouteuses, les usines crachent de la fumée noire qui retombe en brouillard au fond de gorges où les lits des rivières sont à sec. Nous pénétrons dans la contrée la plus moche de Chine. Drôle d'idée de l'avoir choisie pour y implanter le paradis, à Dazhai !

C'est l'heure de déjeuner, Gloire et Béatrice grignotent des crackers et des cacahuètes. Quant à moi, la fièvre me coupe l'appétit. J'observe le voyageur assis sur la banquette en face de nous. Il achète un paquet-repas à une cantinière qui pousse un chariot dans l'allée. Agé d'une quarantaine d'années, cet homme porte une veste dont les déchirures libèrent la bourre de coton. Ses mains noircies, comme par le charbon, me laissent deviner qu'il est mineur. Il présente le paquet-repas devant ses lèvres, et, s'aidant de baguettes, il aspire le riz. Je me demande s'il ne va pas engloutir le carton avec, tant il fait de bruits de succion. Il a faim. En un éclair, il a fini. Il a nettoyé le carton. Il le jette par terre, dans l'allée. Puis il crache et rote avec un sourire de satisfaction. A présent, il se pince chaque narine, l'une après l'autre,

* La capitale du Hebei (voir aussi note p. 148).
** Ouverte en 1980.

et expulse un filet de morve entre ses pieds. Il se redresse et lâche un pet. Cet homme est nature. Sans aucune gêne.

Dans l'idéal, pour préparer sa digestion et sa sieste, il lui reste à griller une cigarette, puis à se curer les dents et les oreilles avec l'allumette. Il s'y résout, mais la cigarette est un mégot qu'il ramasse sous la banquette.

Je décris la scène parce que ce voyageur me surprend. Certes, mis à part la récupération du mégot, ses gestes sont quelconques chez un Chinois. C'est plutôt leur exécution dans un train, en public, qui est inhabituelle. Tout change au Shanxi, les paysages et la conduite des gens.

En retard, le train arrive vers dix-neuf heures à Yangquan : une ville de hauts-fourneaux, une cité communiste d'arrière-garde. Comme du temps de la Bande des Quatre, des banderoles, des slogans sur fond rouge, sont pendues dans les rues et aux façades des hôtels. Ce sont des messages d'autofélicitation pour tel ou tel meeting dédié à la glorieuse construction de la patrie socialiste. Si le pays de cocagne est un paradis où seuls les cadres du Parti ripaillent de séminaires en banquets, il se trouve bien à Yangquan. Ces leaders squattent les hôtels et les restaurants. Aux frais du peuple. Tout est complet, complet, complet, nous répètent les réceptionnistes. Finalement, nous réussissons à nous faire enregistrer à l'hôtel de l'Édification. Par prudence, nous louons une chambre de luxe, à cent quarante yuans, avec moquette.

Mettons la politique au poste de commandement ! Vive le peuple ! Vive la lutte des classes ! D'accord. Mais, à Yangquan, les Quatre Modernisations communistes n'incluent pas celle du ménage. C'est notre faute. Il ne fallait pas surestimer Yangquan la rouge, la conservatrice. La moquette de notre chambre n'a jamais dû être caressée par un balai. Elle est jonchée de mégots, de miettes et de bouts de papier. Et hop ! j'ouvre les draps de nos lits jumeaux. Ils sont *plussales*, c'est-à-dire plus sales que sales : l'extrême de la crasse. Ils sont semés de cheveux frisés ou de poils. Des empreintes de semelles les maculent. Quelqu'un a sauté à pieds joints dans ces lits, ou il y a dormi avec ses chaussures. Dans les couchettes de train, j'ai souvent observé des Chinois, les paysans comme les businessmen, s'allonger dans les draps sans se déchausser. Bien sûr, dans cette chambre, le chauffage central ne fonctionne qu'en position hors gel, mais de là à me coucher avec mes chaussures, mon éducation occidentale me le défendrait. Est-ce la raison pour laquelle je dois payer double tarif en tant qu'étranger ?

N'en parlons plus. J'ai la fièvre, je me sens vidé. Au moins, la concierge nous a garanti une salle de bains avec de l'eau chaude. Par expérience de la plomberie des pays socialistes, dont j'ai entendu les canalisations résonner dans les hôtels de Tirana à Pékin via Moscou, j'ouvre les robinets pour vérifier ce qu'ils crachent, si ce ne sont pas que des objets décoratifs. L'eau coule, limpide, chaude et froide. Parfait. Après quatre jours chez Mémé, l'idée de me laver me réjouit. Je déshabille Béatrice, puis j'ôte mes propres vêtements. Nous nous glissons tous les deux sous la pomme de la douche, en nous chatouillant, en riant.

Erreur fatale. J'ai oublié de tester les deux robinets en même temps. Par un procédé diabolique que je ne saurais expliquer, au lieu de fournir de l'eau tiède, le mélangeur distribue cinq secondes d'eau chaude, puis une demi-minute d'eau froide, ainsi de suite, alternativement, mais jamais les deux ensemble. Du coup, l'eau froide devient *plusfroide*. De la glace liquide. Béatrice hurle.

10 janvier.

Que suis-je venu chercher à Dazhai ? Quelles informations ? Je ne sais pas, je n'ai pas de sujet.

Je vais vous raconter la plus vieille histoire du monde. Elle vient de Perse ou d'Inde. Elle remonte à la nuit des temps. Peut-être la connaissez-vous ?

> C'est l'histoire d'un homme qui a perdu sa clé :
> Un autre homme le voit en train de la chercher et lui demande s'il l'a perdue à cet endroit.
> – Non, répond le premier homme, je ne crois pas. Mais ici, au moins, il y a de la lumière.

Eh bien, ce voyage à Dazhai, c'est pareil. Je ne suis jamais allé dans ce village, mais je sais que le lieu est chargé d'histoire.

En août 1963, la pluie tomba pendant sept jours sur Dazhai. Une inondation détruisit les maisons et les cultures. Sans se laisser démoraliser, ni accepter l'aide de l'État, les paysans réensemencèrent les champs le jour, et ils reconstruisirent les habitations la nuit. Ils réussirent même à battre leur record de production céréalière. Ainsi naquit la légende de Dazhai. L'année suivante, le président Mao décréta que « l'agriculture devait suivre l'exemple de Dazhai ». La Chine sortait de la famine et de la faillite du Grand Bond en Avant. Pour construire le socialisme et développer l'économie, chaque Chinois devait imiter les héros de Dazhai : compter sur ses propres forces dans un esprit collectiviste et d'amour de la patrie.

Privés à l'époque de lopins individuels, les paysans de Dazhai étaient rémunérés en fonction du nombre de journées de travail, sans tenir compte de la qualité de celui-ci. L'égalitarisme absolu. A chacun selon ses besoins. Le rêve communiste se réalisait enfin. Il décuplait la générosité et les forces. Sans aide extérieure, stimulés par l'étude du *Petit Livre rouge*, les paysans rasaient les montagnes pour augmenter les surfaces de terre arable. Ils construisaient des téléphériques et des kilomètres et des kilomètres de canaux d'irrigation. Ils récoltaient à l'hectare quatre fois plus de grain que la moyenne des villages de la région. Au milieu des années soixante-dix, ils se lancèrent même dans la dérivation d'une rivière. Les travaux prévoyaient de creuser 18,5 kilomètres de tunnels. Ils engloutirent cinquante millions de yuans et furent interrompus en 1980, après la prise de pouvoir de Deng Xiaoping. Les organes de propagande révélèrent que les prouesses de Dazhai étaient exagérées ou truquées. Les paysans de Dazhai ne s'étaient pas non plus contentés de leurs propres forces et de leur intelligence révolutionnaire. Ils avaient bénéficié de subventions et de l'aide de l'armée pour niveler les montagnes.

Trop beau pour être vrai. Victime de son imposture, Dazhai retomba dans l'oubli. Les journaux n'en parlèrent plus, sauf, parfois, comme d'un exemple de gaspillage, comme d'une tare de la Révolution culturelle. Je le constatai encore, il y a une dizaine de jours : le seul nom de Dazhai suscita une moue de dédain chez P'pa, ma belle-mère et mes belles-sœurs, quand nous leur annonçâmes ce voyage.

Dazhai compte cinq cents habitants, répartis en une centaine de familles, à peine plus qu'il y a une vingtaine d'années, quand le village atteignit l'apogée de sa gloire. Maintenant, il n'existe plus de service d'autocar. Nous terminons en taxi les quatre derniers kilomètres, depuis le chef-lieu de Xiyang. Il nous dépose en milieu de matinée dans la cour de l'« Hôtel international de Dazhai », le seul du village.

International ? Il doit l'être, à en juger par sa grandeur : une longue façade d'usine, avec une annexe enterrée dans le flanc d'une colline et une cheminée de vingt mètres, identique justement à celle d'une aciérie. Il n'y a pas âme qui vive dans la cour de plusieurs milliers de mètres carrés. Soudain, au fond, dans une galerie qui ne peut être que la salle d'une immense cantine ou celle des machines d'une centrale hydroélectrique, je remarque une, puis plusieurs têtes qui bougent derrière une baie vitrée. Des yeux nous surveillent, les trois fourmis que nous sommes. Ne traînons pas, entrons dans le hall principal.

Là aussi, il n'y a pas un chat. Le silence nous inquiète. Sommes-nous venus à Dazhai pour rien ? Est-ce un village fantôme ? Gloire appelle la réceptionniste à voix haute. Aussitôt, une jeune femme arrive en trottinant, et nous lui demandons une chambre.

Nous sommes bien dans un hôtel international : il accepte les étrangers. Peut-être sommes-nous les seuls clients ? Nous ne croisons personne dans les couloirs et les escaliers, et je remarque que la concierge de l'étage où nous logeons ne ferme pas les chambres à clé.

Nous sommes installés. Nous n'avons que le temps de griller une cigarette, de tester la plomberie de la salle de bains, déjà quelqu'un frappe à notre porte. J'ouvre. Voici le sous-directeur de l'hôtel. Agé d'une cinquantaine d'années, il porte un costume gris sans cravate. C'est le troisième être humain que nous rencontrons. Il vient nous saluer. Le client est chouchouté ici.

Ce sous-directeur ne m'inspire pas confiance. Oui. Je n'aime pas ses petits yeux luisants de martre qui n'aurait pas saigné une volaille de l'hiver. Sa voix nasillarde indique qu'il se réveille tout juste. Ses pensées sont troubles. Que cherche-t-il ? Nous ne pouvons le chasser. Il s'invite, s'assoit sur une chaise et nous prie de l'imiter sur les lits.

Parlant de choses et d'autres, il cherche à découvrir le but de notre séjour. Sans biaiser, nous répondons que nous sommes des touristes. La célébrité de Dazhai nous a attirés. Le sous-directeur sourit d'un air rassuré. J'en profite, je m'étonne que son hôtel soit désert.

– L'aile la plus récente, la plus grande, celle où vous habitez, explique-t-il, a été ouverte en 1977. Elle compte cent cinquante lits. Autrefois, les chambres étaient toutes occupées. Les délégations se succédaient pour venir étudier le modèle de Dazhai.

– Regrettez-vous cette époque ? dis-je.

Il ne répond pas et enchaîne en élevant le ton, avec fierté :

– Notre hôtel était réservé aux cadres. Nous accueillions aussi beaucoup d'étrangers. Ils venaient du monde entier. Savez-vous que les gens ordinaires ne pouvaient pas loger ici ? Il n'y avait pas assez de place. Pour des raisons de sécurité, ils n'avaient même pas le droit d'entrer dans la cour. Nous recevions de hauts dirigeants chinois.

Il pointe l'index vers la fenêtre. Il désigne, en face, le bâtiment enterré dans une colline :

– Regardez ! Cette aile troglodyte date de 1973. Zhou Enlai, Jiang Qing et Deng Xiaoping y ont dormi.

Il parle au passé, comme si nous ne pouvions croiser que des fantômes du maoïsme dans son palace.

– Vous devriez visiter le musée de Dazhai, sur la montagne de la Tête de tigre. Toute l'histoire de Dazhai y est retracée.

– Bien, nous y grimperons après le déjeuner.

Les bâtiments de l'hôtel se lovent au pied du village. La route qui vient du chef-lieu de canton les dépasse, puis elle longe une poste, une banque et une librairie. Leurs vitres sont cassées et les portes cadenassées. Ces immeubles sont-ils à l'abandon ? Un peu plus loin, seul un petit magasin d'État vend de l'huile, de l'alcool, du savon, des biscuits... Il se trouve juste en face du building de la Compagnie commerciale de Dazhai, une construction assez récente avec sa façade en faïence.

Ensuite, la route pénètre à l'intérieur du village. Comme dans les cités traditionnelles, elle passe sous une porte. En réalité, celle-ci est une vilaine bâtisse en béton, percée d'une ouverture. Elle est coiffée en caractères rouges et géants du nom DAZHAI. Les deux célèbres devises de cette commune révolutionnaire s'étalent de chaque côté sur les murs :

Comptons sur nos propres forces.
Travaillons d'arrache-pied
pour rendre le pays plus puissant.

Le centre de Dazhai est une petite place déserte d'où s'élève un ensemble de trois corons, à moitié troglodytes, empilés les uns sur les autres, à flanc de colline. Voilà le miracle d'architecture que les gens de Dazhai ont construit après l'inondation de 1963. Voilà le paradis des paysans imaginé grâce à l'étude de la pensée Mao : des cabanes à lapins en guise de ferme. Certes, elles sont en briques, mais elles ne possèdent pas de cours et elles n'offrent aucune intimité à leurs occupants. Le bonheur en collectivité ! Tous égaux, tous pauvres, tous logés dans des clapiers superposés à perte de vue. Les épis de maïs de la dernière récolte, qui ne peuvent être stockés dans des granges inexistantes, sont entassés dans les allées.

Nous montons sur les hauteurs, en direction du musée. La terre est jaune, rocailleuse, mais l'homme a sculpté ces montagnes de lœss en terrasses, comme les habitations dans le contrebas. Cette société égalitaire vit dans un univers à étages.

Les champs sont pourvus de rampes d'arrosage, et certains sont plantés de pommiers, parfaitement sarclés et badigeonnés à la chaux. Nous croisons un vieillard en train de fendre du bois, nous en profitons pour lui poser quelques questions. C'est un paysan. Cela le rend bavard de rencontrer des étrangers. Il parle avec un accent difficile à comprendre :

– Oui. Depuis quelques années, nous plantons des arbres fruitiers. C'est nouveau. Maintenant, chacun cultive ses champs comme il veut. Le problème à Dazhai, c'est la sécheresse. On sème du maïs et du millet*. Autrefois, on nous obligeait aussi à

* Deux plantes moins exigeantes en eau que le blé.

cultiver du blé. On ne récoltait pas grand-chose, mais on devait persévérer pour prétendre que Dazhai était capable de tout réussir. Maintenant, on est libres, on ne sème que du maïs et du millet. On loue la terre à l'État, comme partout ailleurs. C'est fini, la collectivisation.

– Êtes-vous plus riches ?

Il hésite.

– Disons que nous sommes... moins pauvres. La différence avec autrefois, c'est surtout qu'on est libres maintenant.

Que signifie « être libre » dans sa bouche ? Est-ce dire ce que l'on pense ou planter ce qui rapporte ? Je lui demande de préciser.

– Ben... on peut faire ce qu'on veut. On vit mieux. Et puis, pendant la saison morte, les paysans travaillent dans les deux mines de charbon ou à la filature de pull-overs du village. Nous avons aussi une usine de ciment et une autre de chemises. Dazhai a changé. Vous savez, les gens sont libres maintenant. Nous sommes pauvres, mais travailleurs. Nous nous débrouillons.

Comme le village, le musée de Dazhai est désert. Même au guichet, il n'y a personne. La porte est ouverte, tant pis, entrons sans payer.

Un panneau nous avertit qu'en mars 1995 le musée de Dazhai a été élevé au rang de « base d'éducation patriotique pour la province du Shanxi ». Vu l'affluence du public, est-ce une blague ? Ce musée devrait être rebaptisé « musée Chen Yonggui », tant l'exposition tourne autour de cet enfant du pays. En 1963, lors de l'inondation, il était secrétaire de la cellule locale du Parti. C'est lui qui refusa l'aide de l'État, fit reconstruire les maisons et battre les records de récoltes. Il fonda le paradis communiste de Dazhai, avant d'être appelé à Pékin, par le président Mao et Zhou Enlai. Il joua alors un rôle de potiche révolutionnaire et devint vice-Premier ministre, en 1975. Dans les meetings officiels, il gardait une serviette nouée autour du crâne, comme le font les paysans aux champs, pour empêcher la sueur de leur ruisseler sur le visage. Était-ce une preuve de sa simplicité, ou une volonté de paraître *plusprolétaire* ? Tous les Chinois se rappellent ses traits taillés à la serpe et son nez en pied de marmite. Aujourd'hui, ce croquant *self-made man*, réputé inculte et autoritaire, les fait ricaner.

Au fil de l'exposition, sa vie, son œuvre et ses exploits sont retracés en photos et en dessins. Telles les reliques d'un saint, les loques qu'il porta avant de devenir une star maoïste sont présentées sous des vitrines. Elles sont censées prouver combien sa famille était pauvre. Ensuite, on nous montre un costume en coton épais, repassé et sans un trou : Chen Yonggui l'endossa un jour pour rencontrer le président Mao.

Silence, s'il vous plaît. Ne sourions pas. L'heure est au recueillement. Étudions un instant la vie* de Chen Yonggui. La légende se mêle à la réalité, le personnage me trouble.

Chen Yonggui naît en 1915 – ou en 1914 selon les biographies –, le jour du Nouvel An chinois, dans une grotte. Sa famille souffre de la faim. Son père vend sa mère, son frère et sa sœur, puis il finit par se pendre quand Chen Yonggui a sept ans. Le petit orphelin est adopté par des femmes de Dazhai et il travaille la terre des riches. A vingt-cinq ans, il devient boulanger, mais il est renvoyé par son patron pour avoir donné du pain à des mendiants. Après un court séjour à Taiyuan, la capitale du Shanxi, où il n'arrive pas à survivre, il rentre à Dazhai. Sur le chemin, dans un champ de maïs, il rencontre sa future femme. La fillette de douze ans n'a rien mangé depuis des jours. Elle le supplie de l'emmener avec lui. Il n'en a pas les moyens et jure de revenir la chercher deux ans plus tard. Il tiendra sa promesse et l'épousera.

Ce n'est pas un conte de prince charmant, c'est la jeunesse d'un révolutionnaire. Néanmoins, il n'est pas défendu de laisser couler une larme.

Nous avons atteint l'époque de la guerre sino-japonaise** : Tout d'un coup, l'épopée de Chen Yonggui se complique. Ce jeune homme ambitieux collabore avec les Japonais. Il dirige la milice de Dazhai. Devient-il un traître à la patrie ? Se trompe-t-il de camp ? Pas du tout. Mis en accusation à la Libération, il soutient qu'il a accepté de travailler avec les Japonais pour empêcher le village d'être rasé. Sa position de leader lui a permis de cacher des communistes et il leur a fourni des informations

* Cf. notamment *Chen Yonggui, le vice-Premier ministre avec une serviette de toilette blanche sur la tête*, de Qin Huailu, Éditions de la Chine contemporaine, 1993.
** 1937-1945.

secrètes. Le collabo se transforme en héros. Il adhère au Parti et est nommé secrétaire général de Dazhai.

Je n'en sais pas plus. Je reste troublé qu'un destin de vice-Premier ministre l'attende. Si les hommes ont droit au pardon, souvent leur caractère ne change pas. Un chien reste un chien, peu importe le maître. Le nouveau camarade Chen se montre tyrannique et aime se saouler. Il exige des sacrifices de la part de la population, il met un point d'honneur à faire appliquer avant la lettre la politique de collectivisation et d'autosuffisance des maoïstes. J'imagine qu'il a fait preuve du même zèle à la tête de la milice du temps des Japonais.

Nous nous amusons en parcourant l'exposition du musée de Dazhai. Ici, à propos de la reconstruction qui suivit l'inondation de 1963, un texte explique que Chen Yonggui refusa d'emménager le premier dans les nouvelles maisons. Il en avait le privilège en tant que leader, mais il préféra laisser son tour aux plus indigents que lui. Là, une photo le montre en train de bâtir la digue d'une terrasse, en poussant un rocher. Cela prouve qu'il ne perdit jamais le contact avec les masses laborieuses. D'où sa clairvoyance... A côté, sur un cliché pris en 1972, alors que ce guignol de la Révolution culturelle prêche aux quatre coins du pays et est devenu membre du Comité central du Parti, nous le voyons qui tire une charrette à bras remplie de terre. Un harnais lui ceinture l'épaule, comme s'il était lui-même un bœuf. Plus loin, sur une autre photo, Chen Yonggui lit les pensées du président Mao. Nous ne nous retenons plus de rire, vraiment, car tous les Chinois savent qu'il était illettré. Cela faisait même partie de la légende de ce paysan parvenu aux cimes du pouvoir et des honneurs.

L'exposition se termine par la vie à Dazhai de nos jours. Les extravagances gauchistes de la Révolution culturelle ont été corrigées, la terre distribuée aux paysans et l'élevage individuel du bétail autorisé. Poursuivant la politique des Quatre Modernisations, les habitants s'enrichissent à l'instar du reste du pays. Et même davantage. Toujours davantage, comme autrefois. Grâce à leur travail acharné, ils vivent dans vingt-deux mètres carrés par personne et jouissent d'un dispensaire et d'un système de sécurité sociale. Nous lisons la légende sous la photo d'un médecin en train de prendre la tension d'un vieillard, dans le dispensaire : « Quand les gens sont malades, plus besoin de courir ailleurs. Nous possédons un dispensaire dans le village. »

Je ne l'ai pas mentionné en traversant le village parce que je n'en voyais pas l'utilité, mais nous avons tous les trois la grippe. Ayant épuisé notre stock d'aspirine, nous avons donc frappé à la porte du dispensaire. Elle ne s'est pas ouverte. Elle est verrouillée, comme celles de la majorité des établissements de Dazhai, comme celle du restaurant en face sur la place. Le vieux paysan que avons rencontré tout à l'heure nous a découragés de retourner demain y chercher des médicaments : « Ces temps-ci, le dispensaire n'ouvre pas. » S'il en va de même pour la sécurité sociale, système dont, je le rappelle, ne bénéficient pas les paysans en Chine, je crois bien que Dazhai persiste dans sa tradition de trucage et de bluff.

La visite du musée nous enseigne au moins deux choses : les gens du coin bossent comme des Hercules, et, malgré la condamnation de la Révolution culturelle, Chen Yonggui reste vénéré, tel un saint patron. En avril 1986, dix jours après sa mort d'un cancer des poumons, ses cendres furent rapatriées à Dazhai. Un an plus tard, une tombe et une stèle en marbre furent érigées par le gouvernement. Ancré à flanc de montagne, le monument funéraire surplombe le musée. Un site idéal. Nous y montons par un long escalier de pierre, payé lui aussi par le gouvernement, en 1994. Dazhai était un paradis de truqueurs : il ne prouve rien, mais il est immortalisé dans l'Histoire.

En redescendant, tourisme oblige, nous passons devant une boutique. Pas un vendeur à l'intérieur. Néanmoins, la porte n'est pas fermée à clé, une fois de plus, comme celle du musée ou celles des chambres d'hôtel. Nous la poussons. Sans doute pourrons-nous y dénicher un buste en plâtre de Chen Yonggui, un alcool portant son nom ou une miniature des terrasses ou des corons. Eh bien, non. Les rayonnages sont à moitié vides. Y traînent quelques paquets de biscuits, des boîtes de bière et, dans la vitrine de droite, côte à côte, un ceinturon en cuir, une pelle en fer sans son manche et un paquet de serviettes périodiques. Voilà des souvenirs révolutionnaires : de quoi s'attaquer à une montagne, une fois de retour chez soi, hommes et femmes à égalité, sans repos. Il faut imiter Dazhai. Toujours !

11 janvier.

> Parmi les caractéristiques de la Chine de six cents millions d'habitants, ce qui frappe, c'est la pauvreté et le dénuement. Choses mauvaises en apparence, bonnes en réalité. La pauvreté pousse au changement, à l'action, à la révolution. Sur une feuille blanche, tout est possible ; on peut y écrire et dessiner ce qu'il y a de plus nouveau et de plus beau*.

A Dazhai, le vide prend du sens. Cette caserne, les dirigeants maoïstes l'ont conçue dans l'espoir de créer un éden. Elle est désertée. Est-ce absurde ? Mao, s'il avait dû rêvé d'un paradis où il serait obligé de vivre lui aussi, quittant son palais de Zhongnanhai avec ses jardins, ses étangs, aurait-il eu la vision d'une caserne où les hommes se crèvent en rasant les montagnes ? La gloire de Dazhai repose sur une contradiction : un modèle d'égalitarisme imposé par des gens qui planent au-dessus des masses. Même si Dazhai ne s'était pas révélé une faillite économique ni un gouffre à subventions, même si le collectivisme et le stakhanovisme avaient apporté la richesse à chacun, qui voudrait vivre dans ce village ? A quel prix ? Sans liberté, sans loisirs...

Que les étages de corons me dépriment ! Ils sont laids, laids, laids. Et pourtant, que de pages de livres et d'articles de presse ai-je lus chantant la vie dans la « brigade de production » de Dazhai ! Ils ont été écrits dans les années soixante-dix. Leurs auteurs étaient des aveugles, ou des imbéciles qui aboyaient avec la meute maoïste de l'époque. En nous promenant ce matin, je n'arrive pas à imaginer des foules sur la place du village, ni les flottilles d'autocars qui les transportaient. Cependant, cela exista. Il y a vingt ou trente ans. Hier, dans le musée, nous avons vu sur une photo en noir et blanc, semblable à celle d'une époque révolue, une dizaine de cars stationnés devant la porte de Dazhai. Des jeunes gens en chemisette blanche se pressaient dans la rue.

* Citation du président Mao en 1958, tirée du *Petit Livre rouge*.

Dazhai est devenu un village fantôme. Il rappelle le Far West américain, le Klondike, ces cités où les foules se ruaient vers l'or, et qui poussaient en une semaine. A Dazhai, de 1964 à 1978, neuf millions six cent mille personnes accoururent pour apprendre comment construire le paradis. C'était plus excitant que de chercher de l'or. Le filon s'est révélé une fausse info. Seuls restent les cinq cents habitants, au travail dans les champs ou dans les mines. Le village semble trop étendu pour eux. On ne les voit pas. Je le répète, le vide se charge de sens ici. Par contraste, nous remarquons chaque bruit de moto dans le lointain, nous observons ce vieillard qui sort de son clapier – rien de spécial, il fume une cigarette au soleil –, puis, un quart d'heure plus tard, nous suivons du regard cette femme qui conduit quelques moutons dans la montagne.

Bien qu'il n'y ait plus rien à voir à Dazhai, j'ai le sentiment que quelque chose m'échappe. Nous tournons en rond entre les escaliers et les allées des corons troglodytes.

M'a échappé l'élevage des poules en cage devant les maisons : autant de fermes miniaturisées. M'a échappé la propreté du village. Dans les allées ne traînent ni tas d'ordures ni bric-à-brac. D'habitude, en Chine, les espaces autour des habitations ressemblent à des cours de brocanteurs qui conservent tout, pensant que cartons, ferrailles et plastiques pourront servir ou être revendus un jour. A Dazhai, pas de crachats ni de mégots de cigarette par terre. Tant d'hygiène, est-ce un signe que la municipalité contrôle encore la population d'une poigne de fer ? Dazhai aspire-t-il à redevenir un modèle ? Gloire le suppose.

A quoi sert d'être un modèle ? Je veux dire : qu'est-ce que cela apprend au reste du monde ? Hier, c'était Dazhai que la Chine devait imiter. Aujourd'hui, elle doit s'inspirer de Shenzhen, ce paradis fiscal, cette locomotive des Quatre Modernisations, par où nous sommes arrivés, venant de Hong Kong. Combien de billions de dollars furent-ils investis à Shenzhen ? Sa réussite peut-elle avoir valeur d'exemple pour les villes démunies de cette manne financière ? En ce moment, les gratte-ciel y poussent, mais, dans vingt ans, apprendrons-nous que Shenzhen rapporte moins que ce qu'il coûta en investissements ? Un arbre ne pousse pas en un jour, ni une montagne en un siècle. Je ne crois pas aux miracles, quels qu'ils soient. Dazhai prétendit enrayer la misère d'un coup de pioche, Shenzhen s'en vante avec l'aide des bulldozers. Un doute m'envahit à propos du boom actuel de l'économie chinoise.

Nous rentrons déjeuner à l'hôtel. Toute en longueur et sans décoration, la salle à manger mesure peut-être un millier de mètres carrés. Conçue pour accueillir plusieurs banquets de centaines de personnes, elle témoigne de l'affluence que connut Dazhai. Seuls les rats que nous regardons circuler sous les tables vides continuent de pulluler. Leurs ancêtres ont dû écouter des ministres africains et albanais porter des toasts à la Chine Nouvelle. Même un président mexicain et un autre du Mozambique vinrent étudier le modèle de Dazhai. De nos jours, le restaurant n'accueille en moyenne qu'une délégation par repas. Hier midi, c'était celle d'un consortium houiller, forte d'une soixantaine de personnes. Aujourd'hui, ce sont les dix experts-comptables d'un cabinet d'État relevant du chef-lieu de Xiyang. Ils ne remplissent qu'un coin de la salle, avec nous trois à côté.

Ne nous y trompons pas : un repas d'affaires à Dazhai ne se déroule pas comme à Paris, lorsque, par exemple, un éditeur m'invite à déjeuner pour discuter de mes projets de manière plus détendue. Ce midi, nous n'entendons pas les comptables causer chiffres et bilans. Ils hurlent en trinquant au Fenjiu*. Avouons-le, ils viennent à Dazhai pour se bourrer, se goinfrer et danser avec les serveuses – nous le découvrirons ce soir, vous verrez, car ils coucheront dans l'hôtel, alors qu'ils demeurent à quelques kilomètres. La fête à Dazhai ne revient pas cher, et tout est compris dans le forfait.

Ces comptables ont bon goût : rien que la nourriture mérite de se réunir ici. Elle est digne de celle des palaces de Pékin. Après tout, les cuisiniers ont été formés pour satisfaire le palais des dirigeants qui se pressaient à Dazhai. Les plats sont sautés dans le style de Yangzhou**, sans excès de sauce de soja. Ils restent croquants ou fondants, selon les recettes, la viande est maigre,

* Excellent alcool local, célèbre dans toute la Chine. Au goût, il rappelle une vodka fruitée.

** La plus légère des quatre familles de la cuisine chinoise, mettant en valeur la saveur naturelle des aliments. Yangzhou, cité historique, se situe entre Shanghai et Nankin.

et on nous sert des pois mange-tout en légumes. Nous sommes en plein hiver. Où diable a-t-on trouvé ce délice dans la région ? Les a-t-on importés de Canton par avion ?

Nous n'avons pas choisi notre menu. Nous avons abandonné au chef le soin de nous concocter un aperçu des spécialités de Dazhai. J'espère revivre le déjeuner de Simon Leys dans *Ombres chinoises*, ici même, vingt-cinq ans plus tôt, lors d'un banquet qu'offrit Chen Yonggui à la délégation dont le sinologue faisait partie.

Je suis déçu : ni hier ni ce midi, on ne nous sert l'assiette d'œufs durs de Simon Leys, histoire de donner, comme à l'époque de la Révolution culturelle, une touche prolétarienne à la cuisine de luxe de l'hôtel. Nous ne pourrons pas nous déculpabiliser de la manger ni nous illusionner que nous communions avec les masses laborieuses de Dazhai.

Fini d'ironiser.

Il faut décrire avec calme ce que je vois. Les comptables ont quitté ivres leur table, et les cinq serveuses se précipitent à leur place, pour manger les restes. Devant nous ! Jamais dans un restaurant de standing international, je n'ai vu tel spectacle. Ni en Chine. Ni ailleurs. Elles ont si faim qu'elles ne prennent pas le temps, ni la pudeur de se cacher, d'emporter les rogatons dans une arrière-salle pour s'en remplir le ventre.

J'ai lu et relu qu'avant la Libération, puis de 1960 à 1962, des Chinois mouraient de faim. Je sais que les Quatre Modernisations les ont enrichis, certains moins que d'autres sans doute... C'est plus fort que ma raison : la ruée des serveuses me bouleverse. Elle remet en cause toute la propagande. Quand les fondations s'effondrent, tout s'écroule. Des Chinois continuent de souffrir de la faim. Ce sont des fonctionnaires, et non pas des vagabonds. Je le jure, mes yeux les voient. Ils travaillent dans la plus prestigieuse unité de travail de Dazhai. Les mineurs et les paysans de cet ancien paradis maoïste, que mangent-ils alors ?

Nous laissons les serveuses finir les plats, puis, en payant, nous discutons avec elles. Ce sont des célibataires de Dazhai ou des villages alentour. Elles sont âgées de dix-huit à vingt-cinq ans. Elles gagnent cent quatre-vingts yuans par mois, moins dix yuans déduits pour leur pension, car elles dorment et mangent à l'hôtel.

Cela représente un salaire net de cent dix francs. Quand elles se marient, elles doivent quitter ce travail.

Je commence à comprendre. Elles sont minces, ma foi mignonnes, capables d'attiser le désir des hommes. Le jour elles servent au restaurant, la nuit elles dansent avec les clients...

Hier soir, j'ai entendu de la musique qui résonnait au bout du couloir de l'étage de notre chambre. Je suis sorti pour voir de quoi il retournait. Dans un salon, un type entonnait au *karaoke* une chanson sirupeuse. D'autres hommes valsaient avec des midinettes en pull rouge, l'uniforme du personnel de l'hôtel. Il faisait sombre, et, me sentant de trop, je suis aussitôt reparti. Je n'ai pas réussi à reconnaître ces femmes. Étaient-ce les serveuses du restaurant ? J'ai repoussé cette hypothèse. Il me semblait impossible que le personnel féminin d'un hôtel d'État fasse le ménage le jour et joue les entraîneuses la nuit.

Je reste intrigué. Je demande à présent aux serveuses :

– Qui sont les jeunes femmes qui dansent dans le *karaoke*, le soir ?

– C'est nous ! répond la plus âgée, la plus bavarde depuis que nous discutons.

Je dissimule ma surprise. Je dis :

– Alors, je suppose que vous gagnez des pourboires en dansant.

– Oh non, rougit-elle, notre service est gratuit. Les clients louent le *karaoke* pour cent, deux cents ou cinq cents yuans, selon leur nombre. C'est tout. Peut-être voulez-vous le louer ce soir ?

Je la remercie et j'insiste :

– Ne vous faites-vous pas payer pour danser ?

– Cela fait partie de notre travail, le jour au restaurant ou à nettoyer les chambres, le soir à distraire les clients. Nous gagnons cent soixante-dix yuans par mois, c'est peu pour vous les étrangers, mais à Dazhai il ne faut pas s'en plaindre. Ce n'est pas facile d'être embauchée ici, et il faut apprendre à faire le service et à danser.

Je réfléchis un instant. Ces filles sont-elles consentantes ou obligées de danser avec des inconnus ?

– Et que se passe-t-il si un client ne vous plaît pas ? dis-je.

Elle sourit en baissant les yeux, gênée. Je répète ma question. Une de ses collègues répond sous les gloussements du groupe :

– Nous pouvons refuser.

– Cela arrive-t-il ?

– Pourquoi pas ? C'est rare. Voulez-vous louer le *karaoke* ce soir ?

Elles pensent que je les interroge parce qu'une soirée au *karaoke* me tente. Elles me renseignent en tant que client potentiel. Je décline leur offre, puis je remonte avec Gloire et Béatrice faire la sieste dans notre chambre. La coutume en Chine.

Je n'arrive pas à dormir. J'écoute le silence. En vingt-quatre heures, mis à part la femme de chambre, nous n'avons croisé personne dans les couloirs et les escaliers. De temps à autre, une porte grince quelque part dans l'hôtel, assez loin je crois. Parfois, j'entends des craquements. Est-ce des insectes, des rats, des fantômes ? Ce bâtiment est-ce un hôtel ou un château hanté ? Je me lève, je regarde par la fenêtre la cour déserte, puis l'aile troglodyte. Jiang Qing, la femme de Mao, l'impératrice rouge, y a séjourné. Elle aimait, dit-on, fuir Pékin pour quelques jours en compagnie de jeunes hommes. Zhuang Zedong, le champion du monde de ping-pong, était l'un de ses amants. Se sont-ils enlacés dans l'aide troglodyte en face, dans une de ces chambres-cavernes ?

Le soir, après le dîner, la musique du club de *karaoke* réenvahit l'hôtel comme hier. J'y vais. Je veux vérifier si ce sont bien les serveuses du restaurant qui y dansent.

Je les reconnais, dans les bras des dix experts-comptables. Les couples valsent, se tenant à un demi-mètre de distance. Ils tournent et piétinent. Ils marquent chaque pas, selon une chorégraphie classique qu'ils ont apprise et mal digérée.

Dans la pénombre, je ne distingue pas tous les visages. Petit à petit, ma vision s'adapte : à présent, je suis sûr que les jeunes femmes ne sourient pas, qu'elles ne regardent même pas leurs compagnons. Après ce que nous les avons vus ingurgiter au dîner, sentent-ils l'eau-de-vie de sorgho et le tabac ?

Un gros rougeaud d'une cinquantaine d'années descend de l'estrade où il chantait en duo avec la machine de *karaoke*. Sa voix vibrait pas mal dans les basses. Au cours du dîner, il s'est distingué comme le meneur du groupe. C'est lui qui portait le plus de toasts.

Il vient de me remarquer devant l'entrée du dancing. Tandis qu'un de ses collègues le remplace derrière le micro, il s'approche de moi. Il me salue et me pousse vers l'une des jeunes femmes en pull rouge. Celle-là attend un client sur un banc.

– Prends-la et danse ! me lance-t-il avec une haleine chargée d'alcool. Vas-y, je te dis.

Je reconnais cette fille. C'est ma femme de chambre. Je m'écarte :

– Non, merci.

D'un mouvement sec, le chef des comptables arrache la femme de chambre du banc. Obéissante, elle s'avance près de moi. Elle baisse les yeux tout en se tripotant les doigts.

– Prends-la ! ordonne-t-il. Elle est jolie.

C'est vrai. Je l'ai déjà remarquée, hier. Elle ne doit pas avoir vingt ans. Je la revois en plein jour. Ses formes sont fines et fermes. Ses cheveux coupés à la garçonne soulignent la lueur de malice qui danse dans ses yeux. Ses quenottes étincellent comme des perles, entre de fines lèvres rouge sang.

Sans mentir, elle me plaît.

Je pense à Gloire qui surveille Béatrice dans notre chambre. Elle est encore plus belle, et nous nous aimons. Prétextant la fatigue, je refuse de faire danser la femme de chambre. Le chef des comptables hausse les épaules, puis il me prend la main. Titubant, il me conduit sur un canapé, à côté d'un de ses collègues, du même âge que lui. Je ne peux me dégager, il me serre de trop près. Je redoute également sa réaction si je refuse tout ce à quoi il m'invite. Au dîner, son petit groupe a vidé plusieurs bouteilles de Fenjiu. Ils doivent tous être saouls.

Le chef des comptables nous verse à chacun une tasse de thé. Il boit une gorgée, rote, puis s'éloigne et tire ma femme de chambre sur la piste. Cherchant le rythme et l'équilibre, il commence à faire tourner la timide jeune fille.

Floc floc. Ce n'est pas la danse des canards. Les partenaires ne rigolent pas. C'est la bourrée de Dazhai ! Si j'ai comparé l'hôtel à un château hanté, n'imaginez pas une seconde les bals viennois du temps de l'impératrice Sissi, où les costumes et la légèreté des valseurs vous transportaient d'admiration. S'il existe des fantômes à Dazhai, ce ne peut être que ceux de la Révolution culturelle. On danse bien la valse, parce que c'est le nom de ce pas, mais on ne se laisse point étourdir par la musique. Mécaniquement, on avance un pied devant, puis l'autre sur le côté, ainsi de suite. On porte des « costumes Mao » et des croquenots pour les hommes, des pulls rouges pour les femmes.

Je ne cherche pas à me moquer ni à plaindre ces jeunes femmes. Je ne veux pas me lamenter du fait qu'elles sont aussi fraîches et séduisantes que ces vieux comptables sont bedonnants et sentent mauvais. Je décris ce que je vois. Je ne trouve pas cela beau. Ou alors, c'est si grotesque que cela en devient beau, comme Quasimodo pourrait l'être : « Un tout est beau, lorsqu'il est un. » C'est sublime.

Ne jouons pas les snobs. Mon voisin, ce comptable quinquagénaire, cet apparatchik qui empeste l'alcool, me parle. Il m'oblige une seconde à détourner le visage pour fuir son haleine.

– A l'étranger, commence-t-il, dansez-vous comme nous ?

Je réfléchis avant de répondre :

– Nous dansons un peu plus sauvagement.

Il me caresse la main. Je ne la retire pas, de crainte de le vexer. Même si je n'apprécie guère ce geste, je sais qu'en Chine, entre deux hommes, c'est un signe d'amitié, de complicité, et non d'homosexualité.

Mon voisin me fixe dans les yeux :

– Trouvez-vous que les Chinois sont beaux ?

– Les femmes ou les hommes ? dis-je pour gagner du temps.

– Les deux. Votre point de vue m'intéresse. Vous êtes marié avec une Chinoise.

– Eh bien... ces Chinoises qui dansent, elles sont jeunes. Je les trouve plutôt attirantes.

Il sourit.

– Et ces hommes ?

– Ben... quand ils étaient jeunes, je suppose qu'ils étaient beaux, eux aussi.

– Oh non ! dit-il avec sérieux. Quand ils avaient trente ans, ils étaient laids.

– Je ne sais pas, dis-je, gêné, je ne les ai pas connus dans leur jeunesse.

– Moi, si. A trente ans, ils étaient aussi laids qu'aujourd'hui. Ils ont toujours été laids.

Il a trop bu. Je me méfie, je ne veux pas l'approuver. Et pourtant, comment le contredire ? Comment prétendre que ces comptables puissent faire chavirer le cœur d'une femme, avec leurs faces grossières de paysans et leur brutalité ? Ce ne sont que des parvenus. Comment ne pas les trouver repoussants ? Comment même approuver qu'ils s'inventent un séminaire de travail pour passer deux jours et une nuit à se saouler et à valser ? Ils dansent avec des filles qui ont la faim au ventre et mangent les restes de leurs festins. Un sentiment de dégoût me monte à la tête.

Pour sortir de cette conversation, je raconte à mon voisin que j'ai la grippe. Je désire retourner dans ma chambre. Il me ressert du thé. Il me demande si je suis sûr de ne pas vouloir choisir une fille pour danser. C'est gratuit. Leur cabinet de comptabilité loue le *karaoke* au forfait.

– Non, merci.

Si le président Mao voyait ce spectacle, je ne sais pas ce qu'il ferait, mais je suis certain qu'il ferait quelque chose. Danserait-il ? Crierait-il à ces travailleurs de retourner vite fait raser les montagnes ? Penserait-il que l'ouverture d'un *karaoke* à Dazhai est une idée de génie pour détendre les masses laborieuses ? Elle leur permet de dépenser le début de richesse qu'elles ont gagné grâce aux Quatre Modernisations.

C'est bien une idée de génie. Simple et efficace avec ça. Elle évite à l'hôtel de faire faillite. C'est un truc vieux comme l'humanité. Il suffit d'engager quelques belles filles pour danser dans une pièce, et les clients accourent. Drôle de reconversion pour un paradis maoïste !

Un doute me turlupine : quand le *karaoke* ferme, la pension complète à l'hôtel inclut-elle l'amour en plus de la danse ? Les serveuses dorment-elles seules, ou sont-elles obligées de coucher avec les clients ? Les font-elles jouir avec la même ardeur qu'elles les font valser ? Tout semble possible soudain. Les serveuses feraient-elles les trois huit pour un salaire de misère, à moitié affamées ? Le comble de l'exploitation.

Je me paie de culot, je demande à mon voisin, pariant qu'il est trop saoul pour se blesser :

– Après le *karaoke*, pouvez-vous emmener les filles dans vos chambres ?

Il me dévisage en plissant les yeux.

– Non, dit-il. A Dazhai, ce n'est pas comme dans les grandes villes.

Dois-je le croire ? Je le salue, je sors.

Pour édifier la Chine du XXIe siècle, Deng Xiaoping inventa le concept : un pays - deux systèmes. Au-delà de Hong Kong et Macao qui doivent conserver leur société capitaliste, cette politique signifie-t-elle que la Chine continentale elle-même sera à la fois une république communiste et une dictature corrompue et immorale ? Toujours à l'avant-garde, Dazhai aspire-t-il à resservir d'exemple, avec « un hôtel - deux business » ?

Village de fripons !

13 janvier.

Hier matin, nous avons quittés Dazhai. Quand le train de Yangquan à Pékin s'est arrêté en gare de Baoding, nous avons été tentés de rester dans le wagon, d'annuler notre visite du village de Donglü, où la Vierge Marie est apparue au début du siècle. Nous ne souhaitions que rentrer chez P'pa et soigner nos grippes : nous nous serions fondus à nouveau dans une Chine familière et nous aurions oublié la misère dont nous avons été les témoins ces jours derniers. Mais nous sommes descendus malgré tout à Baoding.

A cent cinquante kilomètres au sud de Pékin, la ville est célèbre pour ses boules de longévité. Elles produisent de la musique quand on les fait rouler par paire – tels un *yin* et un *yang* – dans la paume de la main. Cela détend et fait vivre plus vieux, dit-on.

Nous voulons essayer de rentrer à Pékin dans l'après-midi. Aussitôt pris le petit déjeuner, nous louons un taxi. Il n'existe pas de service d'autocars pour nous emmener à Donglü, en pleine campagne, au sud-est de Baoding.

Après une dizaine de kilomètres, la route n'est plus asphaltée.

Notre chauffeur fonce sur les chemins de terre, de hameau en hameau. Il nous perd, tourne en rond, et revient sur nos traces. Enfin, il pointe un doigt vers l'horizon. Deux clochers d'une quarantaine de mètres se dressent au milieu des champs de neige. Un choc en Chine. Voici Donglü et sa grande église en briques rouges. Elle fut achevée en 1992 et mesure soixante-six mètres de long. Le père Li, notre ami de Pékin, ne nous a-t-il pas prévenus que Donglü méritait un détour ?

Il nous avait donné le nom du curé du village, le père Su Changshan. Celui-ci nous reçoit dans son presbytère, une petite chambre meublée d'un lit, d'une table et d'une armoire en contreplaqué. Des livres et des habits y traînent. Le père Su est un homme d'une soixantaine d'années, maigre et mal rasé. Il porte un pull élimé aux coudes. Il était en train d'écrire une lettre, les pieds installés devant un radiateur électrique, car il gèle à moins dix degrés dehors.

Nous nous asseyons. Nous lui expliquons que nous sommes des catholiques français. Notre ami, le père Li, nous recommande à lui pour nous raconter l'histoire de l'apparition de la Vierge. Il ôte ses lunettes et commence son récit, d'un ton monotone, presque fatigué. J'ai l'impression qu'il ne se rend plus compte du merveilleux de ses paroles, tant il les a prononcées.

– La Sainte Vierge est apparue plusieurs fois à Donglü pendant la guerre des Boxers. En juin 1900, trois mille Boxers assiégèrent les mille catholiques qui s'étaient réfugiés dans le village. Puis ce fut l'armée officielle de la dynastie des Qing qui attaqua Donglü avec une puissante artillerie de fabrication étrangère. Les combats durèrent deux mois, mais les catholiques réussirent à repousser tous les assauts. Ils ne possédaient que quelques fusils, des couteaux et un canon. Ce fut leur foi qui les sauva. Tandis que les hommes se battaient, femmes, enfants et vieillards priaient dans l'église. Alors, à plusieurs reprises, une jeune femme vêtue de blanc apparut debout dans le ciel. C'était la Vierge Marie qui protégeait Donglü. Elle effraya les ennemis.

Le père Su continue son histoire sans faire de gestes, sans s'enthousiasmer.

– Un jour, l'armée des Qing allait remporter la bataille. Soudain dans l'église, alors qu'ils redoublaient la puissance de leurs chants, les croyants virent disparaître l'image de la Vierge Marie sur le tableau placé au-dessus de l'autel. Il ne restait que la toile nue. Quand l'ennemi recula, l'image de la Vierge réintégra le tableau. Marie s'était rendue sur le front pour combattre. A la fin de la guerre, des officiers des Qing expliquèrent comment, au-delà de la peur, ils finirent par se sentir impuissants en regardant voler au-dessus de Donglü des enfants blancs. C'étaient des anges. Personne ne pouvait lutter contre Dieu, personne ne pouvait écraser Donglü. Plusieurs centaines de soldats moururent dans le camp ennemi contre vingt-trois seulement chez les catholiques.

J'écoute en silence. Que dire ? Je souris. Comment peut-on croire à de tels miracles ? Dois-je les comparer à ceux de Dazhai ? Grâce à l'étude du *Petit Livre rouge*, une « bombe atomique spirituelle », la population nivelait bien des montagnes à coups de pioche.

Le père Su cite d'autres exemples de la protection de la Vierge. Les barils de poudre, qui alimentaient le canon des croyants, se remplissaient miraculeusement quand ils étaient vides. A l'aide d'un couteau, un prêtre ôta une balle dans le mollet d'un enfant sans le faire souffrir, puis la blessure se cicatrisa sans être pansée.

– Tout cela semble incroyable, précise le père Su, mais cela s'est déroulé dans la réalité. C'est une preuve de l'amour de Dieu. En 1937, le pape a reconnu Donglü comme un lieu saint. Il n'y en a que deux en Chine. L'autre se trouve près de Shanghai, à Sheshan.

Suite à la manifestation de la Vierge pendant la guerre des Boxers, les pèlerins affluèrent à Donglü dans l'espoir de bénéficier de nouveaux miracles. Et, comme à Lourdes, les paralytiques récupérèrent l'usage de leurs jambes, les aveugles retrouvèrent la vue, etc. Qui nous chantera que les Chinois ne réagissent pas comme les Européens ? Le père Su nous cite plusieurs cas, en 1922, 1929 et 1937. C'est loin.

– Qu'est devenue l'église de l'époque des Boxers ? dis-je.

– En 1941, les Japonais l'ont brûlée.

La Vierge n'a pas protégé l'église contre ces étrangers. Pourquoi ? J'étouffe ma curiosité. Le père Su continue :

– Ensuite, les communistes ont pris le pouvoir, puis la Chine a subi la Révolution culturelle. C'est seulement en 1989, sur un emplacement différent, que le gouvernement nous a laissés construire une nouvelle église. Les donations des croyants ont payé les travaux.

– Le Vatican n'a-t-il pas participé au financement ? s'étonne Gloire.

Le père Su la fixe dans les yeux, cherchant le piège. Il hésite.

– Le Vatican n'a pas le droit de nous subventionner. Mais nous ne savons pas s'il ne nous a pas aidés grâce à des intermédiaires.

Il finasse. Je reformule notre question :

– Le Vatican approuve-t-il la construction de cette église, sur un lieu saint ?

– Bien sûr. Le 3 octobre 1990, le pape Jean-Paul II nous a fait parvenir sa bénédiction. N'est-ce pas l'essentiel ?

Je l'approuve d'un balancement de tête, puis je lui demande combien Donglü compte de catholiques. Je veux me faire une idée de la fréquentation de cette grande église le dimanche. Aujourd'hui lundi, elle sera vide quand nous la visiterons en sortant.

– Donglü compte dix mille habitants. Environ quatre-vingts pour cent sont croyants, dit le père Su.

Il remet ses lunettes. Notre entretien s'achève. Je désire une faveur :

– J'aimerais voir l'endroit où s'élevait l'ancienne église, là où la Vierge s'est manifestée.

Le père Su fronce les sourcils.

– Il n'y a rien à voir, dit-il.

– Ce n'est pas la peine de vous déranger pour nous accompagner, mon père. S'il vous plaît, indiquez-nous où se trouvait l'ancienne église.

– Croyez-moi, il n'y a rien à voir. L'emplacement est occupé par une école et des magasins.

– Cela nous intéresse. Nous aimerions nous y recueillir.

– Écoutez-moi. Vous ne pouvez pas y aller. Ce n'est pas prudent pour des étrangers. La police risque de vous voir. Elle vous posera des questions.

– Mais... les catholiques ne sont-ils pas libres de pratiquer leur foi ?

– Pourquoi cherchez-vous des ennuis ? Il n'y a rien à voir. N'y allez pas.

14 janvier.

Retour à Pékin.

Même grisaille, mêmes embouteillages, même grossièreté des receveurs de bus, même absence de confort dans la maison de P'pa. Quant à nous, le voyage nous a transformés. Gloire ne parle plus de s'installer en Chine. Nous sommes d'accord. Le simple fait de repenser à notre tante institutrice et aux serveuses de Dazhai suffit à nous donner envie de fuir ce pays, pour oublier tant de misère et d'oppression.

Cachée sous les statistiques économiques, maquillée par le désir de frimer des Chinois, la réalité est difficile à saisir. Je considérais par exemple le pull en cachemire de mon demi-beau-frère, Maomao, comme une preuve de sa fortune. Je crois que je me trompais.

Dépenser un mois de salaire moyen dans un pull ne signifie pas la même chose à Pékin qu'à Paris. Le Français qui paie un pull dix mille francs achète certainement des costumes encore plus chers. Il roule dans une voiture puissante, habite dans plusieurs maisons, part en vacances, etc. Par contre, Maomao ne possède qu'un pull en cachemire, et il ne voyage pas. Le mois dernier, il a même emprunté de l'argent à P'pa. Pour épater, pour rehausser son statut social, un Chinois aimera s'offrir un objet de luxe, quitte à se priver de viande, de fruits, de loisirs. Dans ma tentative pour saisir l'évolution de la Chine, j'ai commis une erreur en niant ce trait de caractère, comme s'il devenait négligeable par rapport aux statistiques officielles.

D'ailleurs, le problème n'est pas de savoir si les Chinois sont plus riches aujourd'hui qu'il y a dix ans. Cela ne fait aucun doute. Je me préoccupe plutôt de mettre en parallèle la croissance économique de la Chine avec celle des autres pays, des autres systèmes, pour juger si cela excuse d'imposer une dictature. Je ne veux pas me perdre dans l'étude de généralités et de chiffres plus ou moins fiables. Je préfère m'intéresser à des individualités.

Comparons mes parents, ma sœur et son mari, à la famille de Gloire. Les uns habitent Paris et les autres Pékin, des capitales. Ils appartiennent à la classe moyenne, retraités ou salariés de la classe ouvrière, mis à part mon père qui reçoit une petite pension de profession libérale.

Comparons !

Depuis 1991, date de notre dernier retour en Chine, mes parents ont fait agrandir de deux pièces la maison de famille dans l'Aube. P'pa, le père de Gloire, a lui aussi réussi à économiser à la banque de quoi rénover une maison, s'il en possédait une. Le foyer de ma sœur, de son côté, s'est offert une nouvelle voiture, un caméscope et un ordinateur, tandis que ma belle-sœur Joli Nénuphar et son mari Fidel Prosper ont acheté un appartement de deux pièces et un magnétoscope. Ils ont également fait installer le téléphone* chez eux. Par contre, Célébration de l'Orient, le frère de Gloire, n'a pu s'enrichir que d'un magnétoscope.

Mes exemples valent ce qu'ils valent : telle est ma famille. Néanmoins, chacun s'est enrichi, à Pékin comme à Paris. Il faut dénoncer cette habitude de la dictature chinoise d'isoler ses succès dans son espace et son histoire. Elle s'applaudit en comparant la vie « dans la Chine Nouvelle » à celle « avant la Libération** ». De même, le boom économique des Quatre Modernisations est formidablement mis en valeur par rapport au chaos de la Révolution culturelle, bouc émissaire du sous-développement. Ce schéma laisse croire que la Chine n'aurait pas changé sous d'autres lignes politiques. Il nie que le reste du monde a évolué durant le même temps et a connu lui aussi des handicaps, des crises économiques, des révolutions ou des guerres. Peut-on ainsi se féliciter en comparant deux époques qui se succèdent ? On devrait surtout tenir compte de causes universelles quant à l'évolution de l'humanité, vers plus de richesse et de justice : les progrès de la science, l'alphabétisation, les mouvements de population, etc.

Mieux que la France pour esquisser un bilan des Quatre Modernisations, l'Inde partage de nombreux points communs avec la Chine : un territoire de la taille d'un continent, une population

* A Pékin, le raccordement au réseau téléphonique coûte plusieurs milliers de yuans, soit environ une demi-année de salaire.

* En 1949.

d'environ un milliard d'habitants, une civilisation plurimillénaire, un passé féodal et de colonie, le sous-développement industriel, l'appartenance au tiers-monde, l'arme nucléaire et une forte croissance économique*. La différence, c'est la démocratie. Elle existe en Inde, même si le système des castes l'entache. Le verdict des urnes renverse les gouvernements. Si, *grosso modo*, la Chine ne réussit pas à s'enrichir plus vite que l'Inde, pourquoi la priver de démocratie et de droits de l'homme ?

Beaucoup de gens prédisent que, sans dictature, la Chine tomberait dans l'anarchie. L'Inde n'y a pas encore sombré. Ces conservateurs oublient la force régulatrice de la démocratie. Par ailleurs, le pouvoir communiste revendique une spécificité chinoise des droits de l'homme, hissant en première place celui à la subsistance. Pour l'enraciner dans les traditions, il invoque Confucius : « Quelqu'un doit être adéquatement nourri et vêtu avant qu'il ne puisse parler de rites et de musiques. » Je suis prêt à accepter les différences culturelles, pas la triche ! Le troisième article du troisième chapitre de ses *Analectes* dit très exactement : « Sans vertu d'humanité, comment un homme pourrait-il seulement sentir ce que sont les rites, ce qu'est la musique ? » En outre, le sage prêchait l'universalité de l'espèce humaine.

Je bavarde avec Gloire. Un instant, nous imaginons une Chine devenue démocratique, stimulant l'esprit d'initiative, l'inventivité et l'ardeur au travail des Chinois. Qui sait si elle ne connaîtrait pas l'essor de Taiwan ou de Singapour ?

La Chine a raté sa révolution, les communistes l'ont confisquée. Elle ne s'est pas encore réveillée. Nous attendons une Chine vraiment Nouvelle, démocratique et riche, nourrie de l'enseignement de ses philosophes humanistes. Et nous ne tremblons pas de peur.

15 janvier.

La nuit dernière, j'ai fait un rêve. J'en ai pleuré.

Étrange.

Je courais dans un champ de fleurs. Sous mes pas, grouillaient

* Sept pour cent en 1996.

de petits dinosaures de toutes les couleurs. Des bleus, des rouges, des verts, comme en pâte à modeler. Pourtant, ils étaient vivants. J'en attrapais quelques-uns. Ils se laissaient caresser. Ils me léchaient la main. Je me sentais bien.

Je courais, je sautais, je dévalais le champ et arrivais à une plage. Des cocotiers la bordaient. Au bout, sous une falaise, quelques huttes s'alignaient sur pilotis, éclaboussées par les vagues. Avec Gloire et Béatrice, j'emménageais dans l'une d'elles, et nous étions heureux. Je ne me rappelle pas comment nous l'étions, mais quand le propriétaire nous proposa d'acheter la hutte, nous acceptâmes.

A cet instant, je réalisai que nous nous trouvions en Chine. Nous parlions en mandarin et les gens avaient les yeux bridés. Dans ce pays tout abondait sans payer : les fruits, les gâteaux, les boissons... Sur la plage, les femmes, les hommes et les enfants se promenaient nus. Ils étaient libres. Autrefois, j'avais refusé à Gloire de vivre en Chine, mais je n'hésitais plus. J'espérais vivre ici jusqu'à ma mort. Y vivre longtemps.

Alors, de notre terrasse, nous plongions dans la mer, puis nous courions dans le champ de fleurs pour caresser à nouveau les petits dinosaures de toutes les couleurs.

Je me suis réveillé au milieu de la nuit et ma première réaction a été de chercher les bêtes rouges, vertes et bleues. Dans l'obscurité de notre chambre, je n'ai rien distingué. Je venais de rêver. J'étais toujours en Chine, j'étais en nage, mais j'ai commencé à grelotter de froid dans le lit. J'ai deviné que je ne reverrais plus mes petits dinosaures. Je n'arrivais déjà plus à me représenter leurs yeux brillants.

Je n'ai pas réussi à me rendormir et je n'ai pas osé réveiller Gloire. Je savais qu'elle ne se souviendrait pas de mes dinosaures. Comment aurait-elle pu vivre mes propres rêves ? Je me suis imaginé vivant avec elle chez Mémé, puis à Pékin et à Dazhai. C'est à ce moment que j'ai pleuré.

... Parce que j'ai eu envie de mourir. Pourquoi souffrir ?

18 janvier.

Au début du mois, chaque soir, vers vingt heures, la première chaîne nationale a diffusé un documentaire en douze épisodes sur la vie de Deng Xiaoping. Une musique mélancolique l'illustrait, comme si le réalisateur rendait hommage à un mourant et préparait le peuple à une succession. Le dernier épisode montrait en long et en large le président Jiang Zemin, le dauphin désigné par Deng.

Selon la presse chinoise, ce documentaire a battu des records d'audience. Pour satisfaire une prétendue demande du public, la seconde chaîne nationale le reprogramme depuis quatre jours. Cette rediffusion nous réjouit, Gloire et moi. Chez Mémé, nous avons manqué des épisodes. Ce film nous apprend quantité d'anecdotes sur la Chine du XXe siècle. Je comprends qu'il passionne les Chinois.

En fait, je n'en suis plus si sûr. Hier soir, Tante – notre belle-mère – a ricané en nous observant, rivés devant le téléviseur :

– Quand on sait comment la Révolution culturelle est critiquée, pourquoi écouter toute cette propagande ? Quelle barbe ! Cela n'apprend rien. Qui sait dans dix ans comment seront jugés Deng Xiaoping et sa politique de réformes ? Qui sait comment transparaîtra la vérité ?

Aujourd'hui tombe un samedi. En fin d'après-midi, mes belles-sœurs, Beauté et Joli Nénuphar, et mon beau-frère, Fidel Prosper, viennent à la maison avec leurs filles. C'est la première réunion de famille depuis notre retour de province. Après le dîner, Gloire et moi laissons P'pa, Tante, Beauté et Fidel Prosper jouer au mah-jong, comme d'habitude, dans l'entrée. Nous passons dans la chambre pour regarder la télé avec Joli Nénuphar. J'insiste pour suivre le feuilleton sur Deng Xiaoping. Ma belle-sœur hausse les épaules :

– Bah, comme tu veux ! Mais personne ne regarde ça. C'est nul ! Y a aucun intérêt.

Je lui demande si, dans son usine, les gens discutent du documentaire. La presse répète qu'il soulève des débats dans chaque unité de travail.

– Tu plaisantes ! s'exclame-t-elle. Aucun collègue ne regarde ce documentaire. Il n'y a que les riches qui aiment Deng Xiaoping. A cause de ses réformes, neuf Chinois sur dix se sont appauvris.

Le film sur Deng ne bat-il donc pas de records d'audience ? Le rediffuse-t-on pour mieux nous intoxiquer de propagande ? Deng lui-même deviendrait-il impopulaire ? Je suis surtout surpris d'entendre Joli Nénuphar critiquer le vieux leader. Je lui rappelle combien elle se réjouissait, il y a dix ans, de la libéralisation de l'économie, du pouvoir d'achat qui augmentait. Elle pouvait, par exemple, trouver des tomates en plein hiver sur les marchés libres. C'était nouveau et cela m'avait frappé.

En décembre dernier, lors de notre arrivée à Pékin, pour nous épater avec les progrès de la Chine, elle prenait encore plaisir à répéter que la durée hebdomadaire du travail avait été réduite à cinq jours au lieu de six. Son usine prévoyait également d'abaisser l'âge de la retraite à quarante-cinq ans pour les femmes. Ce soir, Joli Nénuphar exagère. Je le lui dis.

– Je déteste Deng Xiaoping, lance-t-elle dans une réaction à fleur de peau.

– Pourquoi ? A cause du massacre de Tiananmen ?

– Hum..., hésite-t-elle, pas seulement. Autrefois, la Chine était stable et tout le monde était égal. Maintenant, tant de différences existent. Certains gagnent des millions tandis que la majorité reste pauvre. A Pékin, les plus bas salaires ne dépassent pas deux cents yuans*. Comment peut-on se nourrir avec si peu ? Autrefois, tout le monde gagnait à peu près le même salaire, quel que soit le métier.

– Vous étiez tous pauvres. Quel avantage ?

– Maintenant, seul l'argent compte. La corruption ruine la Chine. Voilà le problème. Les dirigeants, la bande de Deng Xiaoping, sont tous pourris. Pour eux, la vie est belle, ils s'enrichissent. Pour nous, le peuple, c'est pire de jour en jour avec leurs réformes. Nous avons découvert l'inflation, les faillites d'usine et le chômage. Nous travaillons pour rien.

L'enrichissement plus rapide d'une minorité, logique dans une

* Cent trente francs.

économie libéralisée, excite sa jalousie : un dégoût à l'idée que l'argent ne récompense pas le mérite mais le crime.

– Pourtant, Fidel Prosper et toi, vous êtes devenus plus riches que la majorité des Chinois. Ton mari gagne bien sa vie comme chauffeur de car. Il fait des extra pour son compte.

– Bof..., soupire-t-elle en balayant ma remarque d'un geste de la main. Nous sommes juste dans la moyenne. Quelques milliers de yuans en plus ou en moins ne comptent pas quand certains Chinois en gagnent des millions.

– Au moins, n'êtes-vous pas plus riches qu'il y a dix ans ? Sans la politique de réformes, vous n'auriez pas pu acheter un appartement.

Ses propres contradictions lui apparaissent. Elles l'obligent à réfléchir avant de me répondre. Au fond d'elle-même, peut-être n'existe-t-il aucun doute ? Cherche-t-elle à justifier l'amertume qui remplit son cœur ?

– Par rapport à il y a dix ans ?... Oui, je crois que nous sommes un peu plus riches aujourd'hui. Mais si l'on compare à la situation d'il y a cinq ans, les Pékinois sont plus pauvres. Le gouvernement vient de doubler le prix du gaz de ville. Il a annoncé qu'il allait faire de même pour l'eau. C'est pour tout pareil avec les réformes de Deng Xiaoping.

Et Joli Nénuphar insulte la mère du vieux leader. La haine lui a crispé le visage. Joli Nénuphar, si douce d'habitude !

– Nous sommes plus pauvres. Le coût de la vie augmente plus vite que les salaires. A cause de la concurrence, les usines ont de plus en plus de problèmes financiers. Beaucoup ferment, le chômage s'aggrave. Même les retraites ne sont plus garanties. Chaque mois, notre oncle de Tianjin* ne sait pas à l'avance combien il touchera de pension. Son ancienne usine est à moitié en banqueroute.

En Chine, chaque entreprise gère elle-même son système de prestations vieillesse. Ce n'est pas un organisme national qui les paie. *Idem* pour les systèmes de sécurité sociale.

– Il y a cinq ans, explique Joli Nénuphar, je bénéficiais du remboursement intégral de mes dépenses médicales. C'est fini !

* L'un des frères aînés de P'pa. Il est à la retraite.

Mon usine tourne à perte, elle restreint les dépenses. Maintenant, pour se soigner, chaque salarié reçoit un forfait de trente yuans par mois. Point final.

– Et si tu tombes gravement malade ? Si tu dois être hospitalisée ?

– C'est à moi de me débrouiller. Mais si les soins coûtent plus de deux mille yuans*, l'usine étudiera mon cas. Elle pourra prendre une partie des frais à sa charge. Ce n'est pas systématique. Pour les cancers, par exemple, en cas de guérison improbable, l'usine préfère te laisser mourir. Elle n'a pas assez d'argent pour faire soigner tout le monde.

Sur ce point, Joli Nénuphar n'exagère pas. Dans les journaux, je lis souvent de telles histoires. Avec le nouveau système d'autogestion, des petites entreprises risquent la faillite, si elles paient un séjour à l'hôpital à un ouvrier. Elles sont obligées de le lui refuser. Et en Chine, sans argent, on n'est pas soigné, car il n'existe pas de véritable aide sociale pour les indigents.

Malgré cette cruelle réalité, je n'arrive pas à admettre que Joli Nénuphar souhaite revenir à l'époque de la Bande des Quatre, avant l'ouverture de la Chine. Je dis :

– Aujourd'hui, tous les produits étrangers sont disponibles, tu peux les acheter. Ta retraite aussi, tu la prendras cinq ans plus tôt.

– Si l'usine ne fait pas faillite avant. Et justement, j'ai travaillé pour avoir droit à une retraite, proteste-t-elle. Je ne veux pas que la Chine se referme, mais les réformes nous appauvrissent.

Dans sa bouche, les réformes ne signifient que hausse des prix et diminution des acquis sociaux. Ma belle-sœur simplifie, mais je ne peux pas la contredire en totalité : la réforme du logement a entraîné une hausse des loyers, celle de l'université a rendu les études payantes... Que désire Joli Nénuphar ? Une partie d'elle-même reconnaît le besoin de moderniser le pays. L'autre partie regrette le passé, quand il n'existait pas de riches, pas de corruption, ni de chômage. Une division qui tue l'espoir. Deng Xiaoping a offert le libéralisme économique sans la liberté individuelle ni la justice : une sorte de capitalisme sauvage sous l'étiquette du

* Cinq mois de son salaire.

socialisme à la chinoise. N'a-t-on pas trompé les ouvriers en leur demandant des sacrifices pour construire un paradis, sans offrir en retour une vraie modernité, le passage du féodalisme à la démocratie ? Serait-ce la raison du dégoût qu'inspire Deng Xiaoping, après avoir été adulé dans les années quatre-vingt ? Serait-il un dictateur, comme les autres, corrompu en plus ?

C'est sans doute vrai. C'est même la mode en Occident de cracher sur Deng Xiaoping, depuis le massacre de Tiananmen. Auparavant, il passait pour un réformateur, un visionnaire, presque un démocrate. Pour ma part, je n'éprouve aucune désillusion à son égard. Sa façon de louvoyer en politique ne m'a jamais inspiré confiance. Bien avant le massacre de Tiananmen, j'ai dénoncé les innombrables campagnes de répression et de rééducation qui ont accompagné, dans la réalité, ses belles paroles de grand prêtre pragmatique des Quatre Modernisations. Tout en encourageant la libéralisation de l'économie, sa dictature à la tête du Parti n'a toléré aucune contestation politique. Le comparer à un fasciste rouge m'a souvent valu d'être catalogué comme antichinois. Toutefois, après le 4 juin 1989, je n'ai plus entendu cette critique.

Parmi les plus révoltantes réformes de Deng Xiaoping, je citerai la révision de la Constitution, en 1982. Il fit supprimer le droit de grève et celui d'afficher des *dazibao**. Devinez l'argument pour interdire la grève ?

Pékin Information expliqua : « Dans une société socialiste, la grève n'est ni dans l'intérêt de l'État ni dans celui des ouvriers. C'est pourquoi le terme *droit de grève* ne figure plus dans la Constitution. » Chapeau ! Belle trahison du socialisme. Belle démocratisation que promettait Deng Xiaoping, dès le début de son règne.

La discussion avec Joli Nénuphar me démoralise. A la fin de la diffusion du documentaire, je souhaiterais être de meilleure humeur. J'aimerais avoir envie de m'asseoir à la table de mahjong. Y jouer une partie me changerait les idées. Je suis trop

* Cf. note **, p. 20.

fatigué, je récupère à peine de ma grippe, je préfère aller me coucher.

Impossible. Nos enfants crient et sautent sur le lit, refusant de me laisser une place. Ce sont des filles uniques, des petites reines. Elles ne m'obéissent pas. En plaisantant, je propose de les payer pour acheter un peu de calme. Mignonne et Quiétude me prennent au pied de la lettre et réclament chacune quatre yuans, l'équivalent d'une heure de salaire pour un ouvrier. A ma surprise, en touchant l'argent, elles deviennent sages comme des poupées. Elles regardent la télé en sourdine. Entre deux parties de mahjong, leurs mères les félicitent également d'avoir le sens des affaires. Soudain, je m'inquiète. Ainsi, dès l'enfance, les Chinois sont prêts à renoncer à leurs jeux contre quelques pièces. A quoi ressemblera la Chine quand mes nièces auront trente ans ?

Je suis allongé sur le lit. Je regarde ma montre. Bientôt minuit ! Et personne ne dort. Je me demande à quelle heure ma famille arrêtera de s'amuser aux dominos. Notre maison est trop petite. Les cris des paris, la fumée des cigarettes m'empêchent de fermer l'œil. Une nuit blanche m'attend. Fidel Prosper vient de proposer de jouer jusqu'à l'aube, jusqu'au départ de P'pa pour son travail. Dire que j'étais si heureux de nous retrouver tous ensemble en début de soirée ! Maintenant, les réunions de famille me font penser à celles des hérissons. Je ne me rappelle plus où j'ai lu cette comparaison, mais elle me semble fort juste : trop serrés, les hérissons se blessent ; trop éloignés, ils ont froid en hiver.

Nous sommes en hiver : un hiver politique, où la famille est la dernière structure de confiance et d'entraide. Il faut vivre les uns sur les autres et se supporter.

19 janvier.

J'ai repensé à tout ce que nous avons vécu depuis notre retour en Chine, avec nos joies et nos déceptions. J'ai relu ces notes, jour après jour, et je réalise que nous n'avons pas invité Tante, ses deux enfants et leurs fiancés au restaurant. Nous l'avons promis à P'pa, mais nous n'aimons pas que l'on nous force la main. De plus, nous n'éprouvons aucun attachement pour Maomao et Yoyo, ces deux grands gosses que Tante couve comme une mère poule. Ce dîner nous ennuiera à nous en couper l'appétit.

Nous serons forcés de sourire et d'entretenir la conversation en tant qu'oncles d'Amérique. Nous devrons également choisir un restaurant de standing. Les Chinois détestent être traités à bon marché. Ils se sentiraient méprisés. Peu importe : à Pékin, cela ne coûtera que quelques centaines de francs. L'argent n'entre pas en considération. Je sais d'avance que, quel que soit l'endroit retenu, Maomao trouvera matière à critiquer. Je l'imagine en train de nous snober, de reprocher à tel plat d'être moins bien assaisonné que dans tel autre restaurant qu'il fréquente. Il se plaindra aussi que la bière est tiède, ou trop froide. Des dizaines de prétextes seront bons pour qu'il affirme sa supériorité.

Hier après-midi, par exemple, mon beau-frère Fidel Prosper m'a accompagné pour manger des brochettes de mouton chez Mehmet, mon ami ouïgour. Nous sommes entrés dans la gargote que sa femme tient derrière la boucherie. Eh bien, dès que nous avons été installés, Fidel Prosper n'a cessé de rouspéter : le service était lent, les couverts sales, la viande coriace... Pour conclure, bien que ce fût moi qui aie payé, il a trouvé que l'addition était exagérée.

De retour à la maison, Fidel Prosper s'est empressé de répéter tout cela à la famille. J'ai regretté de l'avoir laissé me suivre, pour lui faire plaisir.

– Faut excuser Fidel Prosper, m'a alors glissé Gloire. Il ignore la politesse. Il ne pense pas à mal.

Avec le recul d'une journée, je la crois volontiers. Ce n'est pas sa faute si mon beau-frère critique tout. C'est plus fort que lui, tout comme un âne ne peut s'empêcher de braire. Néanmoins, cette explication ne rend pas ses paroles plus douces à entendre. Bon sang, que devons-nous faire à propos de Tante et de ses enfants ? Devons-nous les inviter au restaurant ? Attendons encore un peu, mais je crois que nous allons céder.

Cet après-midi, je décide d'aller visiter le premier cybercafé de Pékin. Il vient d'ouvrir derrière le zoo, non loin du quartier des universités. Il s'appelle le Sparkice Café. Je ne suis pas venu pour jouer sur Internet, je n'y connais rien. Je désire juste voir à quoi ressemblent les internautes chinois.

Trois couples sirotent des tasses de café, assis sur des tabourets, autour de hautes tables. Au fond de la petite salle, deux jeunes hommes et un autre couple pianotent sur des claviers d'ordinateur, en communication avec le monde entier. Cela coûte trente yuans de l'heure. Tous les clients portent des habits de couleurs vives, bien coupés. Le sol et les murs sont parfaitement propres. Je me croirais à Hong Kong ou en Californie. Dans cinq ou dix ans, quand je reviendrai en Chine, ce genre de bar sera-t-il populaire ? Ou bien sera-t-il interdit ? Des gens comme Fidel Prosper y viendront-ils ? Cela ouvrira-t-il leur caractère ? Dernière question : la dictature communiste réussira-t-elle à verrouiller les autoroutes de l'information ?

21 janvier.

C'est inéluctable. Nous devons inviter Tante et ses enfants au restaurant.

Et nous le ferons.

Mais quand ?

Nous n'avons plus le temps d'hésiter. Ce soir, Tante en parle la première. Elle nous invite demain. Elle a choisi elle-même le lieu : un restaurant assez bon marché et à la mode, appartenant à une chaîne. Les fiancés de ses enfants ne sont plus conviés, sans doute parce qu'elle a décidé de payer. Tant mieux. Nous acceptons, mais exigeons de pouvoir régler l'addition.

En aparté, Gloire et moi, nous décidons de réserver une surprise à P'pa et à Tante. Nous les emmènerons dans le célèbre restaurant Quanjude. Il a été fondé en 1864. C'est le meilleur endroit de Pékin pour manger du canard laqué. P'pa et Tante n'y ont jamais dîné. Les repas y coûtent trop cher pour les Chinois moyens.

Voilà, tout est arrangé. N'en parlons plus.

23 janvier.

M'man, la mère de Gloire, était la fille aînée de Mémé. Elle a été mariée à l'âge de dix-huit ans avec P'pa, un jeune homme d'un village voisin. M'man possédait un frère et deux sœurs : notre oncle du Village des He, notre tante Grâce qui est institutrice et notre tante Orchidée.

Tante Orchidée est paysanne. Son village se trouve à une trentaine de kilomètres de Pékin, mais il est perdu en rase campagne. Pour s'y rendre, il faut voyager une heure dans un autobus. Il vous dépose au rond-point d'un bourg, d'où vous marchez les quatre kilomètres restants. Avec Béatrice, nous préférons terminer ce trajet en taxi-triporteur. Nous arrivons chez tante Orchidée en fin de matinée.

Je l'aime bien. C'est une tata gâteau. Elle est très gentille, un peu rondouillette, avec une voix douce. Je l'ai rencontrée à Pékin du vivant de M'man, mais c'est la première fois que je vais chez elle. Nous lui avons téléphoné hier. Elle nous attend avec son mari Prospérité du Pays, sa belle-mère et ses deux filles qui logent sous le même toit. Elle a préparé un festin.

Le confort de leur maison s'oppose à la misère de la ferme de Mémé. En plus du téléphone, ils jouissent de l'eau courante vingt-quatre heures sur vingt-quatre et du chauffage central au coke. Les murs sont peints, éclatants de blancheur sous l'éclairage de baies vitrées. Les meubles sont recouverts de napperons, révélant un souci de la décoration. Dans un coin, deux poissons rouges tournent dans un aquarium, et à côté, le téléviseur en couleurs est relié au câble. Pour douze yuans par mois, ils reçoivent une vingtaine de chaînes générales et thématiques.

En Chine, au début des années quatre-vingt, les terres furent distribuées aux paysans pour qu'ils les exploitent à leur compte. Seuls quelques villages continuèrent à travailler en collectivité, dont celui de tante Orchidée. C'est une sorte de réserve, de laboratoire du communisme, créé sous le pouvoir de Deng Xiaoping.

Neuf cents personnes y habitent. Leurs maisons s'alignent, semblables et en parfait état, avec les mêmes courettes et les mêmes baies vitrées. Comme à Dazhai, les rues sont goudronnées et balayées, et le village possède son grand magasin, sa banque, sa poste, sa place publique, son hôtel, son *karaoke* et même un théâtre. Ici, néanmoins, les maisons sont individuelles, des gens circulent dans les rues, la banque et la poste ouvrent, et le magasin est bien approvisionné. Une expérimentation n'exige-t-elle pas des conditions optimales ? Grâce à des subventions et des emprunts, le village a construit des serres, des piscicultures, plusieurs porcheries industrielles, une ferme laitière de soixante vaches, une usine d'aliments en granulés pour le bétail, un élevage de cent mille poules et un autre de canards. Tout appartient à la collectivité et les paysans sont rémunérés vingt-trois yuans par journée de travail. Ils ont un quota à remplir – tant de concombres à cueillir, par exemple –, nous explique tante Orchidée.

Elle souffre de lumbagos et ne cultive plus la terre. Elle reste à la maison et s'occupe de sa belle-mère, âgée de soixante-dix-huit ans. L'oncle Prospérité du Pays travaille dans l'usine d'aliments en granulés et gagne environ six cents yuans par mois, un salaire de citadin. Il n'a droit à aucun jour de repos, sauf pendant la fête du Nouvel An chinois. Tous les deux parlent avec fierté de la richesse de leur village.

Les ressources humaines et économiques semblent être utilisées dans un seul esprit communautaire. Chaque chose compose un maillon d'une chaîne dont tout le monde profite. Le village élève tant d'animaux qui rejettent des tonnes d'excréments : parfait, elles sont recyclées ! Grâce à un don de quatre-vingt-dix mille dollars d'un programme de développement des Nations unies, le village a installé une usine de fermentation des fientes de volailles. Elle produit un gaz, le met sous pression et le distribue par des canalisations souterraines. Elle alimente ainsi les réchauds de cuisine dans chaque famille. L'an prochain, elle prévoit de fournir le chauffage central au gaz.

Quelle vitrine du socialisme ! Même les spectacles sont gratuits. Cet après-midi, dans le grand théâtre tout neuf, une troupe de comédiens offre une représentation de l'opéra de *Qin Xianglian*. Avec tante Orchidée, nous ne manquons pas d'y assister.

L'histoire de Qin Xianglian se déroule sous la dynastie des Song (960-1279). Qin Xianglian, une jeune mère de deux enfants, a été abandonnée par son mari. Poussée par la faim, elle monte à la capitale à la recherche de celui-ci. Elle apprend qu'il s'est remarié avec la fille de l'empereur de Chine. Elle veut réclamer justice. Après de multiples rebondissements, le mandarin Bao Zheng, célèbre pour sa droiture, fait trancher la tête du mari.

La salle du théâtre est comble. Pour l'avoir vue, revue et entendue à la télévision et à la radio, les Chinois connaissent par cœur l'histoire de Qin Xianglian. L'intérêt du spectacle, qui dure deux heures trente, ne réside pas dans le suspense. Au contraire. Dans cet opéra traditionnel, appartenant au genre de celui de Pékin, les personnages sont reconnaissables dès qu'ils entrent en scène. Le bon mandarin Bao Zheng a le visage maquillé en noir comme tous les héros positifs, tandis que le mari infidèle a un visage blanc comme de la craie. La codification des mouvements des acteurs et des phrases musicales souligne de même le développement du récit.

Cela crée une distanciation, une espèce de lenteur de l'action, et le spectateur savoure les chants, les costumes et les acrobaties des acteurs. C'est un vrai spectacle, et non une mince fiction réaliste. Quand la jeune actrice qui interprète Qin Xianglian pousse ses vocalises, la salle applaudit. Elle chante à la perfection, étirant une syllabe plus d'une dizaine de secondes dans l'aigu, puis dans les graves, avant de la faire s'envoler en une succession de syncopes.

Une joyeuse cacophonie règne dans le public. C'est la coutume quand on regarde de l'opéra. Les gens mangent des graines de tournesol, commentent ce qui se déroule sur la scène ou bavardent de tout autre chose. Jamais un instant de silence. Et, au-dessus du brouhaha, s'élève le miaulement des violons chinois et résonne le tintamarre des cymbales. L'opéra chinois est une fête, un art populaire qui ne demande aucun effort d'attention. On y vient comme on va au marché. Un pur plaisir.

Cette nuit, nous resterons dormir chez tante Orchidée. Après le dîner, pour tuer le temps, nous discutons en famille : de la nouvelle femme de P'pa, de Fidel Prosper, de Printemps Sacré, de Vent Fort... Ces conversations passées à critiquer Untel et Untel finissent par m'ennuyer. Aux quatre coins de la planète, les hommes prennent autant de plaisir au commérage. J'ai envie de sortir me promener. Fleur, ma cousine, la fille aînée de tante Orchidée, l'a-t-elle deviné ? Elle propose de me montrer le *karaoke* qui se trouve dans la mairie. J'accepte sans hésiter.

Malheureusement, le *karaoke* est fermé. Sur la place du village, Fleur rencontre une amie. Je rentre seul à la maison.

Nous sommes un jeudi soir. Fleur ignorait-elle que le *karaoke* n'ouvrirait pas ? Cherchait-elle un prétexte pour s'échapper de notre réunion de famille ?

Profitant de son absence, ses parents nous confient leur inquiétude. Ils veulent la marier au boulanger du village. Elle le trouve laid et sans avenir social. Fleur a vingt-trois ans et gagne cinq cents yuans par mois dans l'usine de fermentation des fientes, presque autant que son père. Elle contrôle la qualité chimique du gaz. Est-elle laide ou jolie ?

Ma foi, je crois... qu'elle est les deux.

Quand elle était adolescente, je me souviens que son nez retroussé en prise de courant la rendait repoussante. Elle a grossi. Devenue femme, une petite poitrine pointe sous ses habits, et son nez s'est arrondi en trompette, lui donnant un air effronté, sans rien de vulgaire. Chaque fois qu'elle se déplace dans la maison en passant près de moi, ou qu'elle étend les bras à table pour me servir de la nourriture, elle redresse le buste et me sourit de ses lèvres charnues, peintes de rouge vif. Elle se parfume également. Sans être belle ni pulpeuse, elle possède un je-ne-sais-quoi qui attire les hommes, qui me fait frissonner dans le dos.

A un moment, pendant le dîner, j'ai avoué ma gêne à Gloire. Elle a éclaté de rire :

– Comment peux-tu trouver Fleur attirante ? Elle est grosse et moche, avec des traits de paysanne.

En vérité, Gloire se trompe. Je ne suis pas le seul à qui Fleur donne des idées. Samedi dernier, Joli Nénuphar nous en a touché un mot : il y a quelques mois, Fleur a couché avec un homme marié, puis elle l'a incité à divorcer et l'a plaqué. Toujours selon Joli Nénuphar, notre oncle Prospérité du Pays en a pleuré de honte. Il veut caser sa fille, la marier au plus vite. Il aurait peur qu'elle fasse d'autres « bêtises ».

Ce soir, il ne nous parle que du mariage avec le boulanger. Il espère convaincre Fleur d'y consentir. Elle n'est toujours pas rentrée à la maison. Il me redemande si elle m'a dit chez qui elle allait.

Je ne sais pas. Il me fait pitié.

Imagine-t-il sa fille en train de s'abandonner au jeu des nuages et de la pluie ? Il se doute que Fleur plaît aux hommes et qu'elle aime cela. A son âge, n'est-ce pas normal ? En cette fin de XXe siècle, si elle habitait une grande ville, elle ne choquerait plus.

Le mois dernier, une veille de week-end, Gloire a entendu P'pa dire à Tante de ne pas aller réveiller Maomao avant midi, de le laisser faire la grasse matinée avec sa copine. De tels propos ont surpris ma femme. Il y a quinze ans, quand elle et son frère et ses sœurs étaient célibataires, P'pa n'approuvait pas les relations sexuelles avant le mariage.

Toutefois, la conduite de Fleur réclame plus de tolérance. Fréquente-t-elle encore un homme marié ?

24 janvier.

En début d'après-midi, nous quittons le village de tante Orchidée. Nous passons par l'usine à gaz pour saluer Fleur. C'est l'occasion de visiter cette ingénieuse entreprise de recyclage.

Il n'y a rien à voir : juste la paroi d'une citerne où fermentent les fientes et un baraquement où Fleur effectue ses analyses. Quatre personnes travaillent sur le site, à tour de rôle, nuit et jour. Quelle sobriété de moyens ! Chaque village de Chine pourrait imiter celui de tante Orchidée et posséder sa petite raffinerie d'excréments.

Dans le car qui nous ramène à Pékin, je repense à la valeur de ce modèle industriel. Les Nations unies ont financé l'usine à gaz : celle-ci a coûté quatre-vingt-dix mille dollars, même si cela ne se voit pas sur le terrain. L'organisation internationale menait une expérience, elle ne pourrait subventionner chaque village. Quatre-vingt-dix mille dollars d'investissement, s'il fallait les demander à une banque, serait-ce rentable pour alimenter en combustible quelques centaines de foyers dans un village du tiers-monde ? Ne serait-ce pas une folie ?

De même, Fleur nous a expliqué que son village devait encore rembourser dix millions de yuans, empruntés pour construire les serres, les piscicultures, les élevages industriels, le théâtre, etc. Dix millions de yuans représentent l'équivalent de deux années de salaire de tous les habitants réunis. Un gouffre ! Je comprends : le village de tante Orchidée est artificiellement riche à la manière de l'ancien Dazhai, ou à celle de Shenzhen, le paradis fiscal à la frontière de Hong Kong. A coups d'aides extérieures, de yuans et de dollars. Son système social et sa gestion économique ne prouvent rien, sinon que l'argent attire l'argent et finit par faire des miracles. Tant mieux pour tante Orchidée, qui a la chance d'en profiter.

Le car traverse maintenant des banlieues. Par la fenêtre, les cités HLM se succèdent, recréant le même décor de cubes de béton qu'en France. Toutefois, à Pékin, les résidents de ces clapiers sont des privilégiés. Ils y jouissent de l'eau courante, du gaz de ville, du chauffage collectif et de toilettes privées. Pour y emménager en location*, les listes d'attente sont interminables. Si l'on ne bénéficie d'aucun piston, la solution consiste à acheter un appartement. Il faut posséder au minimum plusieurs dizaines de milliers de yuans, une fortune.

Le béton offre du luxe, non un malaise, et les cités-dortoirs se ressemblent à l'infini, comme les maisons dans le village de tante Orchidée. Je ne crois plus que les raisons économiques motivent seules ces choix d'urbanisme. Ce ne sont pas des pis-aller, mais des exemples de progrès. L'uniformité, serait-ce le premier mot pour qualifier ce que le gouvernement appelle la « civilisation spirituelle socialiste » ? Rêve-t-il d'offrir des clapiers au milliard et quelque de Chinois ?

28 janvier.

Ce soir, P'pa rentre avant Tante à la maison. Il l'a laissée finir la vaisselle chez Maomao et Yoyo. Il s'installe devant la table en

* En général, chaque grande unité de travail possède un parc immobilier pour loger ses employés.

formica de notre entrée. Il effrange des écharpes en soie pour le compte d'une sœur* de Tante. Elle le paie à la tâche : un yuan cinquante la pièce.

Je regarde comment il embellit le tissu en effilant chaque bout sur cinq centimètres, à l'aide d'une aiguille. Cela lui prend une heure par écharpe.

P'pa en réalise une moyenne de six par jour, pendant ses heures de travail, au musée. C'est vrai, son emploi ne consiste qu'à faire bouillir de l'eau et à remplir les thermos à thé des gardiens. Nous qui pensions qu'il faisait la sieste le reste du temps...

J'admire sa patience pour un yuan cinquante de l'heure, environ un franc. Juste de quoi s'acheter une bouteille de bière ! Pourtant, P'pa ne manque pas d'argent. Il aime économiser, toujours et toujours plus. Une soif sans fin. Tante l'a transformé. Du temps de M'man, il ne possédait même pas de compte d'épargne dans une banque. Maintenant, il n'y a plus de petit profit. Dans le musée, P'pa ramasse les boîtes vides de Coca que les touristes jettent. Il les revend douze centimes pièce à un ferrailleur. Il est devenu un expert dans l'art d'écraser les boîtes de Coca, avant de les stocker dans un grand sac à grain. Il faut apprécier avec quelle précision son coup de talon les réduit en galettes.

P'pa sourit :

– Le mois dernier, les écharpes m'ont rapporté deux cents yuans. C'est pas mal, n'est-ce pas ?

– Tu n'as pas besoin de tant travailler, dit Gloire. Tu as assez pour vivre.

– Bof, ça m'occupe, je fume moins.

Il réfléchit et renifle, son tic.

– Ce mois-ci, je n'ai effrangé que quatre-vingts écharpes. Faut que j'en fasse un peu plus... Au fait, Yoyo vient de se marier. Nous célébrerons ses noces** au printemps. Je veux lui donner deux mille yuans.

Je m'en souviens : Yoyo, la fille de Tante, a consulté un voyant

* Ensuite, elle les peint chez elle. C'est son métier. Elle les décore de fleurs, de dragons ou de chevaux, et elle les vend.

** En Chine, le jour de délivrance du certificat de mariage ne correspond pas à celui du repas de noces. Le banquet peut se dérouler plusieurs semaines après, en présence de toute la famille et des amis. Ce jour de mariage officiel n'est qu'une formalité dans l'esprit des gens. Souvent, le couple n'emménage pas encore ensemble.

le mois dernier. Son mari l'a même accompagnée. Pourtant, c'est un scientifique, un informaticien diplômé d'une université de Pékin. Tous deux voulaient connaître une date porte-bonheur pour leur union sur le papier. Le mage leur conseilla le 28 janvier, aujourd'hui.

Voilà pourquoi P'pa doit effranger plus d'écharpes : il désire offrir deux mille yuans à Yoyo. C'est beaucoup pour lui, mais c'est juste assez s'il compte sauver sa face de beau-père. En ville, les filles ne s'achètent pas comme à la campagne. Un mariage ruine les parents de chaque conjoint. Tante nous a dit qu'elle prévoyait de dépenser trente mille yuans, pour le banquet de noces et pour meubler le logement du couple. La moyenne à Pékin.

Nous pourrions payer les deux mille yuans à la place de P'pa, mais je sais qu'il n'arrêterait pas de travailler. Il ne penserait qu'à donner davantage à Yoyo, même si celle-ci est beaucoup plus riche que lui. Elle ne refusera rien. Elle attend tout de Tante et de P'pa, tel un dû. Elle laisse même Tante lui laver ses culottes.

Nous observons P'pa en train de rajuster ses lunettes, comme si les yeux lui piquaient à force de gratter les fils de soie un à un. J'ignorais qu'il était capable de minutie. Il a été ébéniste dans sa jeunesse, mais le buffet de cuisine qu'il a fabriqué en contreplaqué est assez moche.

Entre ses mains, les écharpes de soie deviennent belles avec leur franges. Ce raffinement rappelle les magnifiques broderies de Suzhou, les éventails ciselés en bois de santal, les sculptures en jade, les meubles laqués, les peintures à l'encre de Chine... Seules les bourses des riches et des étrangers peuvent acquérir ces objets coûteux. La finesse de l'artisanat chinois étonne et ravit, alors que le mobilier et les bibelots de la grande industrie, destinés aux masses, font preuve du pire mauvais goût : en plastique, en formica et sans formes esthétiques.

Le meilleur et le pire cohabitent sans juste milieu. Dire que la Chine est surnommée l'« empire du Milieu* » ! Il n'y existe que des extrêmes : des pagodes tarabiscotées ou bien des HLM et des

* Ce terme est devenu un cliché, utilisé à tout propos. Il fait référence au mot Chine en chinois : *Zhongguo*, littéralement le « Pays du Centre ».

cabanes en architecture, une cuisine de restaurant la plus inventive du monde ou une nourriture familiale limitée à quelques recettes souvent grasses et trop salées, une musique originale vieille de plusieurs millénaires ou des chansons de variétés d'une médiocrité inouïe. De même en littérature, en peinture... Comment ne pas rester bouche bée devant les tapis de soie chinois, sans doute les plus beaux du monde ? Ils comptent des centaines de couleurs et des milliers de points, ils coûtent des fortunes, alors que les gens vivent sur des sols en terre battue ou en ciment, parfois recouverts d'un carrelage ou d'un lino. Deux extrêmes sans lien mais indissociables, comme les pile et face d'une même pièce. Comment P'pa peut-il réaliser de si beaux foulards ? Commence-t-il à développer un sens de la délicatesse ?

Il est plus riche, mais il a vieilli. Des rides cernent ses yeux ce soir. Comment puis-je lui faire lâcher son travail ? Tante vient d'arriver. Proposons une partie de dominos, à quatre ! Il n'y résistera pas !

2 février.

Jour de deuil.

En autocar, Fidel Prosper conduit notre famille sur la tombe où sont enterrées les cendres de M'man, dans un cimetière de la banlieue sud de Pékin. Jour de pleurs. Selon la tradition, nous brûlons de ces faux billets de banque qui permettraient aux défunts de s'acheter ce dont ils ont besoin dans l'au-delà. Permettez-moi de taire notre douleur. Je ne raconterai rien de plus.

4 février.

Prenez garde !

Je suis un diable.

Je résume la scène. Il est huit heures, juste après le petit déjeuner. Je suis installé dans les latrines de mon quartier, bottes aux pieds, culotte baissée au-dessus de la fosse, les fesses gelées par zéro degré. Je me soulage, je ne gêne personne, lorsque deux ouvriers entrent et urinent. Ils portent des pantalons sales, avec des pinces et des tournevis accrochés dans les poches. L'un d'eux m'aperçoit en se retournant pour reboutonner sa braguette. Il me montre du doigt et lance à son collègue :

– Eh regarde ! Y a un *yang guizi* !

Yang guizi, c'est-à-dire « diable étranger », est la pire insulte pour désigner un Blanc. Elle équivaut à traiter un Noir de « singe ». Elle signifie que les Blancs ne sont même pas des hommes. Elle se nourrit de l'humiliation qu'infligèrent les Occidentaux au cours des guerres de l'Opium. La puissance de leurs armes à feu était perçue comme une diablerie. N'avaient-ils pas aussi des cheveux et des yeux de toutes les couleurs, de longs nez et des corps couverts de poils ? Ils portaient même des pantalons étroits et serrés, comme s'ils n'avaient pas d'articulations aux genoux*. Ils ressemblaient à des démons.

Les deux ouvriers éclatent de rire. Je me tais. Je suis trop vexé pour me défendre. Je préférerais ne pas comprendre le chinois. Je pourrais être blanc sans m'en soucier, me promener dans les rues, dans les magasins, l'esprit libre.

Gloire et moi, nous avons été trop injuriés en Chine, autrefois, et je ne peux m'empêcher de remarquer la moindre parole déplacée. Je suis pareil à ces gens qui souffrent du vertige. Ils se rendent compte les premiers de la hauteur d'un balcon. Mes expériences de la Chine conditionnent mon regard. Me rendent-elles trop sévère ? Ou me maintiennent-elles en alerte ? Certaines attitudes sont impardonnables. Le travail du journaliste consiste à les rapporter, quitte à s'opposer au mythe de la civilité des Chinois, à ne pas être cru. Je connais la légèreté avec laquelle ils vomissent des obscénités sur votre mère, votre grand-père, votre femme, etc. Et ils sont si racistes. Plusieurs fois par jour, des inconnus m'appellent *laowai* en public. Je déteste cela. Ce n'est pas une injure, c'est plus subtil.

Laowai signifie littéralement « vieil étranger », mais je le traduis par « métèque », car ce mot exprime du mépris. Le *laowai*,

* Cf. l'excellent livre d'André Lévy : *Nouvelles Lettres édifiantes et curieuses d'Extrême-Occident par des voyageurs lettrés chinois à la Belle Époque*, Paris, Seghers, 1986.

c'est l'étranger dans ce qu'il représente de barbare et d'inférieur. Si *lao* veut dire « vieux », cet adjectif n'indique pas toujours le respect. Ne cherchez pas *laowai* dans un dictionnaire chinois-français, vous ne le trouverez pas entre *laotouzi* (vieux bonhomme, vieille barbe) et *laowangu* (vieille baderne). Vous ne l'entendrez pas non plus dans les discours officiels. On y utilise les mots « étranger », « ami étranger » ou « hôte étranger ».

Laowai appartient à l'argot de la Chine du Nord. Les journaux commencent à oser l'imprimer entre guillemets, tant il est devenu banal dans toutes les couches de la société. Les vendeurs dans les magasins ou les serveurs dans les restaurants me traitent de *laowai*, irrespect impossible devant un client, il y a une dizaine d'années. Avec leur enrichissement, j'ai l'impression que les Chinois se sentent confortés dans leur racisme : *laowai* a réussi à prendre dans certaines circonstances une sonorité amicale. L'expression mélange le mépris et l'affection.

Laowai se compare au mot « nègre » dans la bouche des Blancs du sud des États-Unis, au milieu de ce siècle. Il existait de sales nègres et de braves nègres, mais tous restaient des nègres, des sous-hommes. *Idem* du point de vue des Chinois : un Blanc n'est qu'un métèque.

Communisme oblige, hier dans une quincaillerie du quartier de Qianmen, une vendeuse m'a appelé « camarade métèque » en me demandant ce que je désirais acheter. Je me suis senti honteux, alors qu'elle cherchait à me faire plaisir, exactement comme un Sudiste aurait félicité un Noir : « Toi, t'es un bon nègre. » Ensuite, devant les autres clients, la caissière du magasin a lancé à haute voix :

– Le métèque a payé.

– Bien, j'apporte le paquet du métèque, a répondu la vendeuse.

– Hé ! prépare aussi une facture ! Le métèque en réclame une.

Imaginez une boutique dans le centre de Pékin, derrière la place Tiananmen. La cohue vous étouffe. Je m'entendais traiter de métèque d'un bout à l'autre des rayons et je ne pouvais pas protester. Personne n'aurait compris, car personne ne cherchait à m'humilier. Le personnel parlait avec son cœur, et les clients n'y prêtaient aucune attention. Tout semblait normal.

Je me suis écrasé devant la majorité, comme un lâche.

J'ai ramassé ma monnaie et ma marchandise, puis je me suis

forcé à sourire pour saluer chacun. Je suis sorti aussi vite que possible, me fondant dans la foule sur le trottoir. J'ai eu le trac de continuer mes courses, d'entrer dans d'autres magasins. Je me suis promené, je me suis dégoûté tout l'après-midi, jusqu'au retour à la maison, quand Gloire m'a embrassé.

Quelle faute ai-je commise pour être tant méprisé ? Je n'y peux rien, je ne me sens ni métèque ni diable. Je ne réclame aucune faveur, je veux juste être considéré d'égal à égal.

Cela reste impossible en Chine. Soit les étrangers jouissent de privilèges tels que les guichets spéciaux sans queue dans les gares, soit ils doivent payer plus cher les hôtels, les avions, les musées. Cela s'appelle le tarif pour les « hôtes étrangers », par opposition au tarif *guonei*, pour les autochtones. Cette discrimination en fonction du sol de naissance est d'autant plus inquiétante qu'elle ne reflète pas un point de vue extrémiste. La majorité des Chinois approuve ce système.

Officiellement, la Chine justifie ainsi la double tarification : les étrangers sont plus riches et ils ne travaillent pas à la construction économique du pays.

Doubles balivernes !

L'argument socialiste de faire payer les riches plus que les pauvres est louable. Mais, *primo*, après deux décennies de Quatre Modernisations, nombre de Chinois sont devenus plus riches que des routards occidentaux. *Secundo*, beaucoup d'étrangers travaillent en Chine. Ils paient l'impôt qui permet de subventionner les transports, les musées, etc.

Le quotidien *China Daily* félicite aujourd'hui le bureau de la perception de Pékin. Le mois dernier, celui-ci a collecté cent trente millions de yuans en impôts sur le revenu des travailleurs étrangers, soit quarante-cinq pour cent de plus qu'en décembre.

On peut faire le cauchemar d'une France où l'entrée du Louvre coûterait soixante francs pour les « nationaux » et le double pour les Arabes. Ce pays serait raciste. La Chine l'est. A chacun d'apprécier. Point.

Depuis quelques jours, Pékin vit sous tension. Les gens s'activent pour préparer le Nouvel An chinois. Il débutera après-demain soir, à minuit. Ce sera la plus grande fête de l'année, pour un cinquième de l'humanité.

Je crois que vendredi dernier – je n'attache guère d'importance à ces superstitions – le dieu du foyer est remonté au ciel, pour rapporter à l'Empereur céleste comment chaque famille s'est conduite pendant l'année écoulée. Ce jour-là, les épiceries ont vendu des pâtisseries en boules de sucre. Traditionnellement, les gens en font offrande chez eux au dieu de leur foyer, afin de lui coller la bouche et qu'il ne puisse se plaindre à l'Empereur céleste. Cette ruse semble considérer que ce dieu est plus bête que les hommes. Dans notre famille, nous ne le vénérons pas. Mais le lendemain, le samedi, le 24 du douzième mois lunaire, comme tout le monde, nous avons balayé, lessivé la maison de fond en comble, et les draps, et les rideaux, et les couettes. Il faut démarrer la nouvelle année dans la propreté.

C'est aussi la saison de se laver le corps. Dans le centre de Pékin, la population ne possède pas de sanitaires, et les bains publics allongent leurs heures d'ouverture, tard dans la soirée, en raison de l'affluence. Moi, j'ai l'habitude d'aller me doucher deux fois par semaine, dans l'établissement au bout de la grande rue de notre quartier. Cela étonne Tante d'ailleurs. Elle, elle n'y va que tous les quinze jours. Elle n'a pas cru Gloire quand celle-ci lui a expliqué que nous nous douchions tous les jours à Paris.

Ce matin, j'emmène donc Béatrice aux bains publics. La grande salle des douches masculines est une usine thermale qui accueille jusqu'à mille personnes par jour. Elle est pleine en ce moment. Il est vrai que le ticket d'entrée ne coûte que six yuans. Je décide de nous offrir une séance dans le salon de sauna, à côté. Il n'y a qu'une dizaine de clients à l'intérieur, car le prix du billet s'élève à trente yuans.

On se lave nu et en public, les hommes au rez-de-chaussée, les femmes au premier étage. Dois-je préciser que je suis le seul étranger ? L'employé du vestiaire se souvient d'avoir vu un Américain ici, une fois, il y a une dizaine d'années. Pour sûr, on me suit des yeux. Je devrais écrire : on mate ma nudité. Cela ne me gêne plus depuis deux mois que je fréquente l'établissement. Seule la curiosité pousse mes voisins à m'observer sous la douche, à vérifier si je ne suis pas différent d'eux. Ce n'est pas du voyeurisme.

Les Chinois ne se lavent pas souvent. Quand ils le font, ils aiment se frotter le corps avec une serviette, pour « ôter leurs vieilles peaux mortes », comme ils disent. Ce n'est pas une honte de faire tomber plein de copeaux d'épiderme grisâtres. Au contraire, c'est un acte d'hygiène, et devant les douches, aux yeux de tout le monde, un masseur frictionne les clients sur un divan en plastique. Il me fait signe d'approcher. Non, ce n'est pas pour me décaper le cuir à mon tour. Il vient de remarquer que Béatrice est une petite fille. D'habitude, Gloire l'emmène chez les femmes.

– Vous savez, me dit-il à voix basse, toutes sortes d'hommes viennent ici. Le meilleur et le pire. Faut pas laisser votre gamine seule un instant. Me comprenez-vous ?

Je le remercie. Message reçu. Pourquoi n'existerait-il pas de pédophiles en Chine, même si le mot reste à inventer en mandarin ? D'ailleurs, le masseur et un gardien du vestiaire redoutent tant un scandale qu'ils reviendront me mettre en garde.

Je ne lâche pas la main de Béatrice, nous allons suer une dizaine de minutes dans la cabine de sauna, puis nous sortons nous reposer, épuisés par la chaleur. Un salon, avec une cinquantaine de fauteuils et de repose-pieds, accueille les clients, après qu'ils ont enfilé un peignoir.

Depuis le 15 mai dernier, il est interdit de fumer dans les lieux publics à Pékin. Accrochée sur un mur, une pancarte le rappelle, et comme souvent, juste en dessous, un cendrier est installé. La loi existe, elle fait bien. Elle n'impressionne pas plus que celles contre la corruption ou le népotisme, ou encore celles garantissant le droit à la défense devant les tribunaux*. Il suffit de ne pas y attacher d'importance. Ici, tout le monde fume et boit du thé, pour se réhydrater. C'est assez agréable. Nous regardons un film policier de Hong Kong sur un téléviseur, et, derrière nous, deux clients se font masser les pieds, la tête et les bras. Cette fois, par

* Régulièrement, des avocats sont rappelés à l'ordre par des juges, et même expulsés du tribunal, parce qu'ils montrent trop d'ardeur à défendre leurs clients, des criminels, c'est-à-dire des ennemis du peuple et du socialisme.

des masseuses. J'ai entendu que cela coûtait cinquante yuans pour une demi-heure.

L'endroit est huppé. Trente yuans pour paresser dans ce sauna représentent une journée de salaire moyen, au lieu du cinquième pour se doucher avec la foule, à côté. Les clients, une dizaine, ont mon âge et des cheveux parfaitement coupés. Leurs téléphones cellulaires sonnent continuellement. Ces jeunes hommes sont sans doute des *daoye*, des trafiquants : de meubles, de véhicules, de médicaments..., toujours à la recherche de ce qui rapporte, comme Vent Fort, mon beau-frère. Ils utilisent l'argot des *daoye*. L'un des clients qui se font masser derrière nous parle dans son portable d'une combine à propos de terrains à bâtir. Dans sa bouche, *ta ma de*, c'est-à-dire « [vagin] de sa mère », sert de ponctuation pour lier les phrases, les idées. Je n'entends pas tout, car il murmure par moments. A l'autre bout de la ligne téléphonique, un certain Petit Chen ne tient pas ses promesses. De commissions, d'autorisations ? Mon voisin raccroche, et cinq minutes après, Petit Chen le rappelle. Son fauteuil lui sert de bureau. Bureau de luxe avec une masseuse. Vue d'un sauna, la Chine ne récompense pas la vertu. Il faut être un voyou pour réussir.

Tandis que je me rhabille avec Béatrice au vestiaire, un trafiquant m'adresse la parole :

– Hé ! le métèque ! De quel pays viens-tu ?

Je ne lui réponds pas.

– M'as-tu entendu, le métèque ?

Je le fixe dans les yeux. Il n'a pas trente ans et porte un complet occidental. Je m'avance devant lui. Est-ce le bain de vapeur dans le sauna qui me remplit de courage ? Je sens ma colère monter, me serrer le ventre. C'est stupide, mais je laisse échapper :

– Pourquoi m'appelles-tu « métèque » ?

– Tiens ! s'exclame-t-il. Tu parles chinois.

Il réfléchit quelques secondes.

– Tu préfères que je t'appelle « l'étranger » ? Bien. Alors, de quel pays viens-tu ?

– Cela ne te regarde pas.

Il fronce les sourcils, la lèvre pendante, surpris par mon agressivité, puis déçu. Je me force à ne plus le regarder, j'enfile à Béatrice son anorak et nous sortons.

En prévision du Nouvel An lunaire, une frénésie de consommer s'empare des Pékinois. Ils quittent leur travail plus tôt et courent les magasins. Ils achètent des habits, des cadeaux, et surtout de la nourriture pour fêter le réveillon en famille. C'est la saison des promotions, et elles cachent parfois des prix gonflés. J'ai lu dans un journal qu'un hypermarché de la chaîne française Carrefour s'est ouvert le long du troisième boulevard périphérique nord. Allons y jeter un œil cet après-midi, voir les bonnes affaires.

Ce Carrefour est installé dans une bâtisse rectangulaire au toit plat. Comme dans tous les hypermarchés du monde, dès que nous y pénétrons, des odeurs de bouffe, de détergents, de confiserie nous agressent. Les bavardages de la foule se superposent à une musique d'ambiance. Un instant, nous songeons à ressortir. Ce sera difficile. Les gens nous bousculent de tous côtés en poussant leurs caddies. Entrons dans la danse ! Cherchons un chariot, nous aussi !

Sous les regards des vigiles, la visite commence par le premier étage. Un circuit obligatoire : après le passage par les rayons des habits, du bricolage et de l'électroménager, nous redescendons vers ceux de l'alimentation et des produits sanitaires, au rez-de-chaussée. Là, les odeurs se concentrent en puanteur.

Dans les vitrines réfrigérées, les yaourts sont empilés en vrac, et des pots crevés répandent leur laitage. Au rayon primeurs, les légumes ne sont pas très frais et coûtent plus cher que sur les marchés libres dans la rue. Les kumquats, les pamplemousses ou les ananas sont tachés de pourriture. Plus étonnant, à côté des habituelles délices, telles que concombres de mer et seiches réhydratés, la poissonnerie vend des vers à soie, à quatorze yuans la livre.

Tout cela pue. Et les clients continuent de se bousculer dans les allées. Carrefour vend aussi de la nourriture occidentale. Nous en profitons. Nous achetons deux baguettes, une boîte de foie gras chinois et une barquette de steaks dans le filet*, de quoi

* Le filet coûte cent cinq yuans le kilo et il est extra-tendre, alors qu'il ne coûte que dix-huit yuans en ville et qu'il n'est qu'extra-dur. La boîte de cent vingt grammes de foie gras d'oie, produit dans la province du Shandong par une entreprise sino-française, coûte soixante-sept yuans. Sa saveur n'est pas riche et ressemble à celle d'une mousse de foie.

nous régaler ce soir, en nous rappelant la France. Nous terminons la visite par la section des lessives. La gondole ne compte que onze références, marques et tailles différentes des sachets confondues. La marchandise est présentée en tas sur quatre étagères de dix mètres. On dirait un étalage de grossiste ou de cash-discount. Je repense à l'assortiment qu'offre le rayon lessives d'un hypermarché en France, alignant près de cent références* : pour le blanc, les couleurs, les lainages, avec ou sans adoucisseur... et sous de multiples conditionnements. Pas ici. La Chine reste un pays de crise, de pénurie, même chez Carrefour. En revanche, le consommateur y découvre le droit de se servir, de choisir lui-même ce qu'il achète. Pousser un caddie dans un hypermarché qui pue, serait-ce aussi cela les Quatre Modernisations, le changement ? Serait-ce un début de liberté ? Vive la civilisation du caddie !

6 février.

Le grand soir est arrivé.

Un réveillon. Une fois par an !

Cela m'excite bien sûr, mais je n'éprouve aucune curiosité. J'ai déjà vécu quatre Nouvel An chinois. Je sais d'avance ce que la fête nous réserve.

Nous attendent la réunion de famille, les cadeaux en espèces sonnantes et trébuchantes à faire aux enfants, le festin et le meilleur spectacle annuel de variétés télévisées avec Zhao Zhongxiang – le Drucker chinois. Ensuite, nous passerons une nuit blanche à jouer aux cartes et à allumer des pétards. A l'aube, nous mangerons les traditionnels raviolis.

Comme prévu, nous distribuons deux cents yuans à notre neveu, puis à chacune de nos nièces. De son côté, Béatrice reçoit des habits et des chaussures de la part de son oncle et de ses tantes, tandis que P'pa lui glisse cent yuans. J'ordonne à Béatrice de rendre le billet. Je me sentirais honteux d'accepter un quart

* Quatre-vingt-huit exactement dans le centre Leclerc où nous nous approvisionnons. Je le vérifierai à notre retour.

de la retraite mensuelle de P'pa. Mes belles-sœurs et mes beaux-frères, au contraire, ne disent pas à leurs enfants de refuser l'argent de P'pa.

Toute la famille passe à table, et nous nous régalons avec des plats de porc, de poisson et de poulet. Ce jour de fête, on ne mange pas trop de légumes. Ensuite, nos habitudes sont bouleversées : nous ne perdons pas de temps à regarder Zhao Zhongxiang à la télé. Hop ! sitôt le repas terminé, P'pa propose de faire une partie de dominos. Les cartes sont démodées.

Selon la tradition, un Nouvel An ne se conçoit pas sans s'amuser avec des pétards. Leurs détonations servent aussi à emplir la nuit d'un vacarme de guerre, pour effrayer et chasser les mauvais esprits, au seuil de la nouvelle année. Ce soir, nous n'en entendons pas un seul exploser dans le quartier : voilà encore un changement ! Afin d'éviter les accidents et les incendies, depuis 1993, le gouvernement de Pékin interdit d'allumer des pétards. P'pa, qui aimait tant jouer avec, ne se plaint pas d'être privé de ce plaisir. Je suis surpris. Parfois, les Chinois montrent tant de docilité ; d'autres fois, personne ne respecte la loi, comme l'interdiction de fumer dans les lieux publics. Tout dépend des flics, de la férocité avec laquelle ils aboient. Pour les pétards, les journaux n'ont cessé de répéter que les contrevenants seraient punis sans merci.

7 février.

– Cela ne mange pas de pain ! me dit Joli Nénuphar, avec un sourire gêné.

Elle s'agenouille à côté de sa fille pour prier Bouddha. Elles joignent les mains, comme les autres visiteurs de Yonghegong. Nous les avons accompagnées dans cette lamaserie, la plus grande de Pékin. Elles voulaient voir le spectacle des Pékinois qui accourent faire des offrandes à Bouddha, en ce premier jour du calendrier chinois.

Témoignant du renouveau des religions en Chine, des milliers et des milliers de personnes se serrent sur les six hectares du complexe bouddhique. Peut-être sont-elles même des dizaines de milliers ? Les bâtons d'encens qu'elles font brûler par poignées réussissent à enfumer l'air, comme s'il y avait un incendie devant chacun des dix-sept temples.

Yonghegong, le « palais de la Paix et de l'Harmonie », fut construit en 1694, pour servir de résidence au fils de l'empereur. Il fut transformé en lamaserie en 1744. C'est un trésor d'architecture et de décoration, combinant les styles chinois, mandchou, mongol et tibétain. Que de fresques, de dorures, de boiseries sculptées, de balcons, de colonnes ! A la pointe des toits courbes s'accrochent des dragons, prêts à s'envoler. Une des statues de Bouddha me donne le vertige lorsque je la regarde. Taillée dans un tronc de santal, elle mesure dix-huit mètres de hauteur. Elle figure dans le *Livre Guiness des records*.

Joli Nénuphar a fini de prier. Elle se redresse. Je lui avoue mon étonnement :

– Es-tu devenue bouddhiste ?

– Non. Mignonne et moi, nous nous mettons à genoux chaque fois que nous voyons un bouddha ou un autre dieu. C'est tout.

– Crois-tu à une puissance surnaturelle ?

Elle éclate de rire :

– Non ! Je ne crois en rien, mais j'aime bien prier. Comme ça, je ne suis pas en faute, si jamais un dieu existe.

– Tu pries devant tous les dieux, n'est-ce pas ?

– Oui. On ne sait pas quels sont ceux qui existent en réalité. Je veux mettre toutes les chances de mon côté.

Cela équivaut à ne pas mettre tous ses œufs dans le même panier, ne pas tout parier sur le même cheval, ne pas placer ses économies chez un seul banquier, etc. Cette conception me choque. La prière ne signifie plus l'adhésion à une spiritualité et à une morale. Les religions se ressemblent-elles toutes dans la tête de Joli Nénuphar, éduquée par le marxisme ?

– Implores-tu les dieux de t'accorder quelque chose de particulier ? dis-je.

– Oui. Je leur demande la santé, de l'argent, ou encore que Mignonne réussisse ses examens à l'école. Des fois, je ne pense à rien de précis.

– Puisque tu ne crois pas, à quoi cela sert-il de prier ?

– Marc ! s'exclame-t-elle. On n'a jamais prouvé que les prières n'avaient aucune efficacité, et puis, cela ne coûte rien d'en faire.

Joli Nénuphar vénère les dieux comme je me méfie des échelles. Je ne crois pas qu'elles portent la poisse, mais pourquoi passerais-je dessous quand je peux les contourner dans la rue ?

Devant nous, des dizaines de personnes gribouillent des lettres qu'elles déposent sur l'autel de Bouddha. Supposent-elles que le dieu lit mieux les prières qu'il ne les entend ? Au milieu de la cohue, Gloire et moi, nous nous penchons par-dessus l'épaule d'une femme d'une quarantaine d'années. Nous voulons découvrir ce qu'elle écrit. C'est mal, mais notre curiosité l'emporte. Nous lisons :

> Vénérable Bouddha,
> Ma mère est malade. Pouvez-vous la guérir ? Je suis une femme de ménage. Je vous demande aussi un meilleur travail pour moi et mon mari et que ma fille soit acceptée dans un bon lycée. Si vous réalisez mes vœux, je vous promets de revenir ici chaque Nouvel An pour vous faire des offrandes.

Le pragmatisme des Chinois ! Ils attendent des résultats avant de s'abonner à un dieu. Croire en Dieu leur fut longtemps défendu. Sont-ils si nombreux ce matin parce qu'ils cherchent une protection divine en remplacement de l'idéal communiste, en l'absence également de charisme des dirigeants politiques actuels ?

Il y a deux semaines, j'ai constaté la même soif de miracles en visitant le grand temple taoïste du Nuage Blanc, au sud-ouest de Pékin. Philosophie chinoise de l'individualisme et de l'harmonie de l'univers, le taoïsme a été depuis deux millénaires transformé en religion, avec sa panoplie de dieux. Ils sont vénérés comme des bouddhas : même rite de brûler de l'encens et mêmes offrandes en fruits ou en argent. Ici dans le hall du dieu de la richesse, là dans celui du dieu de la médecine, plus loin dans celui de la déesse de la fécondité ou dans celui des Huit Immortels... Quel rapport peut-il exister entre jeter des pièces à la statuette d'un dieu et suivre la voie de retour à la nature, prônée par Laozi et Zhuangzi ? Ces pères du taoïsme enseignaient le « non-agir » pour combattre les ambitions humaines.

Dans un pavillon du temple du Nuage Blanc, les gens se pressaient pour prier le dieu de l'enfer. Sur les murs, une série d'aquarelles illustraient la conception taoïste de son royaume. Des hommes aux corps décharnés étaient dévorés par des molosses, ou forcés par des démons à boire du poison. D'autres étaient pendus par les pieds, ou jetés d'un pont. La scène la plus pénible ressemblait à une torture : un homme avait la tête coincée dans une cangue et un serpent le mordait. Cette vision d'horreur incitait plus d'un visiteur à donner quelques yuans au dieu de l'enfer. Ainsi, ils achetaient leur salut dans l'au-delà.

8 février.

Il y a quinze ans, l'opéra chinois m'ennuyait. Mes guides officiels m'y avaient traîné deux fois, à Shanghai et à Canton. Cela faisait partie du programme d'un journaliste en Chine.

L'opéra traditionnel renaissait. Jugé d'inspiration féodale, il avait été en pratique interdit pendant la Révolution culturelle. Jiang Qing, la femme du président Mao, ancienne actrice de cinéma, avait imposé à la place un catalogue de huit pièces révolutionnaires, en langue et en costumes modernes.

Après la chute de la Bande des Quatre, la réhabilitation des vieux opéras symbolisait une bouffée de libéralisation plus qu'une attente du public. A Canton, tant l'action était lente, je crois que, mes guides et moi, nous étions sortis avant la fin du spectacle. Les Chinois nés après la fondation de la Chine Nouvelle ne savouraient pas les thèmes historiques de l'opéra traditionnel, ni son jeu d'acteurs artificiel. Je me souviens qu'ils ricanaient aussi des paroles communistes des opéras de Jiang Qing.

Comme les hommes changent en vieillissant ! L'opéra chinois devient de plus en plus apprécié, et les pièces de Jiang Qing sont de nouveau produites dans les théâtres. C'est la dernière mode. Ainsi ce soir, à Pékin, le Grand Théâtre de la Paix éternelle* présente *Shajiabang*, l'un des huit opéras rouges de Jiang Qing.

* Il vient d'être inauguré sur l'avenue du même nom. C'est le plus prestigieux théâtre de Chine.

Nous n'avons pas résisté à l'envie de venir le voir. Les places coûtent jusqu'à cent vingt yuans, l'équivalent de trois ou quatre jours de salaire, et elles ont toutes été vendues.

Comment expliquer une telle affluence ? Les Chinois deviennent-ils nostalgiques de la Révolution culturelle ? Je me trompe, selon Gloire. Je n'ai pas vécu cette époque, je n'ai pas entendu *Shajiabang* matraqué jour après jour sur les ondes de la radio. Son message politique ne compte plus, mais ses mélodies n'ont pas été oubliées, ancrées dans la mémoire collective comme les airs des Beatles en Occident. Le public est venu réécouter les chansons de sa jeunesse. Gloire partage ce plaisir.

Shajiabang raconte l'histoire d'un village sous l'occupation japonaise, puis sa libération par les troupes communistes, avec l'aide des masses populaires. Au fil de la représentation, je commence à comprendre Gloire. La salle vibre chaque fois que les acteurs entonnent l'un des « tubes » de cet opéra. C'est vrai, la phraséologie sur le camarade Mao, sur la direction clairvoyante du Parti, sur le courage des soldats communistes, toute cette propagande ne se remarque pas tant les mélodies sont vivantes, tant l'action tient en haleine. *Shajiabang*, opéra rouge, est vraiment révolutionnaire : son style dépoussière l'art lyrique. Il fait aimer l'opéra chinois. Je ne m'ennuie pas une seconde.

10 février.

Dans une semaine, nous rentrerons en France.

Nous quitterons la Chine. Celle que j'aime et celle qui me révolte. Le pile et la face de Ma-Chine.

Machine à faire rêver. Machine à sous. Machine sexuelle. Machine de nourriture. Machine à laver les cerveaux. Machine de guerre. Machine à insulter. Machine à philosopher. Machine à miracles. Machine à écrire.

Ma Chine.

12 février.

Hier, Beauté nous a rendu visite. C'était la fin des congés du Nouvel An, le dernier jour de fête. Vent Fort, mon beau-frère, l'accompagnait. Nous ne l'avions pas revu depuis deux mois. Nous avons cuisiné des gambas et du poulet, puis nous avons joué aux dominos, juste une heure.

Vent Fort ne se portait pas bien.

Pas bien du tout.

Et je ne l'ai jamais vu habillé ainsi, sans costume occidental.

Il portait un survêtement en nylon bon marché, et son teint blême soulignait les rides de son visage. Je ne pouvais m'empêcher de regarder ses mains. Les traces de piqûres ne s'étaient pas cicatrisées. J'aurais préféré ne rien savoir, mais, chaque fois qu'il se grattait, je l'imaginais s'enfonçant une seringue remplie d'héroïne. Vent Fort continuait de se droguer. Était-ce la raison de sa disparition depuis décembre ? Était-il trop malade pour venir chez nous ? Je me suis senti gêné. Je n'ai pas osé lui dire que je l'excusais, ni lui demander comment il se sentait.

Aujourd'hui, les entreprises et les administrations ont repris les horaires de travail habituels. Nous en profitons pour retourner au musée Lu Xun. Nous y sommes passés en décembre, mais, avec le recul du temps, mon souvenir me semble incroyable.

Au cours de la visite, je pense avoir vu une photo de Jiang Zemin et de Li Peng, les dirigeants de la répression de l'après-juin 1989. Ils se tenaient côte à côte et prononçaient un discours pour promouvoir l'enseignement de l'œuvre de Lu Xun. Libre penseur, cet écrivain révolutionnaire n'adhéra jamais au Parti communiste chinois. Toute sa vie, il se fit l'avocat des révoltes de la jeunesse, même quand il en désapprouvait les revendications. Il hurlait contre les massacres d'étudiants.

Je ne me suis pas trompé.

La photo conclut l'exposition sur Lu Xun. Elle a été prise le 24 septembre 1991, à l'occasion du cent dixième anniversaire de la naissance de l'écrivain. Y associer Li Peng et Jiang Zemin me fait mal au ventre. Le conservateur fait-il de l'humour noir ? Ou bien prend-il les visiteurs pour des imbéciles ? A côté de la photo, un extrait du discours de Jiang Zemin est affiché :

> L'esprit de Lu Xun cristallise l'esprit de la nation chinoise. Ses œuvres sont des trésors idéologiques qui nous donnent intelligence et force [...] Non seulement les camarades du front de la culture ont le devoir absolu d'étudier Lu Xun, d'en faire sa propagande, mais aussi les larges masses d'ouvriers, de paysans, d'intellectuels, et les cadres de tous les secteurs doivent davantage étudier et faire rayonner l'esprit de Lu Xun.

Quelle langue de bois ! Jiang Zemin aurait dû pousser le cynisme en citant quelques remarques que Lu Xun a écrites le 18 mars 1926, suite à un massacre d'étudiants devant le palais du Gouvernement, à Pékin. L'humour pince-sans-rire de Lu Xun immortalisa cette date comme « la journée la plus sombre depuis la proclamation* de la République ». Sa prose n'a pas vieilli. Elle pourrait s'appliquer à la boucherie de Tiananmen, le 4 juin 1989, devant l'Assemblée populaire, le jour le plus sombre depuis la fondation de la Chine Nouvelle :

> Tigres et loups déchirent la Chine et personne n'en a cure.
> [...] Si la Chine n'est pas vouée à la destruction, alors, l'Histoire nous l'enseigne, l'avenir réservera une surprise de taille aux assassins.
> Ceci ne vient pas clore un incident, mais marque un nouveau départ.
> Jamais les mensonges écrits à l'encre ne masqueront les faits écrits dans le sang.
> Les dettes de sang se règlent en nature. Et plus lointaine l'échéance, plus importants les intérêts !

Sur la photo en noir et blanc, posant devant un rideau sombre, Jiang Zemin et Li Peng ressemblent à des mafieux, des parrains communistes avec des têtes de vampires. Je n'exagère pas. Avez-vous déjà vu le visage de porcelaine des deux chefs de l'État chinois ? Ils semblent souffrir en permanence d'un manque de sang. Quels portraits sinistres pour célébrer la mémoire du plus libre penseur de la Chine contemporaine !

* En 1911-1912, à la place de l'Empire Qing.

Comme je regrette que Lu Xun ne soit pas né deux ans plus tôt ! Jiang Zemin et Li Peng auraient pu fêter ses cent dix ans en trinquant avec le sang encore frais des morts de Tiananmen. Je ne doute pas qu'ils auraient réussi à justifier la boucherie en saucissonnant quelques-uns de ses essais. Pour réfuter le massacre dans les jours qui suivirent le 4 juin 1989, comme si la propagande plagiait Lu Xun et son « la vérité, c'est le sang des jeunes répandu par les balles* », je me souviens d'avoir entendu à la télévision chinoise : « Les mensonges des médias occidentaux, c'est le sang des étudiants qui aurait été répandu par les balles. »

Lu Xun comparait la Chine à un festin de cannibales. Jusqu'à quel point les communistes récupéreront-ils son prestige révolutionnaire pour nous manger le cerveau ? La vérité n'est plus que mensonge, et le mensonge vérité. Du président Mao à l'ère actuelle des Quatre Modernisations, la propagande ne change pas de méthode.

La Chine me fait penser à un oreiller géant. Bien appuyé sur les visages, il empêche de voir, d'entendre et de parler. Il asphyxie l'intelligence des hommes. De temps à autre, il suffit à son propriétaire de le soulever un peu, pour permettre au peuple en dessous de respirer, de prendre une bouffée de liberté. Puis, aussitôt, il replaque l'oreiller – ainsi en 1957, 1967, 1976, 1979, 1983, 1989, etc., j'en oublie. L'état d'asphyxie peut durer à l'infini, et le peuple travaille, et l'économie se construit cahin-caha. A la longue, le tissu de l'oreiller ne finira-t-il pas par s'user, ou se découdre ?

13 février.

Vous souvenez-vous de Peuple, notre ami rédacteur en chef de la page « Chroniques » d'un des plus grands quotidiens chinois ? Neige, sa femme, étudie aux États-Unis. Elle voulait divorcer à Noël.

Le surlendemain de notre dîner, ils se sont rendus au bureau

* Toujours à propos du 18 mars 1926.

des affaires matrimoniales dont ils dépendent. Eh bien, leur séparation n'a pas été accordée. A compter du dépôt de la demande, un divorce n'est autorisé qu'au terme d'un délai d'un mois de conciliation. Neige ne pouvait attendre en Chine, à cause de ses études en Amérique. Comme elle est repartie à l'étranger, seul un tribunal peut prononcer la séparation, même en cas de consentement mutuel.

Peuple a fini par accepter l'évidence : Neige ne l'aime plus. Tous les deux, ils ne partagent plus rien, sauf des souvenirs. Il s'est habitué à l'idée de divorcer. Il engagera un avocat pour lui, et un autre pour Neige, afin de lancer la procédure. Voilà quels sont ses propos, ce soir. Nous dînons ensemble, deux mois après notre première rencontre.

Deux mois seulement ! Peuple ne parle plus de sa nomination à Shanghai, en tant que chef de l'antenne de son journal. Ses ambitions se tournent vers Hong Kong.

– Notre journal pense s'y implanter, dit-il. Nous voulons lancer une édition spéciale, avec un cahier supplémentaire de douze pages. Mon directeur me propose d'en être le rédacteur en chef, sur place.

Il s'excite.

– Pour concurrencer les journaux locaux, mon directeur me garantit une autonomie éditoriale et politique. Cette édition ne sera pas diffusée en Chine continentale.

– C'est-à-dire ? dis-je, me demandant ce que tout cela signifie en pratique.

– Nous publierons certaines informations qui ne peuvent paraître dans les journaux de Pékin, mais que l'on trouve dans la presse internationale. Par exemple, des cas de corruption de hauts dirigeants ou des bruits sur les conflits à l'intérieur du Parti. Nous annoncerons également certains événements comme les émeutes musulmanes qui ont eu lieu au Xinjiang, la semaine dernière.

– Comment ? dis-je, incrédule, car je n'ai pas même lu un entrefilet dans la presse chinoise sur de récents troubles au Xinjiang. Que s'est-il passé ? En es-tu sûr ?

– Oui. Au bureau, je reçois les dépêches des agences étrangères. Il y a eu des morts. Vous n'êtes pas au courant ?

– Non.

– Le Nouvel An chinois coïncidait avec la fin du ramadan. Des séparatistes musulmans ont tenté de s'emparer de Yining*. Ils possédaient des armes, il y a eu des combats de rue. Le gouvernement vient de rétablir l'ordre.

Si Peuple dit vrai, c'est incroyable ! Vivant en Chine, je suis moins informé sur ce qui se passe dans le pays que si j'habitais à Paris, à des milliers de kilomètres. C'est incroyable, mais, réflexion faite, cela ne m'étonne pas. Tant qu'elle peut jouer la sourde et l'aveugle, la presse chinoise ne publie que des informations positives ne remettant pas en cause la propagande, qui assure qu'harmonie et bonne entente existent entre les cinquante-six ethnies de Chinois. En outre, le pouvoir craint-il de faire de la publicité aux révoltes séparatistes ? Redoute-t-il qu'elles ne fassent boule de neige dans d'autres villes du Xinjiang, ou au Tibet ?

Peuple fait partie de ces étudiants qui réclamaient plus de démocratie pendant le Printemps de Pékin de 1989. Il est en train de grimper les échelons du pouvoir. Sa conception des frontières de la Chine m'intéresse. Celles-ci n'ont cessé de bouger au fil des millénaires. Née du bassin du fleuve Jaune, la géographie chinoise se perçoit comme celle d'un empire étendant ses tentacules sur le subcontinent d'Extrême-Asie, établissant une sorte de *pax sinica*. Ce fut en 1759, sous la dynastie mandchoue – et non han – des Qing, quelques années après la mise sous protectorat du Tibet, que l'empire atteignit sa plus grande dimension : treize millions de kilomètres carrés. Deux siècles plus tard, la Chine Nouvelle n'en mesure pas dix, c'est-à-dire un peu moins que l'Europe. Elle a été amputée de la Mongolie-Extérieure, d'une parcelle de Sibérie et d'une autre de Kazakhstan. Pourquoi ne perdrait-elle pas un jour le Tibet ou le Xinjiang ? Ces territoires sont-ils ses deux dernières colonies ?

Évoquer devant un Chinois son pays non pas comme une victime humiliée de la colonisation occidentale, mais comme un colonisateur d'autres populations, est une approche qui bouscule

* Ville à la frontière du Kazakhstan.

les préjugés, même les tabous. Elle peut embarrasser notre ami Peuple. Je lui dis avec un sourire :

– Penses-tu que le Tibet soit un pays ?

– Non. Bien sûr que non. C'est une province chinoise.

Je me suis mal exprimé. J'ajoute :

– Je veux dire : accepterais-tu que le Tibet devienne indépendant ?

– C'est impossible.

Il fronce les sourcils, et, sous ses épaisses lunettes de myope, cela lui donne un air agressif.

– Historiquement, continue-t-il, le Tibet est une partie inaliénable du territoire chinois.

Me récite-t-il une leçon de propagande, mille fois entendue ? Je souhaite écouter ses propres mots, savoir à quel point son cœur ressent ce nationalisme. Je décide de poser une question dont la réponse officielle n'existe pas :

– Pour conserver le Tibet, ou le Xinjiang, approuverais-tu l'utilisation de la force armée, comme en temps de guerre contre un ennemi étranger, avec des bombardements, quitte à massacrer la population ?

– Hum... hum..., soupire-t-il en se caressant le menton un moment. Ce n'est pas souhaitable, mais s'il n'y a plus d'autre choix... Le Tibet et le Xinjiang ne doivent à aucun prix se séparer de la Chine. C'est une question d'intégrité nationale, de vie ou de mort, comprends-tu ? Si je voulais te couper une jambe, tu ferais tout pour m'en empêcher, n'est-ce pas ?

– Je ne suis pas d'accord. Tu nies le point de vue des Tibétains. Peut-être qu'ils ne se considèrent pas comme étant ta jambe...

Et me voici, expliquant à Peuple que l'existence et la taille des pays ne sont pas déterminées une fois pour toutes. Elles varient selon les époques, en fonction des guerres et des mouvements de population. Peuple m'écoute avec attention. Je lui cite l'exemple de la Corse, de la Nouvelle-Calédonie, de l'Algérie, autant d'entités géographiques, ou de nations, qui, au cours de l'Histoire, sont devenues des provinces françaises, ou des colonies, selon les points de vue...

Je n'ai pas le temps de préciser ma pensée. En entendant le mot « colonie », Peuple qui n'est pas bête m'interrompt :

– La France possède des colonies, c'est vrai. Mais la Chine n'en a pas. Le Tibet n'est pas une colonie.

Il rougit, il adopte un ton autoritaire.

– Marc, tu connais mal l'histoire chinoise. Sa caractéristique, c'est l'expansion des Han et de leur civilisation sur le territoire que représente la Chine actuelle. Autrefois, par exemple, ils ne vivaient pas à Canton, et pourtant Canton n'est pas une colonie. De même le Tibet. Inutile d'en discuter.

Il m'a coupé la parole. Je voulais préciser que la différence entre une province et une colonie tenait au sentiment des habitants d'appartenir ou non à une plus grande entité : le pays. Cela n'impliquait pas d'ailleurs que les séparatistes ne puissent pas avoir tort, comme pendant la guerre de Sécession américaine. Je demande à Peuple :

– Accepterais-tu que les Tibétains votent pour décider de leur sort ?

– Non.

– Pourquoi ? Les considères-tu comme trop stupides ?

– Pas exactement. Je pense qu'ils se laisseraient influencer par la religion, par le Dalaï Lama. De toute façon, un vote est absurde. Historiquement, le Tibet fait partie de la Chine. Sous la dynastie des Tang*, le roi du Tibet épousa une princesse chinoise en signe d'allégeance.

Stop. Je ne le corrigerai pas sur cette simplification de l'Histoire. Je ne suis ni pro-chinois ni pro-tibétain, s'il faut choisir entre une dictature communiste et une théocratie. Je n'ai effectué qu'un seul voyage au Tibet, je connais mal ce « territoire ». Seule l'intransigeance de Peuple m'intéresse ce soir. Dire qu'il lit la presse étrangère, qu'il a voyagé en Occident et qu'il a été confronté à des opinions différentes des siennes ! Dans vingt ans, il accédera peut-être à un poste de dirigeant politique. Quel démocrate ou quel dictateur sera-t-il ?

Oublions notre discorde. Je lui demande si sa mutation à Hong Kong s'accompagnera d'une augmentation de ses revenus.

– Je gagnerai mille dollars américains par mois. C'est quatre fois plus qu'aujourd'hui, mais là-bas cela ne me permettra que

* En 641.

de louer une chambre. Je devrai travailler ainsi trois ans à Hong Kong. Ce n'est pas grave. Je pourrai conserver mon appartement de fonction à Pékin... Vous savez pas ! Le journal vient de m'attribuer un deux pièces - salle de bains, pour moi tout seul, dans un immeuble neuf.

– Tu as de la chance, dis-je.

Il me sourit en sirotant une gorgée de bière.

– Ce poste à Hong Kong, j'en ai vraiment envie. Tant pis si mon niveau de vie sera moins élevé qu'à Pékin ! Cela m'excite de lancer une édition spéciale : il faut inventer une misc en page, organiser une équipe de collaborateurs, relever un défi commercial, trouver des sujets, des angles originaux...

Il se tait. Suppose-t-il que je ne peux pas comprendre la passion qui anime les journalistes ? Il ignore que j'appartiens à la confrérie.

– Je sens que ma vie bascule, reprend-il en baissant la voix. Je m'inquiète. J'ai demandé une bourse pour étudier à Stanford* les relations internationales. J'attends la réponse en avril. Si elle est positive, dois-je partir en Amérique et renoncer à mon poste à Hong Kong, à mon appartement à Pékin ? Que me conseillez-vous ?

Gloire et moi le regardons. Difficile de savoir ce dont il rêve.

– Veux-tu vivre libre en Occident ? dis-je. Ou préfères-tu faire carrière en Chine ?

– Je ne sais pas. Cela dépend des jours.

– Nous ne pouvons pas te conseiller, dit Gloire. Je suis désolée.

Le silence s'impose. Nous picorons les plats au centre de la table, et, petit à petit, une idée me pénètre. Comment Peuple a-t-il réussi à être pressenti comme rédacteur en chef d'une édition à Hong Kong sans être membre du Parti ? Il ne voulait pas le devenir en décembre, je m'en souviens. C'était un handicap pour sa nomination au bureau de Shanghai. Je romps le silence en lui demandant si cela ne gêne plus pour Hong Kong.

Je n'en crois pas mes oreilles : Peuple vient d'adhérer au Parti, le mois dernier. Sans le dire à ses amis, il avait déposé sa candidature en 1995.

* Une des plus prestigieuses universités américaines, située au sud de San Francisco.

Peuple nous a menti. Il y a deux mois, il prétendait qu'il refusait de devenir communiste, quitte à ne pas obtenir d'avancement de carrière. Pendant ce temps, en coulisses, sa demande suivait son cours. Il répétait aussi qu'il ne croyait pas dans le marxisme. En ce moment, il doit réaliser qu'il nous a trompés, car il parle d'une voix doucereuse. Il cherche à se faire pardonner et à justifier son adhésion :

– Tout le monde m'a assuré que cela ne m'apporterait que des avantages d'entrer au Parti. Mes parents sont tous les deux communistes. Ce sont de braves gens. L'immense majorité des communistes est honnête. Seule une minorité est corrompue ; elle fait parler d'elle et salit l'image du Parti.

Est-il sincère ou cherche-t-il à s'illusionner, à se convaincre ? Peut-être les deux à la longue... Je ne peux pas m'empêcher de m'écrier :

– Toi, membre du Parti !

Après tout, peu importe que le Parti soit ou non un repaire d'opportunistes et de brigands. Pendant le printemps 1989, Peuple défilait sur la place Tiananmen. Huit ans plus tard, il adhère au club de Jiang Zemin et Li Peng, les bourreaux de sa jeunesse. J'allume une cigarette, Gloire aussi. Nous avons besoin de réfléchir pour ne pas critiquer Peuple, ni détruire notre amitié. Mieux vaut une fois de plus changer de sujet. Peuple s'en charge. Il redresse la tête avec suffisance. Il croise les bras et déclare :

– La semaine prochaine, je participerai à un congrès organisé pour les cadres des médias. Le gouvernement nous définira la ligne de propagande à suivre pour cette année.

– Cela t'intéresse-t-il ?

– Bof... c'est mon devoir d'y assister. Je suis assez fier d'avoir été invité. Imaginez ! Pendant une semaine, dans une résidence en banlieue de Pékin, le gouvernement réunira tous les gros poissons de la presse chinoise. Nous serons chouchoutés. Nous allons bien manger et bien boire.

– C'est une partie de plaisir, n'est-ce pas ?

– Oui.

Il éclate de rire.

– Le problème, c'est de tenir la distance. Comment récupérer de banquet en banquet ? Je vais partager la chambre de mon directeur. Il ronfle comme une truie. Impossible de dormir à côté de lui. Je vais en perdre l'appétit.

Les bières que nous avons bues commencent à délier nos langues. Peuple avoue qu'il a également envie de partir en Amérique, pour fréquenter des femmes blanches.

– Les trouves-tu belles ?

Il esquisse une moue équivoque. J'insiste :

– Préfères-tu la beauté des Asiatiques ou celle des Blanches ?

– Et toi ? réplique-t-il.

– Moi, tu le vois, j'ai épousé Gloire.

– A mon avis... les Asiatiques sont plus féminines et plus douces, mais j'aimerais bien vivre avec une étrangère.

– Pourquoi ?

– Elles sont plus faciles, je crois.

– Faciles !... A quoi donc ?

– A... coucher avec.

– Le penses-tu vraiment ?

Il regarde Gloire à la dérobée, d'un air confus, et me répond à demi-voix :

– C'est ce qu'on raconte. Elles sont moins conservatrices. Elles... aiment ça... le sexe. Je me sens si seul. J'ai besoin d'une femme.

– Tu désires une étrangère, dis-je en le fixant. En réalité, ne cherches-tu pas à prendre une revanche sur Neige ? Elle est partie avec un Américain.

Il respire plusieurs fois, il cille des paupières.

– C'est possible, murmure-t-il.

– Pourquoi ne dragues-tu pas en Chine ?

– Où et qui ? Mon travail ne me laisse aucun temps libre.

– Invite au restaurant tes collègues de travail. Certaines sont bien célibataires.

– Je ne peux pas. Je suis le chef. Je perdrais mon autorité.

– Essaie toujours ! Il y en a au moins une qui te plaît.

Il garde le silence, il lève légèrement les yeux, comme s'il passait en revue des femmes qu'il connaît.

– Il y en a plusieurs qui sont pas mal, mais je n'ose pas leur proposer de sortir avec moi. J'ai peur qu'elles me repoussent. Je me sens trop vieux pour elles et je suis trop laid. Comment pourraient-elles aimer un homme aussi petit que moi, et si myope, qui porte des lunettes si épaisses ?

En décembre, Peuple me faisait déjà pitié. Maintenant, sa fierté le mène dans un cul-de-sac, quand il invoque son autorité de chef. J'ai envie de lui donner un peu de courage avec l'histoire d'un ami grec. Je ne me rappelle pas la lui avoir racontée.

– Peuple... A Shanghai, en 1986, avant de connaître Gloire, je partageais une chambre d'hôtel avec un Grec, un ancien matelot de la marine marchande. Il voyageait en Chine depuis quatre ou cinq mois. La trentaine, petit avec un nez en bec d'aigle, il était en plus à moitié chauve. Il était très très laid et ne baragouinait que quelques mots de chinois. Chaque matin en se levant, il ne pensait qu'à une seule chose : coucher avec une femme. Alors, toute la journée, il errait dans les rues, dans les parcs surtout, en essayant de rencontrer des Chinoises.

« Pour draguer, son astuce consistait à prétendre qu'il s'était perdu. Il demandait son chemin, puis il essayait de se faire accompagner. En liant conversation, c'était lui qui finissait par ramener la Chinoise chez elle. Il se faisait inviter à table, puis au lit. Je savais que si je le voyais rentrer à l'hôtel dans l'après-midi, cela signifiait qu'il avait trouvé une Chinoise à aimer. Sinon il sillonnait la ville jusque tard dans la nuit. Je m'en souviens : une fois, il fit même l'amour dans un couloir, car la Chinoise avait des enfants qui faisaient la sieste dans la chambre, dans le seul lit de la famille. Auparavant, dans une autre ville, à Lanzhou, il avait fréquenté une femme pendant une semaine, tous les matins, profitant de l'absence du mari. Il préférait les Chinoises mariées. Selon lui, elles se montraient plus douces.

« Il ne tirait aucune vanité de ses conquêtes. Pour lui, n'importe quel homme pouvait l'imiter. Il suffisait d'aborder les femmes, l'une après l'autre, dans la rue. Peut-être en approchait-il une centaine. Mais, un jour sur deux, il était sûr de finir par coucher avec l'une d'elles. Il ne bluffait pas.

« Un matin, après le petit déjeuner, je l'ai accompagné dans le parc du Peuple. Quel pot de colle en accostant les Chinoises avec son plan de la ville ! Elles finissaient toutes par comprendre que nous ne cherchions pas notre chemin. Il essuyait rebuffade sur rebuffade. Il ne se vexait jamais. Moi, je restais muet de honte, et il s'avançait déjà vers une autre fille. Au bout de deux ou trois heures, nous réussîmes à sympathiser avec deux jeunes ouvrières. C'était leur jour de repos. Nous passâmes un délicieux après-midi à nous laisser promener dans le vieux Shanghai. Le soir, l'une d'elles nous invita tous les quatre dans la maison de son grand-père qui était absent. J'avais eu tort de ressentir de la honte en draguant le matin. A cause de ma timidité, j'aurais pu rester seul ce jour-là.

« Peuple, comme mon ami grec l'affirmait : “Le secret en amour, c'est de ne pas avoir d'amour-propre. Il suffit de se concentrer sur ce que l'on chasse. Tout le reste s'oublie avec le temps. On n'en parle plus quand on aime quelqu'un.” Invite des filles à sortir. Ne te préoccupe pas de leur réponse.

Mon histoire amuse Peuple, il a ri tout du long. A la fin, il soupire :

– Moi, je ne peux pas renier mon amour-propre. Je ne me risquerais pas à inviter une fille à sortir avec moi, j'aurais trop peur qu'elle refuse. J'en perdrais la face.

– Tu parlais de rencontrer des femmes en Amérique. Comment comptes-tu t'y prendre ? N'aurais-tu pas peur de perdre la face devant des étrangères ?

– Elles sont moins exigeantes que les Chinoises. Elles peuvent m'accepter.

Je ne proteste même pas. A quoi bon contester sa théorie selon laquelle les Blanches sont des femmes de seconde classe, et, en plus, des vicieuses ? Je regarde Peuple. Comme il est petit et laid avec ses lunettes de myope ! Je ne m'y habituerai pas. Et il est si nationaliste et si opportuniste. Dois-je le plaindre ? Ou dois-je me méfier de lui ? Dans dix ans, sera-t-il devenu secrétaire d'un ministre ou directeur d'un journal ? Sera-t-il un libéral ou un chefaillon ? Peut-être vivra-t-il aux États-Unis, dans la peau d'un businessman ou dans celle d'un plongeur de restaurant ? Sera-t-il toujours alcoolique ?

Je ne l'envie plus.

14 février.

Les journaux n'ont toujours pas mentionné de révoltes au Xinjiang*. Peuple s'est-il trompé ?

Je suis assis devant la télévision, en train de regarder les informations de dix-neuf heures. Le programme ne commence pas, selon la règle, en montrant les activités du jour du président Jiang Zemin ou du Premier ministre Li Peng. Il s'ouvre par un reportage dans un village du Tibet où les paysans vivent heureux : rien de spectaculaire pour faire la une. Ensuite, il nous transporte au Xinjiang, dans une bergerie d'Altay, puis nous voyageons au Guangxi, la province limitrophe du Vietnam. La télé poursuit la balade en Mongolie-Intérieure et dans l'île tropicale de Hainan, *via* une enquête sur les taxis de Shijiazhuang.

Mis à part Shijiazhuang, tous ces endroits se situent sur les frontières de l'empire. Ils sont habités par des minorités ethniques. Ils pourraient être appelés « colonies »... Dans chaque reportage, les journalistes soulignent que les populations s'enrichissent au sein de la nation chinoise et grâce aux Quatre Modernisations. Est-ce un signe – un démenti ou un aveu – qu'il se passe quelque chose au Xinjiang ? Plus troublant : même dans les brèves en fin d'émission, la télé ne parlera pas de Jiang Zemin, ni de Li Peng. Sont-ils morts ? Pourquoi ce silence ?

Je n'ai jamais vu un tel journal télévisé. Il se trame quelque chose en Chine.

16 février.

Deux jours perdus à préparer nos valises et à faire quelques achats.

Et, hier soir, mes belles-sœurs et mes beaux-frères sont passés nous dire adieu. Nous avons joué au mah-jong. Vent Fort perdait.

* Au contraire, aujourd'hui, en page deux, le *Quotidien du Peuple* vante l'abondance de légumes frais sur les marchés du Xinjiang. En page trois, un autre article explique comment l'État prend soin des bergers goitreux de Hetian, ville de l'extrême sud du Xinjiang : les services de santé font ajouter de l'iode dans l'eau potable.

A un moment, il s'est absenté un quart d'heure aux toilettes. De retour à la maison, il avait le teint blême. Il a demandé à s'allonger dans la chambre de P'pa.

Tante et Beauté sont allés voir comment il se sentait. Elles ont eu beau le secouer, elles n'ont pas réussi à lui faire ouvrir les yeux. Beauté a prié Tante de retourner jouer, de la laisser attendre que son mari se réveille. En reprenant son tour aux dominos, Tante a déclaré qu'elle pensait que Vent Fort s'était piqué aux toilettes.

Vent Fort m'inquiète. Dans quel état le trouverai-je à mon prochain retour ? Se drogue-t-il encore ? Est-il dépendant ? Quitterai-je la Chine dans cette ignorance ?

Et les émeutes au Xinjiang, existent-elles ?

Hier, seul un article sur l'enseignement en Chine a attiré mon attention dans le *Quotidien du soir de Pékin* : la non-scolarisation des enfants de six à quatorze ans a baissé de moitié en cinq ans, mais un petit Chinois sur douze continue de pas fréquenter l'école.

A propos des émeutes au Xinjiang, je ne découvre toujours aucune information dans les journaux ni à la télé. Pas un mot, pas un indice !

J'abandonne.

17 février.

Ce matin, avant de partir au travail, P'pa nous a quittés en disant :

– La prochaine fois que vous reviendrez en Chine, moi, je ne serai plus de ce monde.

En Chine, l'espérance de vie pour un homme ne dépasse pas soixante-huit ans. Béatrice ne reverra peut-être jamais son papy chinois qui aimait chahuter avec elle. Les uns et les autres, nous avons su retenir nos larmes. C'est mieux, et je préfère penser à autre chose. Je ne veux pas vous ennuyer avec notre tristesse pour clore ce livre.

Nous sommes installés dans l'avion, en route vers Paris. Par le hublot, nous avons deviné un liséré de pierres, la Grande

Muraille. Maintenant, le désert de Mongolie se fond avec le ciel. Les hôtesses ont distribué des journaux occidentaux et elles servent des cocktails.

Je comprends ce qui se tramait en Chine.

Le *Herald Tribune* du week-end reprend une dépêche de l'agence Reuters sur des révoltes au Xinjiang, dans la ville de Yining. Peuple était donc bien informé. Ensuite, en lisant *Le Monde*, j'apprends que Deng Xiaoping aurait été hospitalisé la semaine dernière, à la suite d'une « très forte congestion cérébrale ». Voilà pourquoi les informations télévisées du 14 février n'ont pas montré le président Jiang Zemin ni le Premier ministre Li Peng : ils se tenaient sans doute au chevet de Deng. Ils attendaient son décès et préparaient sa succession, ses obsèques... Un secret d'État !

Il faut rester prudent. Tant de rumeurs circulent sur l'état de santé de Deng. Par le passé, il a déjà été annoncé plusieurs fois à l'article de la mort. *Le Monde* cite un porte-parole du ministère chinois des Affaires étrangères. Celui-ci affirme que la santé de Deng Xiaoping « n'a pas subi de grand changement ».

25 février.

Cette fois, ce n'était pas une rumeur. Deng Xiaoping était bien mourant.

Il est mort !

Deux jours après notre départ.

Ses funérailles se déroulent aujourd'hui, à Pékin. Comme pour célébrer l'événement avec un feu d'artifice, des indépendantistes musulmans font exploser trois bombes dans trois autobus à Urumqi, la capitale du Xinjiang. La BBC Internationale annonce des morts et des douzaines de blessés.

Dans cinq ou dix ans, à l'occasion d'un prochain voyage en Chine, retrouverai-je un empire morcelé, en guerre civile, surpeuplé et rongé par la corruption et le chômage ? Subira-t-il toujours une dictature, communiste ou autre ? Je rêve de changement, et, en même temps, j'ai peur pour ma famille.

RÉALISATION : I.G.S. CHARENTE-PHOTOGRAVURE À L'ISLE-D'ESPAGNAC
IMPRESSION : S.N. FIRMIN-DIDOT AU MESNIL-SUR-L'ESTRÉE (EURE)
DÉPÔT LÉGAL : AVRIL 1998. N° 30864-2 (42700).

COLLECTION « L'HISTOIRE IMMÉDIATE »
DIRIGÉE PAR JEAN-CLAUDE GUILLEBAUD

EXTRAIT

JEAN-PAUL ALATA
Prison d'Afrique

MICHEL ALBERT
Le Pari français
Un pari pour l'Europe
Capitalisme contre capitalisme

MICHEL ALBERT/JEAN BOISSONNAT
Crise, Krack, Boom

ANDRÉ BACCARD
Les Martyrs de Bokassa

TAHAR BEN JELLOUN
Hospitalité française

AGNÈS BENSIMON
Hassan II et les juifs – histoire d'une émigration secrète

PASCAL BONIFACE,
La Volonté d'impuissance

MARC BOULET,
Dans la peau d'un intouchable
Ma famille chinoise

CLAIRE BRIÈRE/PIERRE BLANCHET
Iran : la révolution au nom de Dieu

PASCAL BRUCKNER
Le Sanglot de l'homme blanc
La Mélancolie démocratique

SYLVIE BRUNEL
Le Gaspillage de l'aide publique
Ceux qui vont mourir de faim

CABU ET CLAUDE-MARIE VADROT
Plutôt russe que mort !

Cabu/Jean-Claude Guillebaud
Sauve qui peut à l'Est

Cabu/Jean-Claude Guillebaud et Laurent Joffrin
Cabu en Amérique

Cabu/Jean-Christophe Tournebise
Cabu au Japon

Jean-Yves Carfantan
L'Europe verte sous influence

Gérard Chaliand
Mythes révolutionnaires du tiers monde
L'Enjeu africain

Jean-Louis Chiffot
Portés disparus – 104 jours aux mains des Serbes

Ralf Dahrendorf
Réflexions sur la révolution en Europe

Jean Daniel
De Gaulle et l'Algérie

Michel Debatisse
Le Projet paysan

Christophe Dejours
Souffrance en France

Jean-François Deniau
La Découverte de l'Europe

Pierre-Antoine Donnet
Le Japon achète le monde
Le Choc Europe/Asie

René Dumont
Chine, la révolution culturale
Finis les lendemains qui chantent
(1. Albanie, Pologne, Nicaragua)
(2. La Chine décollectivise)
(3. Bangladesh, Népal : « l'aide » contre le développement)
Cette guerre nous déshonore

René Dumont/Marie-France Mottin
Le Mal-Développement en Amérique latine

RENÉ DUMONT/FRANÇOIS DE RAVIGNAN
Nouveaux Voyages dans les campagnes françaises

ALAIN ETCHEGOYEN
Des libertés sous influence

JEAN-FRANÇOIS FOGEL/BERTRAND ROSENTHAL
Fin de siècle à La Havane

JOHN-KENNETH GALBRAITH
Anatomie du pouvoir

IRÈNE GENDZIER
Frantz Fanon

GÜNTER GRASS
Propos d'un sans-patrie

DAVID GROSSMAN
Le Vent jaune

JEAN DE LA GUÉRIVIÈRE
Belgique : la revanche des langues
Voyage au cœur de l'OTAN

JEAN-CLAUDE GUILLEBAUD
Les Confettis de l'Empire

HASSAN
Algérie, histoire d'un naufrage

ADIL JAZOULI
Les Années banlieues

JEAN-NOËL JEANNENEY
Leçon d'histoire pour une gauche au pouvoir

JEAN-NOËL JEANNENEY et MONIQUE SAUVAGE
Télévision, nouvelle mémoire

JEAN-MARCEL JEANNENEY et JEAN LACOUTURE
Une mémoire républicaine

LAURENT JOFFRIN
La Gauche en voie de disparition
La Régression française
La Gauche retrouvée

AMNON KAPELIOUK
Enquête sur un massacre (Sabra et Chatila)

JEAN LACOUTURE ET JEAN DANIEL
Le Citoyen Mendès France

JEAN LACOUTURE ET ROLAND MEHL
De Gaulle ou l'Éternel Défi

PIERRE LARROUTURROU
Ça ne peut plus durer !

HUA LINSHAN
Les Années rouges

RENÉ MAURY
Les patrons japonais parlent

CHICO MENDES
Mon combat pour la forêt

JEAN-JACQUES MICHEL/HUANG HE
Avoir 20 ans en Chine... à la campagne

ALAIN MINC
L'Avenir en face
Le Syndrome finlandais

MARIE-FRANCE MOTTIN
Cuba quand même

JEAN-PIERRE MOULIN
Qu'est-il arrivé à la France ?

SAMI NAÏR
Lettre à Charles Pasqua de la part de ceux qui ne sont pas bien nés

OANA ORLEA
Les Années volées

OBSERVATOIRE DE L'OBSERVATION
L'Information dans le monde

ANTOINE OTTAVI
Des Corses à part entière

PIERRE PACHET
La Violence du temps

JACQUES PINTO
Journal de Judée

EVGUENI PRIMAKOV
Missions à Bagdad – histoire d'une négociation secrète

HUBERT PROLONGEAU
Une mort africaine – Le sida au quotidien

SERGE RAVANEL
L'Esprit de résistance

ALBERT DU ROY ET ROBERT SCHNEIDER
Le Roman de la Rose

VICTOR SCHERRER
La France paresseuse
Dans la jungle des affaires

LUCIEN SFEZ
La Santé parfaite

RAJA SHEHADEH
Tenir bon

ROBERT SOLÉ
Le Défi terroriste

VÉRONIQUE SOULÉ
Avoir 20 ans à l'Est

IBRAHIM SOUSS
Lettre à un ami juif

LIONEL STOLERU
L'Ambition internationale

EMMANUEL TODD
La Nouvelle France
L'Invention de l'Europe
Le Destin des immigrés

TZVETAN TODOROV
Une tragédie française
L'Homme dépaysé

CLAUDE-MARIE VADROT
Les Nouveaux Russes

CLAUDE WAUTHIER
L'Afrique des Africains (nouvelle édition)
Quatre Présidents et l'Afrique

JEAN ZIEGLER
Les Rebelles
La Victoire des vaincus
La Suisse, l'or et les morts
Les Seigneurs du crime